积极型
资产配置指南

经济周期分析与六阶段投资时钟

The Investor's Guide to Active Asset Allocation
Using Intermarket Technical Analysis and ETFs to Trade the Markets

华 章 经 典 · 金 融 投 资

MARTIN J. PRING

〔美〕马丁 J. **普林格** 著

王颖 王晨 李校杰 译

机械工业出版社
China Machine Press

图书在版编目（CIP）数据

积极型资产配置指南：经济周期分析与六阶段投资时钟／（美）马丁 J. 普林格（Martin J. Pring）著；王颖，王晨，李校杰译 . —北京：机械工业出版社，2018.1（2021.6 重印）
（华章经典·金融投资）

书名原文：The Investor's Guide to Active Asset Allocation: Using Technical Analysis and ETFs to Trade the Markets

ISBN 978-7-111-58822-1

I. 积… II. ① 马… ② 王… ③ 王… ④ 李… III. 投资管理 – 指南 IV. F830.593-62

中国版本图书馆 CIP 数据核字（2017）第 316705 号

积极型资产配置指南：经济周期分析与六阶段投资时钟

出版发行：机械工业出版社（北京市西城区百万庄大街 22 号　邮政编码：100037）

责任编辑：黄姗姗　　　　　　　　　　责任校对：李秋荣

印　　刷：北京建宏印刷有限公司　　　版　　次：2021 年 6 月第 1 版第 9 次印刷

开　　本：170mm×242mm　1/16　　　印　　张：22.75

书　　号：ISBN 978-7-111-58822-1　　定　　价：69.00 元

凡购本书，如有缺页、倒页、脱页，由本社发行部调换

客服热线：（010）68995261　88361066　　　投稿热线：（010）88379007

购书热线：（010）68326294　88379649　68995259　　读者信箱：hzjg@hzbook.com

版权所有 · 侵权必究
封底无防伪标均为盗版
本书法律顾问：北京大成律师事务所　韩光／邹晓东

序 言
Preface

　　你曾经遇到过这样的情况吗？当你收看商业节目或者在报纸上读一篇金融类的文章时，你完全搞不清楚有关人员是怎么得出那些结论的？你可能听到过类似这样的评论，"好吧，杰克，我觉得市场会上涨，因为消费者开始对经济持乐观态度，企业很可能把更多的投资花费在厂房和设备上，而且……"诸如此类。这些观点的分析带有典型的主观色彩，它们是根据一系列因素串联起来的结果，而人们相信这些因素会影响到正在讨论的特定市场。有的投资者对此感到很困惑，因为他们没有找到一种方法，能帮助他们利用各种各样的想法和事实来做出之后的预测。更糟糕的是，这些观点很少有证据支持，比如说消费者会扩大消费就纯属主观判断，或者即使他们那样做了，也不过证明这种彼此间的联系在过去曾经发挥过作用。事实上，支出的增加也许已经被股票市场所消化，因为股票市场的表现总会领先于实际的经济发展状况。因此，我认为这些观点都可以被称为"信口雌黄"。以石油为例，很多评论家会认为石油涨价就预示着经济衰退。"过去无论何时，只要石油价格上涨，我们就会经历经济的衰退。"难道经济衰退真的是由商品物价普遍上涨引发的通货膨胀效应引起的吗？石油只是其中的一个因素？图 0-1 显示石油和商品调查局现货原材料（CRB Spot Raw Industrials）（不包括石油在内的宽泛的商品）的价格通常是先后上涨和下跌。这并不是一个完全相关的关系，但是它确实说明了石油并不是造成经济衰退的唯一的原因。

　　本书会从一个完全不同的角度来解释这一主题。**一般来说**，我们会尽力通过在市场和经济之间建立某种程度的秩序，来重新思考其间的联系。举个例子，我们将证明，经济周期会经历一系列按时间顺序发生的事件或者是一系列的经济周期。日历年度经过四季，而每个季节都有各自具体的特点，都有每年完成某些特定任务的最佳时机。我们通常会在春天播种，在夏天或者秋天收获。我们很少会在冬天播种，因为在大多数情况下，种子在那时会遭到破坏。这与经济周期是一样的道理。在某些特定的时间里，我们都想持有大量债券和有收益的资产，还有某些时间，你应该持有商品或资源型股票。在本书中，我们的目的是解释这些经济周期的特征，并展示一些有助于我们识别这些经济周期的技术方法。日历告诉我们有关一年里的 12 个月以及它们是怎样更替的。在本书中，我们的任务就是为经济和金融市场建立一个框架，以使你明白经济周期是怎样更替的。实际上，我们会为你提供一个路线图，你可以在一个典型的经济周期过程中，把它用作配置和变换资产的基础。

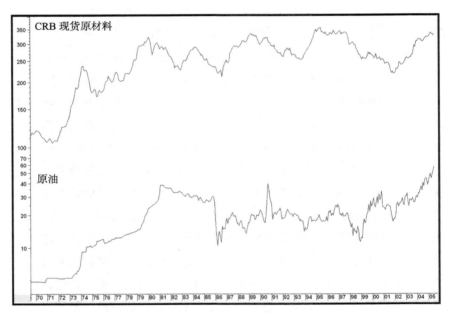

图 0-1　美国商品调查局现货原材料 vs. 现货原油

资料来源：print.com。

我们从历史记录中知道，四季开始于春季，结束于冬季。但这是不是就意味着每次只要在春天播种，都能保证我们在夏末或初秋就能够收获到果实呢？大多数情况下，答案是肯定的。毕竟，如果收获的可能性不太大，作物就不会被播种。然而，在某些年里，干旱或者其他极端的天气条件会严重影响到农作物的收成，在一些极端情况下它们还可能摧毁农作物。这与我们的市场季节性方法是一个道理。这种方法在很多情况下是很有效的。关于这一点，我们可以在第 7 章中讲述的经济指标的收益率中看到。然而，也有一些例外，市场没有以传统的和我们所期望的方式对经济和货币环境做出反应。1968年有一个明显的例子，当时，利率一度大幅上涨，与经济情况显示的正好相反。这些例外也是生活中的事实，毕竟任何一种方法都会有例外。然而，我们可以通过两种方法把损失最小化。首先，我们以长期趋势跟随指标的形式设置了一个安全出口，就像一位战机的飞行员拥有一个弹射机制一样。

其次，在这个经济周期中，不同的金融资产以不同的方式运行，偶尔也会出现一致性。我们可以使用这些关键关系中的一些比率来进行相互检验。举一个比较明显的例子，在经济周期（4年）的通货膨胀阶段，商品与债券之间的比率应该是商品价格会上涨；而在通货紧缩阶段，债券价格将会上升，诸如此类。这些市场之间的关系对于我们的方法非常重要，因为它们作为相互检验的指标，验证了经济和货币指标告诉我们应该发生的事情。记住，只有市场和市场趋势才有最后的发言权。举个例子，可以说法律会保护你走人行道，但是当一辆车朝着你的方向开来的时候，你就必须要让路。因为，如果你死了，法律保护是没有任何作用的。所以，如果经济和货币指标指向同一个方向，而市场本身**并没有**做出反应或者进行确认，我们就必须和市场的决定保持一致，因为我们的钱都在那里。我们当然不是投资在经济和货币指标中，参与者对于新兴基本面的**态度**比基本面自身要重要得多。如果基本面是唯一要考虑的因素，那么市场泡沫或泡沫破裂就不可能存在，因为理性的思考将会占上风。泡沫和泡沫破裂都是非理性的，就像市场参与者有时也会不那么理性。

市场的定价方法是人们预测未来并且预期未来会发生什么事情的过程。所有市场参与者的希望和担心，不管是真实的还是潜在的，都反映了一件事情，那就是价格。人们不会等待着事情发生，他们会提前消化事件和消息。这就是我们要说明的，当一个看起来利好的财报发布之后股票价格会下跌的原因。在这种情况下，利好消息已经被市场消化掉了，而且市场参与者已经在预期下一个发展了。如果消息利空的话，股票就会被出售，价格就会下跌。另外，利润也许较少，股价就会反弹。通常，这是由于基金经理们知道市场会带来失望。因为不知道失望的程度，所以他们在确定坏消息彻底消失前，不会购买。如果这是在一个合理的预期范围内，他们会立刻从公众那里买入股票，公众却会由于这个"无法预期的"坏消息而急于卖出股票。

本书主要关注固定收益证券和股票。然而，因为出现了新的工具，可以允许小额投资者很方便地购买一篮子商品和黄金，所以这也是我们研究的一个相关领域。我们将会认真研究这些有助于我们实现目标的工具，同时也会解释经济周期的运转方式和特定投资阶段的影响。在很大程度上，这些工具都可以归为交易所交易基金（Exchange Trades Fund，简称ETF）。21世纪初，交易所交易基金开始有了大批的投资者。跟股票一样，ETF在主要的交易所上市，每天在这些交易所里进行报价和交易。交易所开盘时，它们跟其他列出的证券一样不断更新价格。它们与开放式共同基金（open-ended mutual funds）不同，因为开放式共同基金是每天进行一次定价。大多数交易所交易基金还支付股息。然而，它们出名的原因是它们实际上是一篮子完全复制一个指数的特定股票。这是市场的量度，就像标准普尔指数或者一个特定的行业，比如能源、金融等。这些工具还适用于债券、黄金和非美国股票指数。现在总共有超过200种交易所交易基金，而且可供选择的基金每年都在增加。所以，交易所交易基金代表的是一种快捷、简单和廉价的一篮子多元化证券的方法，以特定指数为目标。

随书附赠的光盘[○]

本书中你会看到一张光盘，光盘里有大量与这本书的内容相关的详细信息。另外还包含经济、货币和描述市场指数的历史数据。该光盘中还包括一些网站链接，以使数据可以得到实时的更新。

因为有一些章节主要讲述了交易所交易基金，所以该光盘里有很多交易所交易基金种类的链接，还有标准普尔指数和道琼斯行业分类的相关信息，并附有行业分类的链接。

遗憾的是，这本书只有黑白版，不能够使用很多彩色的图表来论证，因此在这张光盘的PDF文档中有大量的彩色图表。总之，这张光盘会为你提供一些真正有用的背景材料，来帮助你理解这本书中所写的很多战略。

战略资产配置 vs. 战术资产配置

成功的投资战略的目标应该是收益最大化，而不是以承担不合理的风险为代价。实现这一目标的一种方法是将资产配置于几个投资类别上。"不合理"的风险的程度取决于投资者个人的心理承受能力、财务状况和自身所处的人生阶段。如

○ 原书光盘内容见 www.hzbook.com。

果你是年轻人，那么你就可以比那些退休的人承担更大的风险，这是因为你还能从巨大的损失中恢复过来。时间有利于你。另一方面，如果你快退休了，你就不会有充足的时间。另外，一个高收入的主管就可以不依靠当前有效的投资组合，而一个依靠工人赔偿金生活的残疾人就不行。因此，一个主管的财务状况就可以允许他采取一种更为激进的投资态度，如此等等。

最初的资产配置过程包括两个步骤。首先，我们有必要对前面段落中所讨论的三方面的内容做一个大概的评判：个人性格、财务状况和所处的人生阶段。由此你可以建立一个宽泛的目标。这个目标是当前的收入？还是资本增值？又或者是两者都有呢？如果你选择的是资本增值，那么拥有一个能承受得住市场严重下跌的个性品质就很重要。另一方面，为了能睡得更安心，你是否更愿意承担较小的风险呢？只有一个人可以做出这样的决定，那就是你自己。所以看看你的财务状况、心理承受能力和你所处的人生阶段，然后自己做出决定。这个制定投资目标的过程就被称为**战略性**资产配置。这是一个确定你的宽泛的投资政策的过程，当你的生活状况发生改变时，就应该对自己的投资目标定期进行检查。在本书的最后章节，我们提供了一些有针对性的指导方针。

战术性资产配置是这样一个过程，即随着经济环境的变化，投资组合中每一资产类别所占比例都会随着市场环境的变化而变化。因此，年长者会主要关注收入和安全性，而年轻人则会关注所冒的风险和资本增值。当经济周期中有利于股票市场的阶段出现的时候，两方的资产风险都会增加。区别就是，保守的投资者会持有较小的股票头寸，比如投资组合的 10% ～ 30%。相比来说，风险爱好者会把他们的头寸从 50% 增加到 80%。实际上，两方通过**战术性**资产配置过程，提高了股权配置的水平，但是**战略性**资产配置决定了更加保守的投资者会把他们非常低的风险水平提高一点，而年轻人则会把略高的风险水平提高到一个真正高的风险水平。

让我们再次回到一个季节性类比。举个例子，佛罗里达和新英格兰的人们对于拥有什么样的衣服进行战略性决策。新英格兰州的人会储备很多棉衣、厚毛衣和滑雪衫；而佛罗里达的人们只有薄夹克，偶尔会有薄毛衣。然而，在冬天，两个地区的人们都会穿上冬衣。这就是战术性选择。新英格兰的人们会穿上他们的厚外套，而佛罗里达的人们会把短袖衬衫、短裤换成长袖衬衫和长裤，可能还会有薄夹克。这两个地区的人们都把衣服资产配置成冬天要穿的，因为此时是冬季。

然而，新英格兰人会穿得更厚些，因为那里的气候要求这样一种**战略**方法。

我们为什么需要配置资产

关于为什么要配置资产，这里有 3 个方面的原因。第一，对于投资法则，大家都知道，当投资组合被分为几个不同的类别时，风险将会降低，这是一个投资原则。简单地说，就是如果你只拥有一只股票，当这家公司破产时，你就会失去你全部的投资组合。而如果你拥有 8 只股票，其中一家公司破产时，你的投资组合会受到损害，但这不足以致命。资产配置的第二个原因是当一项资产有吸引力时去充分利用它，尽量避开这种资产类别没有吸引力的时候。最后，投资成功的关键是：投资是与自己进行交易，就像学习知识一样必须保持客观。慢慢并且小心地把重点从一种资产转移到另一种资产，这将有助于你减少决策过程中的情绪化因素。本书提供给我们的季节性方法和框架将会有助于你更好地理解自己处于经济周期的哪个阶段以及预期会发生什么情况。资产之间的循环和平衡将会是个更容易理解的过程，从中你很可能会获得更高程度的自信。

资产配置的季节性方法

本书有一大部分是在展现每个经济周期的变化特征的基础上，优化投资组合的资产配置。这种方法的应用有两个假设。第一个也是最重要的假设是经济周期会持续运转。经济周期已经成为一个贯穿有记录的经济历史的无法改变的事实，不仅仅在美国，在其他资本主义国家也是一样。一般来说，经济周期从一个低谷到另一个低谷的时间跨度大概是 4 年，同时它也是人性的反映，经济衰退时期商人中充满着悲观情绪，而经济繁荣时期人们又充满了贪婪和非理性情绪。人性会有或多或少的持续性，所以我们很难有理由去期盼经济周期会"消失"。毫无疑问，每个连续的经济周期的具体性质与以往的经济周期不同，会持续改变，但是除非人性经历一次彻底的改变，否则经济周期就会一直跟着我们。

第二个假设是每个经济周期都会通过一系列按时间顺序发生的事件来运行，每个事件都会在很大程度上影响特定资产类别的表现。之后我们会看一下这些事件，并揭示它们是如何被识别的。像日历年度的季节一样，经济周期也会提供买入和卖出特定资产类别的最佳时机，比如债券、股票、商品甚至是个别股票市场板块。如果你对适合当地土壤和气候的作物种类比较熟悉，并且知道该在什么时候播种和收获，在排除不可预见的自然灾害的情况下，你很可能会获得合理的收成，而成功的投资与成功的种植没什么不同。如果你了解各资产类别的特征，并且当它们在经济周期中表现较好的时候，能识别出它们，那么你就很可能在承受相关风险的情况下获得更高的收益。因为经济周期的"季节"在长度和强度上变化更快，所以它们不像那些日历年度的季节那样可以被预测。我们还不得不承认，我们的方法有时候无效。不幸的是，这也是个无法改变的事实。然而，我们提供的指导方针会为我们识别各种各样的经济周期季节和在特定的经济周期阶段里预期的每个资产类别的表现类型提供足够的信息。我们会发现应该在什么时间去关注股票而不是关注债券，应该在什么时候关注哪一个部门。冬天对于大多数农民来说很少是甚至不是种植活动的时间，这是因为大多数作物在冬天的生长风险很高。同样地，在经济周期中还有这样一个季节，此时任何一种资产的风险承受能力都应控制在最小，这就意味着你要持有足够的现金等待下一次机会。

成功的投资就像应用知识一样，关乎心理因素

阅读这样一本书并且获得有关市场为什么会上涨和下跌的理论知识，是一件相对容易的事情。在虚拟交易中战胜市场不会那么难，关键就在于坚持每天应用这些知识，并且克服我们自身的心理缺陷，而这是很难完成的事情。因为一旦将资金用于投资，你的情绪也会随之发生变化。在资金被用于投资之前，价格的下跌不会令我们烦恼，但是一旦我们用资金进行了投资，价格下跌时，人性就会受到这种发展情况的不利的影响。想一想，晚上睡不着觉的时候。如果价格稍微下跌就会使你在错误的时间卖出，那么潜在的获取高盈利的投资对于你就没有什么意义可言。对于我们每个个体来说，评估我们能够承受的风险的程度以及与那些风险相对应的收益是非常重要的。因为投资目标和承受风险的能力在很大程度上取决于我们自己的财务状况、心理承受能力以及我们所处的人生阶段。胆小的人不会让自己承受较大的风险，从投资中获得大多数收入的退休人士也不会让自己承受很大的风险。由于同样的原因，你可能是这些人中的一员，这些人在牛市的初期非常积极并且精力充沛，他们决定（一反常态）投资质量非常高的"迟钝的"蓝筹股。而机会就是，你对于这些投资的表现感到厌烦，并决定转向投资到价格已经上升到一定高度之后更积极的股票，而这确实是在错误的时间。关键是你要**提前**判定你能承受的风险和趋势变动的程度，如果这些在你的承受范围之内，立刻去做。如果你能建立类似这样的个人心理特质，并且**按照这样操作**，毫无疑问，

你成功的概率会更大。举个例子，如果一开始就对你的风险承受能力进行一个实际的评估，有助于防范你以后进行的突然和冒险的转换的危险。避免这一问题的方法之一就是从一开始就把你的投资组合设计得更加积极。在某种程度上，这会让你更快地实现你的愿望。

如果我们一直关注最新价格，受情绪影响的程度将会增加。这类实践会使我们对于市场向我们显示的趋势形成下意识的反应。这意味着，我们将从高度的客观性变成主观性，并随着时间范围的缩小丧失自己的观点。当然我们也不能完全不顾市场的情况，因为定期监测市场环境的变化也是投资过程的必要部分。然而，如果我们太过于紧密地关注市场，那么我们往往会**对事件和价格变化产生反应**，从而不遵循认真制订的计划，而实际上这个计划能反映市场长期变化情况并且更加有意义。如果你发现自己总是改变主意，那么你很可能会失去自己的主见。关键在于设定一个符合实际的目标，并慢慢朝着这个目标前进。根据你所遵循的指标的变化，对你的投资组合进行逐渐的、系统性的改变。失去主见的最好的方式就是进行大而频繁的改变。

这里描述的方法有助于我们朝着这个目标前进。首先，采用资产配置原则和季节性的方法就意味着要建立合理的投资目标并且使用计划。如果你确定了一个投资计划并坚持实行，那么就不太可能会受到市场上最新的消息和投资热潮的牵制。在普林格－特纳资本管理公司（Pring Turner Capital），我们非常热衷于扩大我们的管理基础，但是不会轻易接受那些不赞成我们方法的客户。相信我们的方法，他们得到了更好的收益，就会理解我们的思路，并长期与我们保持联系。个人投资者的情况也是这样。掌握并理解此处描述的一种方法，你不仅会对未来更加充满自信，而且你的资产配置会更加的客观和系统化，你的收益会更高。成功销售人员的一个关键因素就是对自己所销售的产品拥有完全的理解和自信。而作为成功投资者的一个关键就是对自己应用的投资方法要有全面的理解和自信。如果没有自信，当事情不会像我们预期的那样发展时，你很容易就会跟不上事情的发展。

如果你理解了这个过程，你还会明白，对于长期来说什么是重要的，什么是不重要的。举例来说，最近几年，随着市场的运行，每月的就业人数表明就业形势不是很好。然而，就业人数是经济的同步指标。它们是经济处于什么阶段的指标，而不是经济走向哪里的指标。虽然这个经济数据的突然变化无疑会在一天或几天内影响市场，但是它们却很少会成为经济中基本面变化的信号。对这些数字的非正常的反应通常会为那些跟随经济缓慢起伏做决定的人提供买入和卖出的机会。

　　另一方面，资产配置过程还包括一个缓慢却稳定的资产类别滚动的过程，因为形势变化的迹象会**逐步**显现。这些有规律的转换意味着情绪的上下波动没有那么强烈，因为任何特定变化的风险是有限的。

　　有些个人投资者在非常短的时间内已经进行了很成功的交易，为了做到这一点，他们必须在交易期间百分之百地关注着市场。我们大多数人都没有时间做出这么高强度的努力。幸运的是，**历史显示，大多数成功的投资者都是那些能够关注长期市场的人**，我所指的长期是指不少于 6 个月。我们都知道，媒体往往会美化那些在最近季度内比其他同行表现得更好的资金经理人或者共同基金。实际上，投资在短期内各种各样的表现受一些偶然事件的影响较大，或是受到这种经理人喜欢的投资哲学或风格的短期成功的严重影响。当这些股票开始流行时，那些专门投资小公司的投资者就一定会获得更好的收益。我们所有人受到的最大诱惑就是把我们自己的投资表现与那些最新的投资明星比较。这种比较注定是没有任何意义的。研究一直表明，从长远看，大多数资金经理人的表现都没有市场的表现好，只有极少数的例外。同样重要的是，那些在一段时期内战胜市场的人在下一段时期就很少能够继续战胜市场，而这纯粹只是因为投资风格和投资热潮发生了改变。

　　许多投资者面临的一个普遍问题不是开立投资头寸，而是退出头寸。购买决策通常是以充分的逻辑为基础，但是他们很少会问自己"如果预期没有实现，在什么情况下应该出场"。为这些情况建立基准是进行风险控制的强制要求。这些基准把投资从一个开放式风险转变成可以被认识并被控制的风险。这些标准无论是基于市场价格、经济指标，还是价值评估，都无关紧要。重要的一点是这些标准应该合乎逻辑，拥有较稳健的基础标准，它们不仅能帮助你确定正在研究的风险，还能使你明确知道风险在控制中，从而晚上能安然入睡。

　　如果你认为要打败市场就必须进行快速而急剧的资产转换，那你得好好重新思考一下了。实际上，**任何企业的成功都是从微利开始的**。对于市场来说，乌龟采用逐渐而持续的重新配置资产的方法，从长期来看，一定会击败投资野兔，这确实是真的。

目　录
Contents

序言

第 1 章
Chapter 1

货币管理的一些基本原则

📈 引言

　　二三十年前的一天，我和一位客户及他的瑞士银行家从机场开车回来。我们经历了一段难以置信的市场表现，在不到 6 个月的时间里我们就盈利了。这位客户评论道，为了达到那样的表现，我不得不承担巨大的风险。从那以后那段往事一直伴随着我，因为风险不是我那个时候所考虑的要素，而止损和控制风险是投资的首要法则。那时的我一直只关注投资的收益方面，几乎没有意识到风险。我为我的客户赚到了钱，不是因为任何非凡的技术，而是因为我足够幸运。杠杆是把双刃剑，而我享受到了积极的那一面。但我也很快经历了消极的那一面，那是另一个故事。然而，要强调的一点是，投资于市场时，大多数人只关心他们有可能赚多少钱，而专业人士首先会问他们要承担多大的风险才能获取那些收益。如果他们判定风险太大，就不会进行投资。

　　这就意味着一旦你做到了，这个特定投资的情况就很乐观，在投资之前，要做的最后一步是制定一个退出战略。如果你喜欢用技术指标分析市场，那么利用技术指标就包括寻找图表上的点，在其中预示着趋势的变化，并根据这点设置止损。如果你不擅长使用技术分析，那么你就不会有充足的时间去设置特定的价格水平。你可以用另一种方法来解决这个问题，那就是说明为何你要投资于那项特定资产类别，然后判定那些情况不再有效时会发生什么。你会在内心演练一下，如果发生什么，或者哪些情况发生时你要有心理准备，制定好退出战略。实际上，我们必须提前一步，在开始管理所有投资组合风险之前就制定好这种风险管理战略。

　　管理风险的方法有很多种，最常见的方法就是把投资分散到几个资产类别中，以此来分散风险。第二种方法就是控制你的投资组合的波动性。高收益的股票通常都伴随着潜在的同等程度的以波动形式衡量的风险。减少那些证券的数量就可以降低风险。第三种方法，只有当条件有利于你所投资的那项特定资产类别时，你才进行投资。不要想在隆冬大雪覆盖地面的时候播种。同样地，不要在环境不利于那项资产时买入。前两种方法在本章会有详细的讲述，而第三种方法会贯穿本书的剩余部分。首先，我们先从分散投资这一原则讲起。

📈 分散投资

　　有一句名言是：不要把所有的鸡蛋放入一个篮子里。这一原则非常适用于投资过程。这是因为投资于超过一项资产或资产类别能够帮助你对你的投资组合进行缓冲，以免你持有的其中一项资产类别没能给你带来预期的盈利。

　　分散投资的意思不只是购买不同的股票，其范围可以扩展到现金、债券、通胀对冲资金等。我们还可以把房地产、石油租赁年金以及其他类型的资产也包括在内，但这些不在本书的讨论范围。这里我们只关注债券、股票、现金和商品相关资产，因为它们的流动性都较强，可自由交易，并且在市场上都是有规律地逐日盯市的。

　　资产配置的一种方法是使用一种我们称之为"静态"的方法。在这种方法下，所有的资产类别我们都持有一点点，而且绝不出售。这样一种投资组合能在一些大的投资事件发生时控制损失，比如 2000～2003 年的股票熊市或者 1987 年的股市崩盘（当时股票市场一夜之间下跌 25%）。出于同样的原因，这种投资组合也参与了 1981 年开始的一个大的债券牛市以及 1970～1980 年的黄金牛市等。然而，这种方法有两个缺点（我们这里不是指如此操作会让经纪商和理财师失业）。首先，如果一项特定的资产类别表现得特别好，那么投资者就会增加它在投资组合中的比例，使其超过最初的比例。这种超重的加重恰恰会发生在错误的时间，如当那项特定资产达到顶峰的时候。这里我们的目标是，当一项资产处在一个主要的底部区域而不是顶部区域时，就增加这项资产所占的比例。最终，这项资产所占的比重就不得不被重新调整，或者这种静态的方法将导致一种不平衡，以致它会损失更多（即使不是全部），从而使得分散投资的优势消失。

　　同样糟糕的是，这种静态的方法不能够利用新出现的机会，并且几乎不能为跌价风险提供保护。没有一种方法是完美的。然而，抓紧时机行事没有意义吗？换句话说，当经济、技术、心理和货币环境变好时，调整资产的构成以利用机会就变得很有意义了。

　　资金管理过程的一个关键目标是尽可能地提高风险/回报比率。完全规避风险是不可能的，但如果你可以控制风险且在收益方面不用放弃太多，那么你就接近成功了。当利空消息发布时，市场参与者就会清算股票，此时主要的购买机会就会出现。估量这些情绪波动的一种方法就是绘制一幅两年的价格变化图。当指标显示非常低时，就表明情绪极其消极，几乎没有人想持有股票。图 1-1 显示了这个指标回溯至 1900 年的历史。变化率指标（ROC，rate of change）下降到 −25%，然后又回升到这一水平处，这通常是一个进入市场的低风险时间。例子被标记为向上指向的箭头，在这个图中，虽然这项技术在 100 年里有效，但是没有一种投资方法是完美的。大家可以参考一下那些虚线箭头，它们在 20 世纪 30 年代后期给出了一个虚假信号。同样地，当价格在很长一段时间内一直回升时，投资者在使用该方法时就会变得更加自信，也可能更加粗心，这时风险就会更大。这个图清楚地表明，在这样一些情况下，即当指标上升到 50% 水平线以上后，又降到这一水平线以下时，风险就会变大，而收益就会很低。

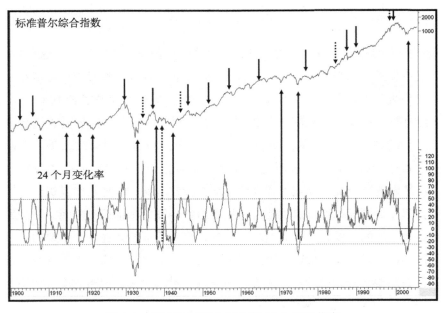

图 1-1　标准普尔综合指数和 24 个月变化率

资料来源：pring.com。

　　这些例子在图中被标注成向下指向的箭头。虚线箭头显示了缺点被错误地预期的那些时期。

　　类似的数据反映在图 1-2 中，我们看到，从这些信号中得出的 24 个月的年收益率在图中用 y 轴表示，x 轴表示风险。我们希望的位置是处于高收益和低风险的位置。实际上，尽可能地接近左边顶部，即"西北象限"内，就是投资区域。应该避免的位置是"东南象限"，该象限风险较高，而收益很低或者是负值。明显地，在现实中不可能达到西北象限这个极限位置，因为总会有折中。幸运的是，在我们的投资过程中有一些技术可以帮助我们到达这个区域。这可以通过分散投资和在经济周期的适当时期增持特定资产来实现。最后一种方法是，我们在一项资产价格创历史最低时买入，创历史最高时卖出。这并不意味着在底部买入，在顶部卖出，因为较低的资产价格会变得更低，而且我们在 20 世纪 90 年代末的科技泡沫中发现，昂贵的资产价格会变得更加昂贵。

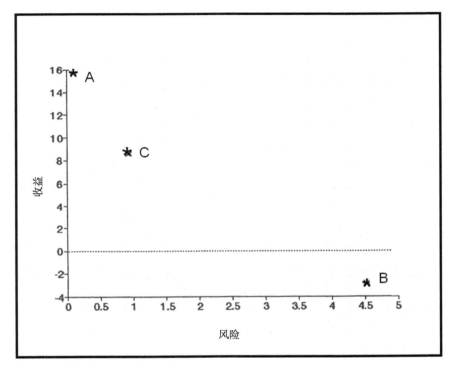

图 1-2　1948 ～ 1991 年标准普尔收益的风险与回报对比

资料来源：pring.com。

有关分散资产带来的好处，大家可以参看图 1-3 和图 1-4 之间的对比，这是一个很好的例子。图 1-3 显示了默克公司（Merck）在 2004 年和 2005 年间的日价图。在 9 月末的下行缺口反映了某些坏消息，当时公司从市场上召回了一项重要的药物。它可以是好消息。重点是，投资于个股比你所预期的更具风险，因为你总是对市场、对无法预期的坏消息无能为力。

图 1-4 还显示了 2004 年 9 月末价格的某些向下运行，但是这次它是指医药类交易所交易基金的特点，它是包括默克股票（MRK）在内的制药类股票的多元化投资组合。在这一案例中，价格下跌得比较缓慢，然而默克股票价格却从 44 美元跌到了 33 美元，交易所交易基金仅仅从 74 美元下降到 72 美元，股价亏损了 25%，而交易基金只亏损了 2.7%。通常，一个行业的一只股票溢价效应比这更巨大，但是它仍然比投资于一只股票的风险要小得多。还要注意，在一个确定的时期内，无

论那些股价的表现有多么剧烈，至少它们的交易所交易基金的表现会稍微乐观点。

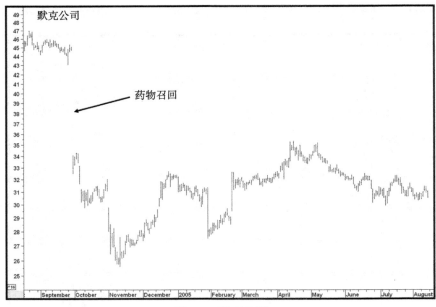

图 1-3 默克公司

资料来源：pring.com。

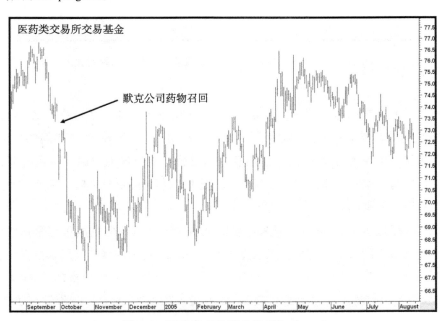

图 1-4 医药类交易所交易基金（PPH）

资料来源：pring.com。

可以从两方面证明分散投资是很有必要的，一部分是因为投资机会，一部分是分散投资可以减少我们对交易趋势的错误评估的可能性。明显地，假设我们购买12 只不同的股票，那么我们承担风险的概率就增加了 12 倍。然而，整个投资组合被消去的概率就极其低，它比我们只购买一只股票的风险要低得多。由于同样的原因，我们也许会认为分散投资就是分散风险和控制坏的消息，但是它还增加了一个可能性，即我们其中的一只股票也许会带来一个大的盈利。一项收购、一次石油发现、一项技术突破等，都可能使一个人成为受益者。

分散投资的一个潜在优势是，它允许我们对投资组合做出渐进式的改变。市场环境不会在一夜之间改变，但是它会以一种缓慢的、深思熟虑的方式运行。随着越来越多的证据表明经济、金融或者货币环境在不断演变，分散投资允许我们重整投资组合。举例来说，稍后我们会讲到，随着经济周期早期的领导者逐渐减退，而晚期的领导者相对来说在上升，市场顶部经历了一个行业先行的渐进式变化。如果，假设我们刚刚入手一只银行（早期先行者）股票，而又感觉能源行业这个较为缓慢的行业领导者即将有突出表现时，想要增加能源股就将是件困难的事。然而，如果我们将投资分散成几部分，那么随着更多的证据出现，慢慢淘汰早期先行者就变得更加容易。

分散投资必须是一个动态的过程，而不是静止的。举个例子，我们可以分散投资于现金、债券和股票，将投资分成同等数量。然而，如果接下来的 10 ～ 20 年是一个很强的物价上涨期，那么该投资组合就会很容易失去购买力。从传统上来说，这是因为这个股票投资组合会有很长一段时期要努力遏制通货膨胀所带来的不良影响，其收益不足以弥补收益性资产的损失，而收益性资产则会因不断上升的价格而受损。

分散投资的心理障碍

为什么分散投资没有被广泛应用？这里还有一些原因，它们基本上被归结为一点——懒惰。最简单的解释就是购买被媒体、券商报告或者比较友好的"业内人士"大肆宣传的股票或资产，比理解一些困难而乏味的大量不同报道的研究并做出最后的选择要容易得多。

或者，许多人试图去购买一项特定的资产类别。也许当管理层在讨论美元将走低的时候，你就会看到市场上人们都去购买利润主要来自外汇业务的公司的股票。这也许是、也许不是一个完全合理的投资方法，但它绝不是一个把我们全部的股票投资组合分配给出口商的完美方法。可想而知，这个消息或者它的预期也许已经被消化进价格里了。也许我们的假设是错误的，因为这次外国经济正在进入一个疲软期，无力吸收我们的出口。不管哪一种情况，这一种过于简单化的配置策略都将留下犯错误的机会。

每个人都会经常犯的错误就是用不远的过去来推测未来，这很容易就陷入自满状态，因为我们被那些追捧当前趋势的评论员和媒体报道所包围。跟随人群不仅很容易，而且新兴的经济统计数据也支持这样一个观点，比如非农就业报告、工业生产指数等。因为市场是预期未来的，这类数据已经被市场消化掉了。当未被预料的数据发布时，市场会在短期内做出反应，但是除非这个特定的数据开始预示着经济环境的改变，否则市场的趋势仍然是确定的。原因是市场是向前看的，关注那些**领先于**经济的指标，比如先行⊖经济指标指数（Index of Leading Economic Indicators）、货币供给量、房屋开工率等。通过观察这些先行经济指标，我们可以预期未来以及在至未来之前一路上可能发生的变化。举个例子，货币政策引领经济，而且我们也许会注意到，由于几个月前实行宽松的货币政策，通货膨胀的状况会加剧。在此基础上，我们也许会买入贵金属股票。这一决策听起来也许很完美，但只能持续有限的时间，因为经济本身会像我们稍后会讲到的那样有它自己的自我修正机制。它会像这样运行：美国联邦储备委员会会把流动资产注入这一系统，最终使经济再次运行；中央银行意识到商品物价开始上涨，不再需要宽松的信贷，信贷价格、利率开始回升；最终上涨的利率扼杀了商品牛市，因为它们减少了消费支出和商业投资。然后经济开始衰退，利率下降，美联储就采取宽松的货币政策。像这样对于每一个行为必有一个反应。实际上，我们可以说每一次通货膨胀最终都会孕育出它自身的通货紧缩。

在这一案例中，物价的上涨会导致利率上涨。最终，越来越高的利率会导致商业投资无利可图，消费者借钱的利息更高，经济开始萎靡不振。当这些发生时，通胀对冲资产就会受损，而通缩对冲资产就会被广泛使用。投资于贵金属股份从短期来看很好，但是把你所有的鸡蛋放入这个通货膨胀的篮子里，最终的结果会令你失望，除非你能够看到投资环境的变化并及时采取相应的措施。

当投资者选择关注一只股票或一项资产类别以期获得丰厚利润时，思维惰性还会成为分散投资的障碍。这种迅速追逐财富的方法必然会失败。这次失败引起的低落情绪会引起投资者情绪状态的不平衡。在这种情况下投资者几乎不可能做出任何

⊖ 也叫领先指标。——译者注

理性的决策，当然其表现就会受损，那些有价值的新出现的机会就会流失掉。

分散投资需要某种程度的耐性、思想和原则。不幸的是，从 20 世纪 70 年代开始，大多数投资者的投资时间范围开始缩小。最近，科技的繁荣把（感知的）即时分析、报价的特质和更大的权力给予每个人，让我们所有人都坚信，快速而少风险的收益就在不远处。我们面前有这么多诱惑，分散投资原则的一个更大的障碍已向我们袭来。

总之，有利可图的投资只有在一个客观的环境里才能得到最好的实现。以盈利为目的的快速投资和即时分析并不是获利的方法。更好的方法是使用一套分散投资程序，资产在其中缓慢地、递增地并且经过深思熟虑地进行转换。单项资产不可能组成或者打破投资组合，同样地，它也不可能使投资者情绪失衡。

投资者的两大敌人：通货膨胀和波动性，分散投资如何发挥作用

市场的历史表明，从长远来看，股票的收益比债券和现金都高。然而，如果股票由于其波动性而在不恰当的时机进行买卖，那么投资者很可能就会损失一大笔钱。债券也会波动，但是除了破产，投资者总会在债券到期时保持有他们的全部面值。甚至若债券被溢价出售，持有者也会确定有一定的回报率。

然而，在所有情况下，持有资产的时期越长，其波动性越小。

通货膨胀还会不利地影响投资组合的购买价值，很可能还会有更大的风险，因为它在很长一段时期内缓慢发展，除非通货膨胀率特别强劲，否则它几乎是看不见的。在某种意义上，通货膨胀的风险与波动性呈相反的关系，因为前者随着时间会变得更大，而波动性的影响却随着时间有所减少。

分散投资可以有助于减少两方面问题。一方面，如果一个投资组合总是包含一些股票和债券，包含债券的投资组合将会缓冲波动的股票市场所带来的一些影响。同时，在经济周期过程中转换自身一部分的一个投资组合，将能够在通货膨胀作为威胁出现时利用通胀对冲资产。这部分投资组合还包括寻求复制商品指数的共同基金。或者，当通货紧缩问题越来越严重时，通货紧缩敏感型资产（比如债券）在投资组合中的比重就会过大，在这些情况下，分散投资既是一个静态过程，也是一个动态过程。

使用分散投资减少投资于个体公司的风险

不受市场波动影响的个体公司所承担的风险在技术上被叫作**非系统性**风险。通

常认为，投资组合中股票数量越多，风险就会越小。图 1-5 表现了这一原则，风险由 y 轴表示，股票数量由 x 轴表示。

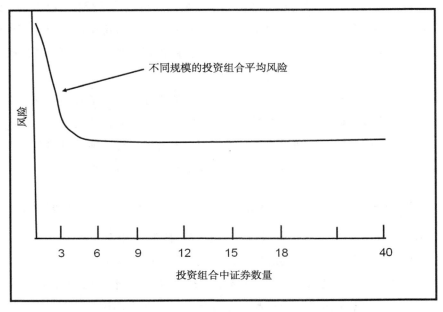

图 1-5 风险与分散投资

资料来源：pring.com。

我们看一下，增加了额外的 6 只股票的投资组合的一般风险是怎样急剧下降然后又变平的。等到增加 7 只或 8 只股票的时候，风险减少量几乎没多少。因此，从个体角度来看，这并没有多大意义，从风险管理的观点来看，把投资组合增加多于 9 只股票就变得有意义了。

使用分散投资减少来自市场波动的风险

分散成许多不同股票不一定能使你免受一般市场下降的影响。这类风险被叫作**系统性**风险。

在此情况下，我们假设这些股票来自不同的行业和部门。举个例子，如果投资组合包括 9 项，都与能源相关，那么在石油价格下跌的时候，它就会受到非常大的损失。这是因为每个组成投资组合的个股都或多或少地受到能源价格的影响。这样的投资组合就不符合图 1-2 中的曲线。在这种情况下，这一曲线会有轻微的下降，并且会在更高的（即更大的风险）水平处变平。

　　另一方面，如果这 9 只股票代表 9 个不同的行业或部门，分散投资的作用更加有益。这是因为具体不同的行业发展会被投资组合的其他股票所缓冲。然而，因为这些行业代表的是整体市场的反映，它们对市场的普遍下降没有提供太多的保护。

　　这一问题可以通过加入一些其他的资产类别来解决。由此系统化风险（市场）的程度可以通过改变各资产类别的平衡来得到控制。这只是一种可能，因为债券、股票和商品的价格经常向不同的方向运行。当然，我们的第 4 种资产——现金，总是静态的。类似的或者不类似的价格走势同时发生的概念被称为**相关性**。在我们前面讨论的案例中，这 9 只能源股票会紧密相关。我们把这称为投资组合 A。另一方面，在广泛多样化的股票投资组合中的 9 个证券投资品种没有密切相关，我们把这个称为投资组合 B。但是，总的来说，投资组合 B 会与整体市场走势密切相关。

　　因此，一个合理的分散投资组合应该是平衡的，它应该包括那些没有密切相关的资产。因此，如果一项资产，假设是股票，表现不好，那么在上述投资组合 B 中的分散投资就不会有太大帮助。然而，如果它与一项与股票没有密切相关性的资产相结合，假设是贵金属或者现金，那么投资组合将会得到某种程度的缓冲。

　　表 1-1 显示了一些资产类别以及它们是如何关联的。其中数字 1.0 表示了一个完美的关联。因此积极成长型与积极成长型是一个完美的关联，就像货币市场与货币市场。数字越小，相关性越弱。在这一案例中，最弱的相关性出现在成长型与货币市场之间，是 −0.09。

表 1-1　各种资产类别的相关指数

	积极成长型	公司债券	成长型	成长和收入型	贵金属	货币市场
积极成长型	1	0.4	0.99	0.95	0.42	−0.07
公司债券	0.4	1	0.43	0.51	0.07	−0.4
成长型	0.99	0.43	1	0.98	0.42	−0.09
成长和收入型	0.95	0.51	0.98	1	0.39	−0.08
贵金属	0.42	0.07	0.42	0.39	1	−0.08
货币市场	−0.07	0.04	−0.09	−0.08	−0.08	1

　　当资产类别与行业组织的相关性最强的时候，分散投资才能真正地发挥作用。如果它们的相关性很高，这就意味着其表现会非常类似，所以将不会从分散投资中得到太多。这就是投资者被建议要在每一主要资产类别中维持某些投资组合的比例的主要原因。通过这种方式，整体表现就会被任一资产类别中出现的一个不正确的市场表现所对冲。

　　回到表 1-1，我们可以通过一个例子使用这些数据。我们假设一位退休人员需要大笔的收入。他所处的人生阶段就会把他归为保守一派。显然，他需要一笔创收资产。而公司债券是一个可接受的盈利工具。把所有的资产投资于公司债券，他会得到很多收入，但是没有抵御风险的保护措施。贵金属的相关性很弱，是0.07，但可以提供一些比较明智的分散投资，因为它们只在不到10%的时间里与公司债券同向运行。即使它们提供了对通货膨胀的对冲，它们的收入来源也还是不足。积极成长型（0.04）和成长与收入型（0.51）还会代表良好的分散投资，因为每一个都是收入的一部分，对我们投资者来说都很重要，而且无论哪一个都与公司债券没有密切的相关性。

相关性还可以被扩展到证券市场，大多数人把它看作"股票市场"。然而，它更像是一个股票的市场，在这一市场上，不同部门的公司在给定的时间周期内同时朝不同的方向运行。显然在牛市，有越来越多的问题出现，而熊市也是有很多相反的状况出现。然而，在个体行业组织和它们的成分股之间一直有一个表现的二分法。因此，在相关性较低的行业组织之间建立一个投资组合是很有意义的。举个例子，在熊市的后期阶段和牛市的早期阶段之间，此时经济处于典型的衰退期，公用事业设备股价往往会超越平均值。另一方面，当经济接近产能、价格压力巨大时，能源股票就会有相对来说最好的表现。这还是一个利率增长的时期，会严重影响着高派息和资本密集型的公用事业。我们可以在图11-15中（见第11章）看到反映不同行业组织的两个动能指标之间相反的路线。

分散投资可以带来较大的收益和较少的损失

正确使用时，分散投资会减少风险，但是它不一定会带来较少的收益。实际上，它很可能会增加收益。举个例子，如果我们热衷于投资一种小型增长股，那这一投资组合的波动性就会明显增加。其结果是，我们可能会获得一笔可观的收益或者是一笔巨大的亏损。然而，如果我们使用同样的配置并把它分散成几只股票，那么我们能更好地控制我们的风险，并仍能获取大部分收益。举个例子，我们假设买了10只很有增长潜力的候选股。有可能其中一只或两只股票很快会让你亏损，而大多数都是中等水平，还有可能一只或两只股票会让你得到一笔可观的收益。乍一看，貌似这会导致一场零和游戏，但事实不是那样。这是因为，我们预期一个发展良好的公司，在假设3年的时间里，股票价格翻了两倍或三倍，甚至更多倍，这是很现实的。同样的原因，一些亏损的公司股票可能会下跌40%～50%，但是它们不可能会破产。如果其中一个破产了，那么下跌到0的10美元股票的权重将超过上涨到 30 美元的 10 美元股票的权重。

　　表 1-2 显示，即使存在着一个 100% 亏损 12 美元的问题，组合中两家其他公司经历着相当大的亏损，整体投资组合也仍然会有 11% 的良好收益。

表 1-2　进取型股票的分散投资组合

	成本（美元）	收益或损失（%）	市场价值
公司 1	12	100	24
公司 2	12	50	18
公司 3	12	−100	0
公司 4	12	−25	9
公司 5	12	−33	8
公司 6	12	50	18
公司 7	12	15	13.8
公司 8	12	15	13.8
公司 9	12	15	13.8
公司 10	12	15	13.8
公司 11	12	15	13.8
公司 12	12	15	13.8
总计	144		159.8

利润：15.8（11.0%）

交易所交易基金和分散投资

　　一次性成功做到分散投资的一种方法是购买具有多元化投资组合的证券。几年前，这包含购买基础广泛的共同基金、直接或间接地来自于共同基金公司的基金或者作为一个共同基金在交易所上市。前者称为**开放式**基金，因为它们的总规模不固定。随着新的资金涌入，基金规模也在增长，当然，新的资金不会由于赎回而贬值。在交易所上市或通过经纪人直接交易的基金被称为**封闭式**基金，因为它们的投资组合规模在发行时已经固定不变。它们是专业管理投资资本的集中地。这些投资资本是只能从其他股东手里购买的固定数量的股票。因此，这些资本化的基金，除了后续发行的新增的资本，都是封闭的。封闭式基金与开放式基金的主要区别在于，封闭式基金在交易所开放的任何时间里都可以购买，而开放式基金只能在市场关闭之后才能进行买卖。当出售佣金没有被包括进来时，即**无负载**开放式基金，这些证券总是以资产净值出售——也就是说，基金的价格以先前的收市价为基础。另一方面，封闭式基金依据投资者的态度，溢价或折价出售它们的资产净值。如果投资者看跌基金，就会折价出售资产净值；如果他们看涨基金，他们就会溢价出售。

两种类型的基金都提供了具体的有针对性的证券"篮子"，比如资本化类型：低市值/高市值，国家：日本/巴西等，不同类型的固定收入（企业/免税）等。所以它们提供了一些分散投资的测量方法。

最新的产物是交易所交易基金（Exchange Traded Funds，简称ETF），这稍后会在书中有大量的篇幅讲述，但在这里我们仅将其看作具有封闭式基金的特征，这一封闭式基金从不以相当高的溢价或折价出售目标指数，它们还有非常低的管理费用。因此交易所交易基金是获得一些分散投资的非常好的方式，因为它们支持无数的可能性资产，比如公司市值、部门、行业组织、国家指数和固定收入。我们在后续章节中还会更多地讲到这些。

复利的力量

把投资看成获取资本收益，这很正常，但是当前的收入绝不应该被忽视，因为利息和股息的组合也是一个投资组合长期表现中重要的组成部分。我们在前面提到过这样一个事实，由于技术工具能够展现给我们即时分析、报价和消息，时间范围会缩短。这确实可惜，因为复利要求大量的时间，并遵循原则，还需要耐心来利用这一重要的投资原则，而且在如今，这并没有被大多数投资者所掌握。

复利和利息

一旦你收获利息或股息，你就会面临一个选择：消费掉还是用它来再投资。如果你选择重新投资你的钱，那么它会明显增长得非常快，但是由于利滚利效应，它可能比你想象得更快。

我们可以从表1-3中看出，在第4列中，累计总额仅增加了支付款项的金额。与第7列相比较，第7列反映了由利滚利所进行的再投资收益。就所有的复利效应来说，一开始，区别非常小，但是随着时间的推移，它会慢慢变大。

表1-3　在年利率8%的情况下，单一支付和将支付用于再投资的收益之间的比较

（单位：美元）

	单一支付			将支付利息再投资		
	资本值	年支付	累计总支付	年支付	利息再投资后的资本值	累计总支付
第1年	10 000	800	800	800	10 800	
第2年	10 000	800	1 600	866	11 664	1 664

（续）

	单一支付			将支付利息再投资		
	资本值	年支付	累计总支付	年支付	利息再投资后的资本值	累计总支付
第 3 年	10 000	800	2 400	933	12 597	2 597
第 4 年	10 000	800	3 200	1 008	13 605	3 605
第 5 年	10 000	800	4 000	1 088	14 693	4 693
第 6 年	10 000	800	4 800	1 175	15 869	5 868
第 7 年	10 000	800	5 600	1 270	17 139	7 138
第 8 年	10 000	800	6 400	1 371	18 510	8 509
第 9 年	10 000	800	7 200	1 481	19 990	9 990
第 10 年	10 000	800	8 000	1 599	21 590	11 589
总计	100 000	8 000	44 000	11 591	156 457	55 653

利息支付的时间还会影响其表现，在表 1-3 中的利息支付是每年支付一次的，但是大多数债券的支付时间是在每半年的基础上完成的。这项对比显示在表 1-4 中。利息支付时间的重要性还可以从这样一个例子中体现出来。假设我们有两个 1 000 美元的投资，一个是按月支付（比如交易所交易债券基金），另一个是按年支付。最终收益（假设是 10% 的票息和 20 年的持有期限）按月支付的话，收益是 7 328 美元，而按年支付的话，是 6 727 美元，相差了几乎 10%。

表 1-4　相同利率、不同支付时机的年收益率表

半年 vs. 一年收益率
（基于年复利的收益等于规定的半年收益）[①]

半年收益率	年收益率	半年收益率	年收益率	半年收益率	年收益率
3	3.02	$6\frac{1}{2}$	6.61	10	10.25
$3\frac{1}{4}$	3.28	$6\frac{3}{4}$	6.86	$10\frac{1}{4}$	10.51
$3\frac{1}{2}$	3.53	7	7.12	$10\frac{1}{2}$	10.78
$3\frac{3}{4}$	3.79	$7\frac{1}{4}$	7.38	$10\frac{3}{4}$	11.04
4	4.04	$7\frac{1}{2}$	7.64	11	11.3
$4\frac{1}{4}$	4.4	$7\frac{3}{4}$	7.9	$11\frac{1}{2}$	11.57
$4\frac{1}{2}$	4.55	8	8.16	$11\frac{1}{2}$	11.83
$4\frac{3}{4}$	4.82	$8\frac{1}{4}$	8.42	$11\frac{3}{4}$	12.1
5	5.06	$8\frac{1}{2}$	8.68	12	12.36
$5\frac{1}{4}$	5.32	$8\frac{3}{4}$	8.94	$12\frac{1}{4}$	12.63
$5\frac{1}{2}$	5.58	9	9.2	$12\frac{1}{2}$	12.89
$5\frac{3}{4}$	5.83	$9\frac{1}{4}$	9.46	$12\frac{3}{4}$	13.16
6	6.09	$9\frac{1}{2}$	9.73	13	13.42
$6\frac{1}{4}$	6.35	$9\frac{3}{4}$	9.99	$13\frac{1}{4}$	13.69

（续）

半年 vs. 一年收益率 （基于年复利的收益等于规定的半年收益）①					
半年收益率	年收益率	半年收益率	年收益率	半年收益率	年收益率
$13\frac{1}{2}$	13.96	$14\frac{1}{4}$	14.76	15	15.56
$13\frac{3}{4}$	14.22	$14\frac{1}{2}$	15.03		
14	14.49	$14\frac{3}{4}$	15.29		

① 表中所列的年收益率采用的是半年复利。如果利息率的复利计算只是一年一次，那么名义上的利率只是稍高一点。例如，半年复利的收益率8%相当于年复利的收益率8.16%。

影响复利的第3个因素是名义利率，它是影响最大的一个因素。给你一个例子，我们假设原始投资是1 000美元，它是按月支付的，持有期限是20年。若利率是5.5%，它会增长到2 996美元，若利率是7%，上涨到4 036美元，我们之前看到的例子中的7 328美元，对应的利率是10%。

不幸的是，在实际中，复利并不是像那些例子那样简单。这是因为在再投资收益中通常会涉及成本问题。举个例子，债券是以1 000美元的整额面值出售。如果你没有足够的钱购买一整手的话，那你就很不幸。还有，即使你买到足够的数额，为了购买债券还必须支付一笔交易费用。我们还没有提到从那些不能再投资的非免税账户中得到的州和联邦所得税款项，更不能在债券到期期间利率下降到一般水平时进行再投资。

避免这些问题的一个方法是投资于ETF债券基金，它允许累积零散的美元金额，但仍然需要缴税和支付手续费。

最简单的方法是购买零息债券，我们会在第10章中讲到零息债券。由于不支付利息，复利影响被纳入价格里，另假设现行利率保持不变。未到期的零息债券的问题是它们对利率的改变极其敏感，而且两者成反比关系。

一次性投资并关注投资复利只是一种方法；许多人制订的计划要求定期固定的投资。这些计划的复利效应确实是很明显的。我见过的印象最深刻的一个表格是由佛罗里达州劳德代尔堡的Market Logic提供的数据（见表1-5）。它显示，较少的早期投入比后来投入的较大数量更有效。这个表格假设再投资回报率为10%，并假定有两个投资者。第1个投资者一共投入14 000美元，而第2个投资者一共投入80 000美元，然而他们的投资时期是一样的。区别是，投资者A是在19岁到25岁进行缴款，而投资者B虽然也是每年缴款2 000美元，但他是在19岁到65岁支付的。逻辑上说，第2个投资者，即投入更多的那个人，应该会得到一个更大的投资者组合，但事实并不是那样，他最终的总额只是稍微高了一点，但是投入被扣除后，投资者 A 以增长 66 倍完胜投资者 B，后者只增长了 11 倍。这个表格首次计算时，利率一般水平比这本书出版时的水平要高出很多。但是同样的原则（即早起的鸟儿有虫吃）仍然适用，只是两部分的收益会相当少。

表 1-5　定期投入和复利　　　　　　　　　　（单位：美元）

年龄	投资者 A		投资者 B	
	投入	年终值	投入	年终值
8	0	0	0	0
9	0	0	0	0
10	0	0	0	0
11	0	0	0	0
12	0	0	0	0
13	0	0	0	0
14	0	0	0	0
15	0	0	0	0
16	0	0	0	0
17	0	0	0	0
18	0	0	0	0
19	2 000	2 200	2 000	0
20	2 000	4 620	2 000	0
21	2 000	7 282	2 000	0
22	2 000	10 210	2 000	0
23	2 000	13 431	2 000	0
24	2 000	16 974	2 000	0
25	2 000	20 872	2 000	0
26	0	22 959	2 000	2 200
27	0	25 255	2 000	4 620
28	0	27 780	2 000	7 282
29	0	30 558	2 000	10 210
30	0	33 614	2 000	13 431
31	0	36 976	2 000	16 974
32	0	40 673	2 000	20 872
33	0	44 741	2 000	25 159
34	0	49 215	2 000	29 875
35	0	54 136	2 000	35 062
36	0	59 550	2 000	40 769
37	0	65 505	2 000	47 045
38	0	72 055	2 000	53 950
39	0	79 261	2 000	61 545

（续）

年龄	投资者 A		投资者 B	
	投入	年终值	投入	年终值
40	0	87 187	2 000	69 899
41	0	95 909	2 000	79 089
42	0	105 496	2 000	89 198
43	0	116 045	2 000	100 318
44	0	127 650	2 000	112 550
45	0	140 415	2 000	126 005
46	0	154 456	2 000	140 805
47	0	169 902	2 000	157 086
48	0	186 892	2 000	174 995
49	0	205 518	2 000	194 694
50	0	226 140	2 000	216 364
51	0	248 754	2 000	240 200
52	0	273 629	2 000	266 420
53	0	300 002	2 000	295 262
54	0	331 091	2 000	326 988
55	0	364 200	2 000	361 887
56	0	400 620	2 000	400 276
57	0	440 682	2 000	442 503
58	0	484 750	2 000	488 593
59	0	533 225	2 000	540 049
60	0	586 548	2 000	596 254
61	0	645 203	2 000	658 079
62	0	709 723	2 000	726 087
63	0	780 695	2 000	800 896
64	0	858 765	2 000	883 185
65	0	944 641	2 000	973 704
减去总投入		−14 000		−80 000
等于净收益		930 641		893 704
资金增长		66 倍		11 倍

复利和股息

我们想到复利的时候通常就会想到，它是将利息收入在本金里，并累计前期再投资计算出的利息。然而，股息的复利部分从长期来看还会在总收益中占据重要的位置。股息再投资通常是一个动态的过程。这是因为它不只包括再投资的股息的复利计算，还有股息本身随着时间的增长。一个持续发展的公司通常不能提供非常高的股息收益，但是，如果它真的持续增长的话，那么它会在年度的基础上增加股息。在大概 10 年的周期之后，现行股息会在原始投资的基础上产生一个大的收益。我们可以说，你在第 1 年投资 100 美元，股息收益率是 2% 或者 2 美元。我们还可以说股息每年上涨 10%。

第 1 年	2.00 美元
第 2 年	2.20 美元
第 3 年	2.42 美元
第 4 年	2.66 美元
第 5 年	2.93 美元
第 6 年	3.22 美元
第 7 年	3.54 美元
第 8 年	3.90 美元
第 9 年	4.29 美元
第 10 年	4.71 美元

在 10 年的时间里，原来 100 美元的投资所得收益率变成了 4.71%，而且收到的总股息增长到 31.87 美元。

总收益（除去资本收益）不会很特别，但是当然是一个可靠的回报。因此，渐渐增长的股息流会给那些关注通货膨胀的投资者提供很有价值的帮助。

我们可以通过与最初的各种股息增长率所得收益相对比来把这一结果更推进一步。在表 1-6 中，我们把 3 种股票的 10 000 美元投资的复利效应与不同的收益和增长特征相比较。为了达到这个案例的目的，假定 3 家公司全都不断地增长，而且本质上并不因此存在周期性。我们还致力于这样一种假定，即最高收益的股票还会有最慢的股息增长率，反之亦然。这是逻辑，因为以股息形式支付更多的公司一般比更吝啬地发放股息有更少的现金流用于扩张。

在表 1-6 中，左边的公司最初的股息支付是 400 美元（也就是 10 000 美元的4%），而且股息以每年 5% 的速度增长。其他两个公司股票的初始收益率较低，分别是 2.5% 和 1%，但是增长的速度较快。纯粹从收入的角度来看，第 1 家公司在一开始的几年里与其他公司相比有较强的吸引力，而在第 12 ～ 17 年，因为股息增长较快的公司赶上来了，所以第 1 家公司的股息开始落后。一般来说，增长速度较快的公司，其价值增长也快，但也会具有更大的波动性。与之相比，增长速度缓慢、收益率较高的公司的波动性就会出现显著的降低。这种投资特性将会特别吸引那些更为保守的投资者。

表 1-6　股息支付的复利效应

年	公司 A 初始股息率 4%，股息增长为每年 5%	公司 B 初始股息率 2.5%，股息增长为每年 10%	公司 C 初始股息率 1.0%，股息增长为每年 15%
1	400	250	100
2	420	275	115
3	441	303	132
4	463	333	152
5	486	366	175
6	511	403	201
7	536	443	231
8	563	487	266
9	591	536	306
10	621	589	352
11	652	648	405
12	684	713	465
13	718	785	535
14	754	853	615
15	792	949	708
16	832	1 044	814
17	873	1 149	936

第 2 章
Chapter 2

经济周期：只是季节性的日历的问题

美国 200 年来的经济历史显示了经济总是循环往复地运动的。在这么长的时间内，可以观测到其经济活动在增长和紧缩之间持续波动。这种历史经验并不仅限于美国，它也可以扩展至其他国家。事实上，欧洲的经济历史也是循环式发展的，尽管不那么明显，但仍然可以看到重复出现的经济周期。经济增长与经济紧缩之间的交替被称为经济周期，从一个波谷运行至另外一个波谷所持续的时间为 41 ～ 42 个月。经济周期实质上就是对人类心理的反映，是对谨慎、乐观、贪婪和恐惧的交替写照，因此除非人类本性发生了实质性的改变，否则经济周期就没有理由不持续地运行下去。本章中，我们将讨论如何确定经济周期的问题以及经济周期运行方式。稍后，我们将看看经济周期对于资产配置过程的重要性，然后试图理解经济周期如何帮助我们在投资当中获得一个更好的结果。

在这一点上，你对经济周期的印象可能就是以规律性的节拍运行，或多或少地完全重复出现。不幸的是，事实并非如此，因为每个经济周期都有其自身的特点，包括持续时间和强度。请记住，我们之前所提到的 41 个月的时间周期只是一个平均数值，这意味着波谷之间的时间周期可能会出现相当大幅度的波动。有很多原因造成了这种波动，但是我相信可以归结为两个最主要的原因。

第一个原因是经济周期——也称为**基钦周期**（Kitchin Cycle）（以其发现者约瑟夫·基钦（Joseph Kitchin）的名字命名的），是由另外一个强度更大、持续时间更久的经济周期支配着的，而所有的这些周期都是同时运行的。两个主要的长期经济周期分别是**朱格拉周期**（Juglar），或者称为 10 年周期，以及**康德拉季耶夫周期**（Kondratieff），也可以称为 50 ～ 54 年长波周期。在约瑟夫·熊彼特（Joseph Schumpeter）经典的著作《经济周期》（*Business Cycle*）中，他辨认出了 3 个经济周期，并将它们归结为一个经济周期。Topline Charts 友善地允许我们制作了图 2-1。图中显示了从 18 世纪到千禧年初的几个主要的经济周期。我们在第 4 章中将详细讨论康德拉季耶夫周期以及长期的经济走势。然而，迄今为止我们需要知道的就是，康德拉季耶夫周期主要关注的是造成通货膨胀和通货紧缩的因素，而与这些因素相关联的长期趋势又决定了组成该经济周期的小的单个经济周期的特性。举例来说，每个经济周期都会出现通货膨胀和通货紧缩。如果主要的长期趋势是通货紧缩，就意味着经济周期或者基钦周期也将经历一场更长的、强度更大的通货紧缩阶段。最近的一个长期或者超长期的通货紧缩趋势开始于 20 世纪 30 年代中期，然后一直持续到 20 世纪 70 年代。在 1981 年到 2005 年占主导力量的是通货紧缩（也就是康德拉季耶夫波的下降波），这可以从债券的收益看出来。它在债券价格中导致了长期的、与基钦周期相关的牛市和相对短期的熊市。

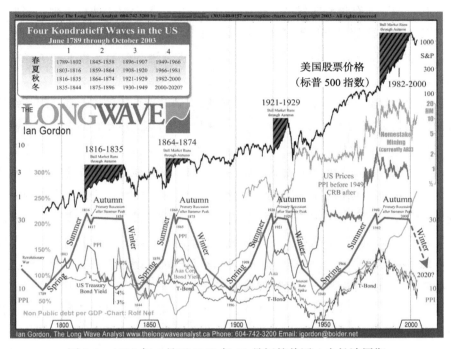

图 2-1　1789 年 6 月至 2003 年 10 月间的美国 4 个长波周期

资料来源：感谢长波分析师 Ian Gordon 绘制本图，www.thelongwaveanalyst.ca。数据由 Topline Investment Graphics 提供，www.topline-charts.com。图表由 Lucidlab 公司提供，www. lucidlab.com。

　　每个经济周期的特性都有所不同的第二个主要原因是经济体包含了许多不同的部分或者部门。这些部分是按照不同的比例上涨和下跌的，并且经济周期之间也都不尽相同。举例来说，可能会有一个结构性的原因使某个经济阶段比正常情况下需要更多的住房供给。可能这是由于人口结构发生变化，这些地区正在组成家庭的人数占其人口总数的比例较高。这就意味着住房在其恢复阶段比在正常阶段扮演的角色更加重要。通常来说，当某段经济区域的表现超出其经济平均水平时，商人就会将这种情况纳入自己的决策过程中。结果就是短暂的繁荣通常被误解为一种常态，住宅行业内的商人变得过于乐观。接下来，这会使他们期待获得更多潜在的回报，并愿意承担更多的风险。能够轻松盈利的承诺将不可避免地导致商人们做出草率的决定和行业内部发展的扭曲。在另一个经济周期内，它可能表现为过度的消费者债务以及银行系统的金融失衡。换句话说就是商品价格超常的急速上涨将激励企业囤积库存。在销售量上涨的情况下，这样做是可以的，但是在销售量下跌的情况下，这些"充足的"库存量到时候就会被认为是过量的。无论出于何种原因，我们通常会发现某一个经济部门会超额发展或者借贷过多。通过这种方式，这些部门在经济增长的时候会提高其在 GDP 中的份额，而在经济衰退的时候，也加剧了经济的下滑速度。

我们也可以介绍一下第三个造成不同经济周期的特点的原因，在于经济结构会随着时间的推移而发生改变。举例来说，19 世纪美国经济最主要的代表行业是农业。之后，制造业取代了农业，成为主导行业，然后在 20 世纪后期，服务业又占据了领先地位。在整个经济的发展过程中，联邦、州和地方政府在经济发展中所扮演的角色和影响力也都在逐渐增强。19 世纪主要的经济数据是关于生铁的。在互联网时代的今天，下一个主要的经济数据会是什么呢？最终结果就是周期因素对经济的影响已经没有以前那么巨大了，特别是当政府和它相关的转拨款项给整个经济体系增加了一层稳定性。这并不是说以后都不会出现长期的经济不平衡了，但是从单个经济周期的角度来看，波动性好像有下降的趋势。

同样重要的是，我们需要明白大多数与经济周期相关的过程从本质上来说都是不断积累的过程，因此一旦它们获得了向上的或者是向下的动力，这样的趋势就会保持下去。它需要花费很长的时间才能使油轮和货运列车的速度放缓，然后转向。大多数观察者所犯下的主要错误就是低估了这些趋势的弹性。你会吃惊地发现，一旦经济开始复苏，无论这个冲击是由政治原因、自然原因还是人为原因造成的，它对于意料之外的冲击都会变得非常具有弹性。

在对经济活动做了一些大致的观察之后，是时候回到我们的主题了，那就是如何随着经济周期的变动进行资产配置。

本章中，我们主要研究的就是基钦周期，或者称为 4 年经济周期。图 2-2 显示了一个理想化的经济周期，在图中正弦曲线代表了经济的增长路径。水平的平衡线表示出经济在一段时期内没有发生过增长。当正弦曲线在平衡线上方处于上升阶段时，它告诉我们经济现在正在以一个更快的速度增长。当正弦曲线达到顶端，开始下降的时候，经济依然在增长，但其增长的速度会愈来愈慢。最后，直到正弦曲线下降至零以下，也就是平衡线之下的时候，这就意味着经济正在收缩。只要正弦曲线下降至平衡线以下，下降的经济动量就会积蓄力量，准备回调上升。正弦曲线最终会开始上升，但由于它仍然位于平衡线之下，因此所有经济依然处于紧缩状态。然而，经济下降的速度已经放缓。最终，当正弦曲线超过零，经济增长速度变为正值时，一个新的经济恢复期就到来了。

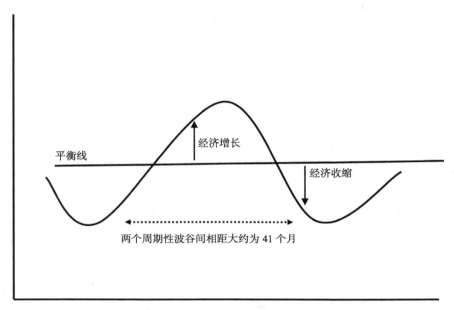

图 2-2　　经济周期的增长路径

资料来源：pring.com。

　　早些时候，我们曾经说过经济并不是单一的，而是由许多部门组成的，每个部门都会以一定的时间顺序轮番出场。那么我们怎么才能把"经济"当作一个单一的整体来讨论呢？答案就是，图 2-2 中所显示的经济的理论增长路径代表着我们称之为与经济**同步**发展的一部分。举例来说，经济中还包括了先行部门和滞后部门，每个部门同时都在按照自己的路径发展，也都分别经历了增长和收缩的过程。图 2-2 刚好反映了这些夹在这两者之间的经济部门的增长路径。如果我们把这些所有的经济部门都加在一起，即一些先行部门，一些夹在中间的部门，还有一些滞后部门，然后将其平均，所得到图形就会与图中所显示的图形相吻合。当我们在本章和接下来的章节里讨论到**经济**的时候，我们的意思就是经济活动的总和，就如同图 2-2 中所表示的那样。

经济周期为什么会重复出现

　　无论是作为个人还是群体，经济周期都是由人们做出的大量的经济决策组成的。经济复苏和经济衰退的交替出现是人们对于积极的刺激所做出来的反应（经济复苏），然后再不断地犯下同样的错误，最终导致经济衰退或者使经济增长速度放缓。这些经济决策是在受心理因素的驱动下，要么是对未来经济状况的**预期**，要么是对于现存经济状况做出的**反应**。举例来说，公司对其生产能力进行扩张是因为他们**预期**经济会增长。另一方面，他们对销售额下滑所做出的**反应**就是解雇工人等。关键一点就是因为人性或多或少都是稳定不变的，因此经济周期会重复出现。人们都说，历史会重演，但是从来不以完全相同的形式出现。经济周期也是一样。人们总是犯同样的错误，但是每次都是由不同的人在不同的部门犯下不同程度的错误。举例来说，人的天性就是将最近的历史事实向外延伸。如果你喜欢的球队已经取得了一系列的胜利，人们通常就会期待他们继续获得胜利。相似地，如果经济已经扩张了一年左右，那么大多数人就会习惯于这种积极的经济状况。由于新闻背景对这些经济状况也非常有利，就没有什么理由预期经济会出现衰退。如果预期将要发生衰退的话，那么人们将根据预期做出反应。

从反向意义上来讲，如果经济活动已经开始收缩，你的公司也和其他的公司一样受到了影响的话，那么你就会很容易地做出削减成本的决定。另一方面，如果你确信下个月经济会重新走高，你可能就会推迟或者取消这个削减成本的决定。理查德・高伦（Richard Coghlan）博士后来在他的书《从经济周期中获得盈利》（*Profiting from the Business Cycle*）中是这么说的："经济周期规则性的重复出现是由于人们对这些**反应模式**的重复出现，而不是经济周期本身。"

尽管这里的解释会为你提供一个框架，在这个框架中你可以围绕经济周期进行资产配置，但这不是也不可能是一个包含了所有精细信息的路线图。这是因为**没有一个经济周期模式会以完全相同的方式重复出现**。如果经济周期以完全一样的模式重复出现的话，经济预测过程将变得非常容易，而且总是会被市场忽略掉。一般来说，人们会从他自身的经验中吸取教训，在随后的经济周期中也不会再重复犯同样的错误。举例来说，你可能是一个房地产开发商，在上一次的经济衰退中被困住，手中囤积了过量的房屋存货，最终都亏本销售掉了。这可能会是个惨痛的教训，你肯定会采取措施避免或者减少此类问题在将来的发生。然而，不是每一个经历过上次经济周期的人都会等到下一次经济周期的到来，因为这是个不断更新和置换的过程，新的市场参与者出现，之前的市场参与者退出舞台。同样地，每个经济周期中各个经济部门的扭曲程度也是不同的，于是尽管那些曾经经历过经济周期的公司也可能没有遭受过伤害，所以相对来讲会忽视来自过分扩张所造成的伤害的第一手经验。两次经历之间相隔的时间阶段越长，可能造成的扭曲程度就越大。因此，1929～1932 年熊市所造成的危害阴云在市场参与者的上方漂浮了几十年，直到 2000 年技术泡沫达到顶峰时才被完全忘记。每一代人只能从自身的经验中获益。知道其他人曾经经历磨难和痛苦会有一些帮助，但是没有任何比亲身体验的金融所带来的苦难经历更能使投资者信奉保守的投资信条。

在经济周期的初期，人们会经过认真考虑，做出谨慎的决策，这是因为有关前面经济收缩的记忆还是非常清晰的。当所有的事情都处在最佳阶段时，最普遍的错误就发生在经济恢复阶段的末期。此时，每个人都充满了过分的自信，许多公司也都打算进行大量的业务扩张。因为特定行业内的其他人都在经历销售利润的增加，每个人都处于扩张的状态，这就产生了生产力过剩的状况。由于销售量旺盛和利润率高，这种行业内的过度发展在当时并不明显；但是当收益减少时，这种生产能力过剩就会变得非常明显。此时，工人就会被解雇，经济就会发生紧缩。这样的极端情况并不限于制造业和建筑行业，它在任何行业内都会发生。一直让我感到惊奇的是，经纪作为应该对经济周期了解得更为透彻的行业，通常都会在股票牛市刚刚抵达巅峰的时候搬进新的、豪华舒适的办公室。对于增加管理费用的合理解释通常都是基于对佣金和各种费用的不可持续的维护的水平之上的，但这种情况只有在牛市高点时才能看到。经纪公司搬家的事实通常被当作主要市场巅峰将出现逆转的信号。

大家都知道经济周期会重复出现，但是在市场的实际操作中怎样才能将其转化为实际价值呢？第一步就是要努力在周期中准确地找到主要阶段，运用你所学到的关于金融市场的专业知识，根据这个特定的经济环境进行资产配置。一个日历年包含了 4 个完整的阶段或者季节。一个完整的经济周期也会经历一系列的按照时间顺序发展的事件，或者可以称之为季节。这意味着在经济周期中会有一些特定的时间点，它对于不同的资产类别会产生有利或者不利的影响。春季是适合播种的季节，而暮夏或者初秋是适合收获的季节。相似地，经济衰退的初期阶段通常是增加购买债券的良机，而在经济恢复的中期阶段自然会获得利润。同样的道理，当经济中下降的动量最大、消息面处于最黑暗的时候，就是买入股票的最佳时机。当这些情况发生反转时，股票就会被大量卖出。我们在本书后面会有对这些问题的更加详细的讨论。与此同时，最大的问题就是：我们如何才能辨认出经济周期的现行阶段或者季节呢？在回答这个问题之前，我们需要仔细地查看一个典型的经济周期。

📈 一般的经济周期

尽管基钦经济周期被称为 4 年经济周期，但实际上这种经济周期从一个波谷到下一个波谷的平均间隔接近 41 个月。在有些情况下，特别是在 20 世纪后期，经济周期持续的时间更长了。举例来说，在 20 世纪 90 年代，在这 10 年的开局之年出现了一个经济衰退，直到 2000 年的时候才结束。这是否就意味着我们的方法是不合理的呢？不完全是这样的，因为检验过后就会发现，数据显示 20 世纪 90 年代这 10 年与 20 世纪 80 年代一样，都经历了两个经济周期。这两个 10 年与 20 世纪 70 年代这 10 年的区别就是经济增长的速率放缓了，但这并不足以导致一个真正的经济衰退。这个概念通常被称为 "增长衰退期"（growth recession）（见图 2-3），因为它在经济真正开始衰退之前，反映出经济速率的放缓。连续两个季度的负增长就会被正式定义为经济衰退，因此一个增长衰退期从技术上来讲应该包含了一个季度的经济收缩。这并不意味着经济中所有的部门或者国家都可以从经济衰退的增长中逃脱出来，只是当时的经济总量还没有发生收缩而已。举例来说，在 20 世纪 80 年代中期，通货紧缩的压力非常强。这意味着中西部工业区和遭受 "通货膨胀的" 石油带经受了严重的经济衰退。然而，东海岸和西海岸的经济状况就要好很多，因此美国的**总体**经济并没有陷入负增长的领域。增长速度放慢，但是从来都没有像规定的那样在连续的两个季度内发生经济衰退。一个有趣的旁注就是：发生在 20 世纪 80 年代经济扩张所持续的长度令人咋舌，许多经济评论家都开始相信经济周期已经消失了。他们指出，国家的一个部门或地区的经济变弱通常会被其他经济部分的走强所冲销，就像美国出现的 "轮番发生的地区性经济衰退" 模式一样。另外，他们还将这个理论推广至全球经济，而全球经济现在融合得是如此之好，以至于一个国家或者大陆的经济衰退都能被冲销掉。

理解经济周期本质的一个重要概念就是经济周期的疏导或者自我校正机制。在上升阶段，当经济活动增长时，经济系统中的扭曲不断增加。举例来说，一个制造业企业可能会发现销售强势增长，该公司的生产能力已不能满足需求。对公司来说，自然的趋势就是将销售额的增长当作生产能力扩张等的理由。由于我们知道经济周期不是一个线性的周期，在线性的意义上，增长将会永远持续下去，这样的扩张政策必然在某一点时会导致过度的建设和过量的生产力。调整的过程是痛苦的，特别是在长期资本支出发生滞后时，这就意味着当经济放缓时，新的生产力正好在这个时候投入到生产中。削减成本的阶段到来使消费者离开这个特定的企业，这个企业将会收到较少的订单。该公司本身就会勒紧自己的裤袋以降低盈亏平衡水平，因此在销售活动再次加速时，它就能处在一个更加有利的位置上去增加利润。这个减速或者衰退的过程因此被看作非常积极的调整过程，因为它给经济提供了校正原先过渡膨胀的机会，并使经济处在更有利于继续前进的位置上。

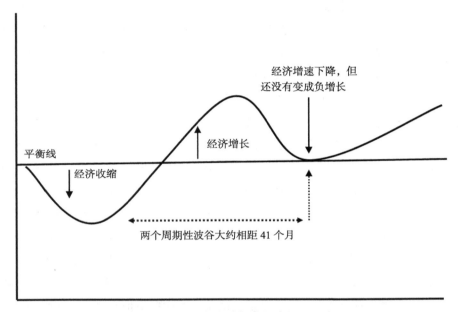

图 2-3　双周期增长路径

资料来源：pring.com。

通常来讲，经济恢复的时间愈长、强度愈剧烈，所建立起来的信心就愈强大。这就为人们做出草率的决定留下了更久的时间和更多的机会，因为他们贪婪地将过去获利的情况推论至今，并高估了自己的偿债能力。他们没有向下看，并忘记了问自己这样的一个问题——如果销售额突然减少，会发生什么事情呢？

这样的行为兴许还有贪婪之外的原因。也许有来自公司最高管理层对于销售表现的压力，或者这种压力可能来自对公司表现不满的股东，因为他们看到公司的竞争者们在这个"新时代"的经济环境中走在了他们的前面。结果就是，本来保守的管理层迫于压力不得不去冒那些他们曾经认为不可取的风险，以追赶其他同行。关键在于一个长期的经济恢复过程是这样的经济环境，在这个环境中使人们信心膨胀，同时也使他们变得更加草率粗心。当然，时机已经差得不能再差了。一个更为适宜的时机是在经济收缩期或者恢复阶段的初期，而此时正是人性告诉我们，我们应该为了就在前方等着我们的、不太好的经济未来而削减开支了。

📈 经济事件的次序

　　我们早些时候就说过，经济会经历一系列的经济事件，而这些经济事件是按照时间顺序发生的。我通常将这些事件称为**经济火车**（economic train）。图 2-4 展示了我所指的经济火车。此处我们可以看到一个围绕圆形轨道奔驰的、常常要经过站台的火车。这列火车是由火车头带动的。在我们的例子中，推动经济恢复的火车头就是中央银行在经济周期的衰退阶段向经济系统中注入的流动性。流动性被定义为能够满足支付需求的能力。在经济周期的这个阶段，这意味着中央银行将货币储备注入经济体系中，这使得银行具有超额的资金。在发现自己处于更为有利的位置时，银行会更愿意为处于衰退期的公司提供贷款。在一定意义上，向银行系统注入流动性有助于裁员和取消订单等活动的自我螺旋式的增长过程，因为它会缓解企业削减成本的压力。这是普遍受到欢迎的，因为它是在货币当局采用相反的政策（即实行货币紧缩政策和提高利率）以对抗近期的通货膨胀压力后实行的。随着贷款供应量的增加和由于经济疲软造成的贷款需求量的降低，这将对贷款利率的下跌产生非常显著的效果。这代表了我们经济火车的第一节车厢，也就是利率。当利率下降、信贷条件宽松的时候，消费者借款和消费就会变得更加容易。注入流动性和利率的下降是经济恢复稳定的一个必要条件。一旦这些条件都具备了，我们经济火车的第二列车厢，即股市，就会走出底部，这是因为市场参与者已经在预见下一个经济复苏期的到来了。

　　最后，经济开始加速，首先是对于利率敏感的经济先行部门，比如房地产行业；接下来是经济同步部门，比如制造业，同时非农就业人数也会增加。随着更多的人就业，他们就会消费更多，工厂的生产能力也就得到了利用。这导致了商品价格上涨的压力，从而商品价格也会走出低谷，开始步入上涨的牛市。最后，我们看到最后一节车厢是经济滞后部门，比如厂房和设备，以及与资本支出相关的其他行业。

　　这里所描述的经济火车是一个非常简单的形式。真正的经济火车涉及更多的部门和经济事件。同样地，我们的经济火车显示，每节车厢都与前面一节和后面一节车厢相互连接。在现实中，不同经济事件之间的先行和滞后部门会随着经济周期的不同而不同，偶尔还会有一两个经济部门会出乎预期，游离在经济事件序列之外。

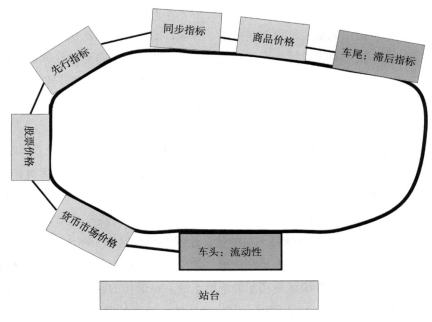

图 2-4　经济火车

资料来源：pring.com。

  这个图形的目的就是向你说明：监控经济的法则就像是站在站台上看着经济火车驶过一样。一旦车头驶过，就是时候期待新一轮的经济复苏了。因为经济火车车厢的排序（事件发生的前后顺序）在每个经济周期中或多或少都是一样的，因此，一旦你看见一节特定的车厢离开车站时，你就能预期到下一节经济火车车厢的来临。每节经济火车的车厢都会伴随着其特定类型的投资环境。随着我们看完随后的章节，你将会知道如何辨别经济周期的每个阶段以及每个经济阶段适宜投资的资产类型。

📈 介绍变动率的概念

  我们早些时候说过，经济周期重复出现，其根本原因在于人性会保持不变，而进行经济决策的群体往往会犯类似的错误。如果你能接受这个概念，那么你也会接受这个事实，即经济周期以及在经济周期中做出的决策都是受心理因素驱动的。

  个体对于经济环境中的急剧且没有预料到的变化所进行调整的能力和意愿，是理解经济周期变动的关键。对于经济周期的影响来说，经济活动的**变动率**比经济活动的真实水平更为重要。想一想你在 2001 年 9 月 12 日，也就是 "9·11" 事件发生后的第 2 天所做出的反应。可能是打击、怀疑，或许还有一丝忧虑。接下来会发生什么事情呢？是不是飞机旅行已经不再安全了？瞬时的打击可能在我们的情绪中被牢牢地记录下来，但是当事后没有任何事情发生时，我们尽管不会忘记这段记忆，可它也会成为我们记忆中的一小部分，情绪也会或多或少地恢复正常。我们进行了调整，生活也照常进行。经济生活中，也会发生着同样的事情。

让我们假定你是一个汽车销售商，汽车销售已经连续几年都保持了较好势头，但是最近销售额突然就增加了。人类典型的反应就是搬去更大的办公场所，为更多的库存提供空间。如果这是个合理的经济决策，那么它就是建立在一定的假设之上的，其中之一可能是利率的小幅上涨。为扩张而融资的钱来自银行。贷款肯定以好的信贷记录和销售额的增长为基础的。让我们假设这项贷款的利率是 4%。然而，美联储也会看到这些过热的经济状况，并决定采取适当的经济政策来放缓过热的经济增长势头，这个政策就是利率的急剧上涨。在最初的假定中，人们已经考虑到了利率逐渐上涨这个最坏的情况，因此额外增加的利息费用还能被平静地接受。然而，真实的情况已经演变成：利率在短短的几个月内由 4% 增长至 8% 了。这可能不会导致破产，但是确实会导致利润的大幅减少。很明显，你的成本在增加，但是销售额在下降，因为你的消费者必须为购买新车而承担更高的利息费用。当他们不能承担购买一辆新车时，他们就会选择不买车，或者去买二手车以及能够负担的新车。

这个例子说明利率的增长**速度**才是至关重要的，而非利率的实际水平。如果在计划扩张的时候你知道利率会翻倍的话，那么就会调整这个扩张计划以适应这样的利率变化。也许，不断增长的库存根本不会让你添加新的贷款，你也就能更容易地应对危机了。

我们可以比较利率水平及其变动率的重要性的另一种方法就是进行一个简单的观测。举例来说，1979 年的平均短期利率在 8% ～ 9%，然而经济在这一时期是增长的。将其与处于经济衰退期的 2001 年相比较，其利率大约在 2% ～ 3%。原因在于人们已经将其习惯进行了调整，他们习惯了一定的利率水平，当这个利率水平发生迅速变动时，不管是向上还是向下变动，它要么限制了人们进行经济活动的能力，要么在利率下降的情况下增加了人们从事经济活动的能力。明显地，在其他条件相同的情况下（尽管这几乎是不可能的），低利率通常要比高利率好一些。尽管如此，通货膨胀的因素也应该被考虑在内。举例来说，10% 的短期利率在通货膨胀率为 20% 的经济背景下，肯定要比通货膨胀率为 5% 的时候明显地处于更为扩张的状态，因为前者"真实的"或是经过通货膨胀调整的利率水平是 −5%。

变动率是个非常重要的概念，不仅对于利率如此，对于其他的经济指标和概念也是如此。我们将在第 3 章中更多地讨论变动率是如何计算和应用的。

📈 关于按时间顺序发展的经济事件的更多讨论

让我们快速地概括一下在一个典型的经济周期中按时间顺序发生的经济事件。这将为我们第 5 章的讨论做个铺垫，在第 5 章里，我们会看到债券、股票和商品这三个金融市场是如何适应于经济周期中各个不同阶段的。

我们从经济走向衰退阶段开始讲起。在几个月疲软的经济活动后，中央银行意识到经济衰退才是真正的问题，而非通货膨胀，于是央行对此做出的反应就是把货币政策从紧缩的转变为宽松的。这意味着信贷的供给增加，而与此同时由于人们对新贷款需求的减少，因此他们对信贷的需求也下降了。随着信贷供给的增加和需求的减少，信贷价格，也就是利率就会逐渐下降。

利率的下降通常都会对于经济的影响有个时滞。毕竟，在前一个恢复期过度扩张的公司需要时间去偿还贷款、改进资产负债表等。货币供给和利率都是金融概念。尽管利率上涨过快时，你能感到心理上的痛苦，但是你却不能触摸或者感觉到利率的存在。另一方面，房地产、工业产品和耐用消费品都是你能触摸和感受到的实物。它们都是经济指标。首先从衰退中恢复的实体经济部门是对利率高度敏感的房地产行业。最初的利率下跌不会拥有很大的效果，但是在某种程度上，较低的利率将吸引房地产开发商，于是房地产业开始走出低谷。购买住宅是人们所做出的一个重要的金融决策，因为购买住房的支出将占据可支配收入的绝大部分，所以当利率下降时，购买住房将变得更加可以承受，这就启动了住房消费支出。不同经济周期之间，房地产业先行的时间大为不同，但是从 20 世纪 50 年代初期以来，在房地产业的低谷与经济复苏的开端之间的平均时间间隔为 6 个月左右。

近几年来，浮动利率的住房抵押贷款开始流行，但是大多数贷款还是与 10 年期收益率相联系。这就意味着，房地产业对于长期利率比短期利率更加敏感。图 2-5 揭示 20 年国债收益率变动率的变化与房屋开工量的变动率高度相关。请注意，收益率的数量单位被颠倒过来以和债券价格及房屋开工数的变动保持一致。这些箭头意味着大多数债券趋势的巅峰引导着房屋开工数的巅峰。我们还可以对底部做出同样的标识。图中大多数情况下债券会再次引领住房开工数，但是这将会使图形变得过于复杂。看起来，利率波动愈大，与住房开工数的相关性就愈强，但是**剧烈程度**却不是这样的。举例来说，1990 年债券价格反弹至高峰看起来是所考虑期间的正常状况。另一方面，尽管房屋开工数的波动与债券价格的变动相一致，但是其变动程度却不一致，因为房屋开工数还没有移至平衡线以上。而在 1981 年，情况正好相反，债券价格没能反弹至平衡线之上，而房屋开工数却经历了一个强大的反弹，超过平衡线。

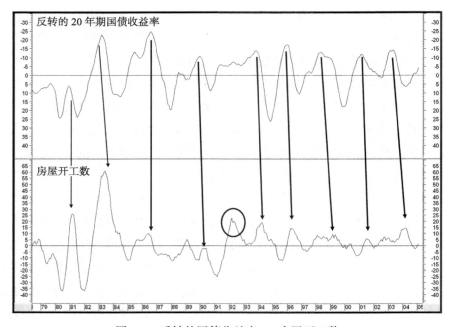

图 2-5 反转的国债收益率 vs. 房屋开工数

资料来源：pring.com。

尽管我们不能将债券市场的强烈反弹当作住房市场特别强势的信号，但是我们能说，除非债券市场的反弹在前，即债券市场交易量的增加，否则住房市场就不大可能会启动。

房地产业的低谷很快就会波及其他高端的、利率敏感型的行业，比如汽车行业。房地产业只占总国民生产总值的不到 5%，因此它本身并不是特别重要。然而，出于下面两个原因，房地产业显得异常重要。第一，这意味着消费者已经开始克服了他们不愿意消费的心理状态。因此，这是个重要的心理指标。第二，住房数量的增加对于经济有后续影响或者乘数效应。举例来说，人们购买房屋时，必须要购买家具来对它进行配备，这就增加了对于耐用消费品的需求，比如洗衣机、烘干机、家具等。房屋也要融资和保险，有利于金融部门的发展，如此等等。

最终，经济恢复过程扩展到零售、批发和制造业等部门。由于闲置的生产能力都被用完，商品市场上的价格压力产生，其商品价格也开始走出低谷，出现回升。随着销售和利润的增长，人们的信心也得到了加强。这意味着，制造业公司开始通过增加新的厂房和设备来扩张生产力。依次地，这刺激了对于重工业部门所生产的产品的需求，而重工业部门总是最后走出低谷的那些经济部门之一。你可能认为这是个经济广泛恢复的时期，事实并非一定如此，因为致使经济恢复的那些条件，即利率的下降和增加的货币供给量，已经开始转向了。房屋开工数和一些早期的经济先行部门也开始反转。在这个时候，美联储已经忘记了与失业的战斗，而开始关注新出现的通货膨胀问题。这并不意味着宽松的货币政策会马上改变，但是宽松的货币政策已经不太适应经济的需要了。在信贷的需求方面，企业贷款的需求量开始加速增长。这意味着信贷的价格，即利率再次开始上涨。逐渐地，价格上涨压力聚集到非常强的时候，美联储就会感觉到采用紧缩货币政策的迫切性。在 20 世纪的早期和中期，这种紧缩的货币政策是以实际信贷的配给形式出现的。然而，在最近的几十年内，超额的信贷需求已经被短期利率的大幅增长所控制了。无论如何，开始于注入流动性，进而下调利率，以致随后房地产业从低谷开始反弹的这个过程，现在终于要反转，使得利率开始上涨，房地产业达到高峰。最终，这种疲软会传至经济同步部门，经济开始衰退。

📈 用经济指标来展示经济事件的顺序

过去每个月美国商务部（Commerce Department）都会发布一系列的 3 个综合指标。它们分别是先行经济指标、同步经济指标和滞后经济指标。现在这个信息是由美国商务会议委员会（Conference Board）发布，该委员会是个非营利性的经济研究机构（www.conference-board.org/）。这些经济指标的每个数据都是根据经济和金融指标编辑而来的，而这些经济和金融数据是根据历史上经济周期的转折点来分类的。它提供了一个便利的方法，使我们能够观测到这些指标在经济过程中的相互影响，查尔斯·道（Charles Dow）也正是根据这种方法建立了他的道琼斯 30 只工业股票指数，将其作为反映整个股票市场的快速方法。下面概括了这 3 个综合经济指标中所使用的成分指标。相关链接请看随书附赠的光盘。

先行经济指数成分指标

1. BCI-01 制造业平均周工作时间

制造业内工人每周的平均工作时间通常是先行于经济周期的指标，因为雇主总是会在增加或者减少劳动力数量之前调整工人的工作时间。

2. BCI-05 每周平均失业保险金初始申请人数

对于整个经济状况来说，申请失业保险金人数通常会比总的就业人数或者失业人数要更加敏感，这个指标也是引领经济周期的指标。当这个指标被包括进先行经济指数时，被变成相反数，这个指标的月度变动率的符号被转换过来，这是因为当就业情况变差时，初次申请失业保险的人数就会增加（即解雇人数增加，新雇用人数下降）。

3. BCI-08 制造商所得到的消费品及原料的新订单（以 1996 年美元币值计算）

这些商品基本上都是消费者所使用的。经过通货膨胀调整后的新订单的价值引领真实的商品产量，这是因为新订单会直接影响公司在进行产量决策时所考虑的未完成订单和存货两者的水平。美国商务会议委员会使用价格指数折算现价的美元订单价值，而这个价格指数是由不同行业的价格水平经过加权求和所得到的一个指数。

4. BCI-32 供货商表现，延迟交付扩散指数

延迟交付扩散指数衡量的是工业企业从供货商获得货物交付的相对速度。延迟交货次数的增加会使这个指标增大，而这种情况通常与制造业原材料需求的增加有关（这与原材料供给的负面冲击相对），因此这个指标通常是先行于经济周期的。供货商表现是以每月由全美采购经理人协会（National Association of Purchasing Management，简称 NAPM）的调查为基础得来的，他们会问采购经理，他们的供货商的交货速度相对于上几个月来说，是更快了，更慢了，还是没有变化。回答交货延迟的经理所占的比例，加上回答交货速度没有变化的经理所占的比例的 1/2，就得到了延迟交付扩散指数。

5. BCI-27 制造商的非军用资本物资订单（以 1996 年美元币值计算）

制造商收到的非军用资本物资的新订单（通货膨胀调整后的美元币值）是与 BCI-08 指标相对应的生产商的情况。

6. BCI-29 新私人住宅营建许可

住宅类营建许可发行的数量是建筑活动的一个指标，通常会领导大多数其他类型的经济产量。

7. BCI-19 500 只普通股票的价格

标准普尔 500 种普通股票指数反映了在纽约证券交易所上市交易的，对于交易者具有广泛选择范围的股票价格走势。股票指数的上涨（下降）可以同时反映出了交易者的综合情绪和利率的变动，而这两个因素也是反映未来经济活动的很好的指示器。

8. BCI-106 货币供应量（以 1996 年美元币值计算）

这个货币供给量是指 M2，并且需要经过通货膨胀调整。当货币供给量的增长速度赶不上通货膨胀时，实际上银行的贷款是下降的，这就使得经济扩张变得更为困难。M2 包括现金、活期存款、其他的支票存款、旅行者支票、储蓄存款、小额定期存款以及货币市场共同基金账户余额。货币供给量是根据个人消费支出的隐形物价缩减指数进行通货膨胀调整的。

9. BCI-129 10 年期国债收益率与美联储基金的利率差

长期利率和短期利率的差别或价差通常被称为收益率曲线。这个指标是通过算出 10 年期国债利率与联邦基金利率之间的价差得到的，联邦基金利率是银行间市场的隔夜拆借利率。它被认为是货币政策和金融市场状况的指示器，因为当短期利率相对较低（或者较高）时，这个利率差就会增加（或者减少）。当这个利率差变成负数的时候（即短期利率高于长期利率，收益率曲线出现反转的时候），这个指标被当作经济即将发生衰退的强烈指示信号。

10. BCI-83 消费者预期指数

这个指数反映了消费者关于未来经济状况的态度变化，因此这个指标是先行指标中唯一一个完全以预期为基础的成分指标。这个数据每月由美国密歇根大学调查研究中心收集并整理发布。对于不同经济状况的回答被划分为积极的、消极的或者没有变化的。这个指标来自对下面 3 个问题的回答：①回答者对于家庭未来 12 个月的经济预期；②回答者对于国家未来 12 个月的经济预期；③回答者对于国家未来 5 年的经济预期。

同步经济指数成分指标

1. BCI-41 非农就业人数

这个来自美国劳工统计局的数据通常被称为"就业人数"。这个指标包括全职和兼职的工人数字，并且不区分长期雇用和临时雇用。因为这个数字的变化反映了经济中真实的雇用和解雇情况，但是不包括国家内的农工业部门和小企业的就业人数，因此这个指标是度量经济健康状况最贴近的指标之一。

2. BCI-51 扣除转移支付的个人收入（以 1996 年美元币值计算）

经过通货膨胀调整后的所有来源的个人收入值，是用来衡量所有人的真实工资和其他收入的指标。这个数字排除了社会保险金这样的政府转移支付，却包含了应付工资减去现款支付工资的相应调整，这个调整会使奖金支付变得平滑（这样就会更为准确地反映工资获得者的收入水平，而这个收入水平就是人们做出消费决策的基础）。收入水平之所以重要，是因为它能帮助确定总体的消费水平和经济总体的经济状况。

3. BCI-47 工业生产指数

这个指标基于增加值的概念，包括了制造业、采矿业和天然气、电力等公用事业部门所有生产阶段的产品。它的计算取自大量的来源，比如实物产量和载运货物价值及就业水平。尽管工业部门的增加值只是整体经济的一小部分，但是历史上总体产量绝大部分的波动都是这个指标所造成的。

4. BCI-57 制造业和贸易销售额（以 1996 年美元币值计算）

制造业、批发和零售行业的销售额水平总是与经济周期同方向变化的。这个数据需要经过通货膨胀调整以代表实际的总体支出。这个指标是被当作国民收入和产出账户计算的一部分来进行收集的，以年计算的总销售肯定比国内生产总值（GDP）要大，这是因为一些产品和服务不止一次地被重复计算了（如批发存货和零售的重复计算，中间产品的重复计算）。

滞后经济指数成分指标

1. BCI-91 平均持续性失业

这个指标衡量是失业者没有工作的平均持续时间（以周为单位计算）。由于这个指标在经济衰退时较高，在经济复苏时较低，所以当它包括在滞后指数内时要求相反数（即每月对上月的变动率的符号变成相反的符号）。在经济为扩张积聚力量之后，平均失业持续时间总是会出现下降；而在经济衰退开始后，平均失业持续时间会出现急剧上升。

2. BCI-77 制造业和贸易存货对销售额的比率（以 1996 年美元币值计算）

对于单个公司、整个行业还有整体经济来说，存货对销售额的比率是判断经济状况的常用指标。这个数据是由美国经济分析局使用美国国家统计局收集的制造业、批发和零售行业的存货和销售数据计算得来的（以每季度形式汇报，并经过了通货膨胀调整）。因为当经济放缓、销售不能达到预期时，存货就会增加，这个比率会在经济衰退的中期达到其峰值。在经济恢复初期，当公司用富余的存货来满足它们的销售需求时，这个比率也会下降。

3. BCI-62 制造业单位产量劳动力成本的变化

这个指标反映了指数的变动率，当制造业企业劳动力成本的上涨超过它们的产量时，这个指数就会增加（反之亦然）。这个指数是由美国商务会议委员会根据多种成分数据计算得来的，这些数据包括来自美国经济分析局的制造业雇员补偿金（工资、奖金加上工资的薪金的补充额）的季节性调整数字，还有来自美联储管理委员会的制造业行业产量的季节性调整数字。由于这个指标的每月百分比变动率极其不稳定，所以劳动力成本的百分比变动率的计算期限是 6 个月。这个指标 6 个月的百分比变动率的周期性巅峰通常会出现在经济衰退阶段，因为尽管产业工人被解雇，但是产量比劳动力成本下降得更快。指标的低谷更难确定，其特征也更难描绘。

4. BCI-109 银行收取的平均最优惠利率

尽管最优惠利率是银行在为不同贷款确定利率时所考虑的利率基准，但是优惠利率的变化通常会滞后于一般经济活动的变化。这个每月发布的数据是由美联储管理委员会汇总编辑的。

5. BCI-101 工商业贷款余额（以 1996 年美元币值计算）

这个指标衡量的是银行系统的贷款和非金融机构发行的商业票据的数量。数据由美联储管理委员会汇总编辑的。美国商业会议委员会使用折算指数（以个人消费支出数据为基础）进行价格水平调整，这个平减指数也是我们在折算先行经济指数中的货币供应量时所使用的平减指数。这个指数的峰值通常会出现在经济扩张的巅峰之后，因为利润下降通常会增加贷款需求。而该指标的低谷通常会出现在经济衰退结束的一年之后（读者应该注意到，在 1988 年 1 月出现了一个突出的中断，这是由于数据来源的变化，综合指数的计算根据这个事实进行了调整）。

6. BCI-95 消费者分期付款的贷款余额和个人收入的比率

这个指标衡量消费者贷款和收入之间的关系。消费者分期付款的贷款余额由美联储管理委员会整理，个人收入数据来自美国经济分析局。因为消费者试图将贷款拖延至经济衰退结束数月之后，所以这个比率的低谷通常会出现在个人收入增长了一年或者更长的时间之后。该指标峰值和整体经济峰值之间的滞后期限更加变化无常。

7. BCI-120 消费者劳务价格指数的变化

这个指标由美国劳工统计局编辑，衡量消费者价格指数在服务业部门的变动率。可能是由于认识的滞后和其他市场的刚性，在经济衰退的最初几个月，服务业部门的通货膨胀有增加的趋势；而在经济扩张的最初几个月，服务业部门的通货紧缩有加剧的趋势。

图 2-6 和图 2-7 以图形的形式显示了这 3 个经济指标的变化。动量指标是根据 KST 公式计算得来的，这个公式将在第 3 章中讲述。这个图以非常简单的方式显示了先行指标如何始终如一地在同步指标之前发生变化，而同步指标又先行于滞后指标。图 2-6 显示了 1958 ～ 1982 年的指标变化。箭头连接了不同指标的波峰，你会发现箭头方向都是偏向右下方的，这正显示了指标之间的先行特征。图 2-7 同样显示了指标的变化，只是箭头连接的是指标的低谷，而且时间阶段是从 1982 ～ 2005 年。而两个图形中的阴影部分近似地显示了经济衰退阶段，这是由美国经济研究所确定的（Nber.org）。

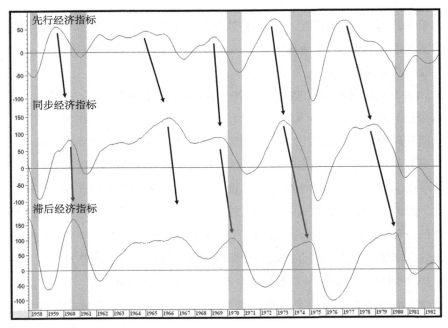

图 2-6　先行指标、滞后指标 vs. 同步指标（1958 ～ 1982 年）

资料来源：pring.com。

经济周期是由多个经济事件组成的，远远超过图中所示的 6 个连续的转折点。

如果时间充裕的话，我们能列出数百个事件。本章的最后两幅图显示了 7 个指标。更多的指标将会使问题变得更加复杂，而 7 个指标就足以将事件按时间发生的顺序展示清楚了。

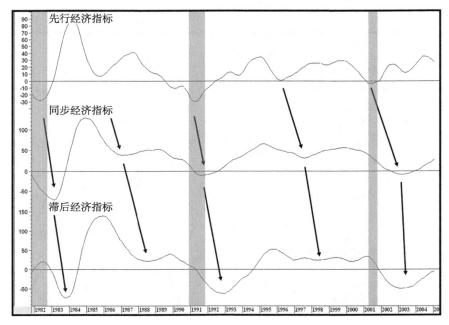

图 2-7　先行指标、滞后指标 vs. 同步指标（1982 ～ 2005 年）

资料来源：pring.com。

　　我们把紧缩货币供给指标（deflated money supply indicator）看作流动性的替代指标。它是将经季节调整后的 M2 除以商品研究局（CRB）工业原材料现货价格指数（spot raw industrial commodity index）所得到的指标。我们更喜欢使用这个方法，而不使用消费者物价指数（CPI），这是因为这个价格指数是受市场驱动的，变化更快。这个图形中的其他指标都能不证自明。

　　这些图形中的阴影区域代表了经济衰退阶段，而这些箭头（如前面一样）连接了波峰或者波谷。这里有几个比较重要的问题需要说明。第一，每个指标都以一个非常稳定的方式先行于下一个指标。偶尔会有一个指标处于顺序之外，但是这看起来不会推翻经济周期，因为下一个指标会意料之中地将趋势反转过来。这些反常情况用虚线箭头标识出来。举例来说，在图 2-8 中，我们看到在 1984 年的 CRB 工业原材料现货价格指数先行于同步指标，因而脱离于经济事件的次序。但是，同步指标仍然非常明显地先行于滞后指标。而在图 2-9 中，CRB 工业原材料现货价格指数也出现了偏离，但是这次是经济周期的波谷。使用 7 个或者更多指标的好处是，当一个指标偏离时间顺序时，其他指标可以进行交叉检验。尽管这两个图形中的大多数指标的转折点都以预期的方式出现，但这种情况确实是个例外。

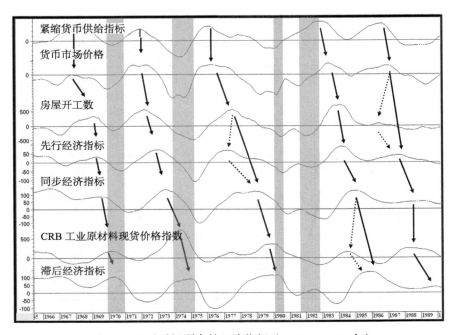

图 2-8　显示时间顺序的经济指标（1965 ~ 1989 年）

资料来源：Pring Turner Capital。

不同箭头之间角度的差别显示了每个指标及其后续指标之间的先行时间在一个经济周期之内是不同的，在不同的经济周期之间也是不同的。举例来说，连接 1995 年紧缩货币供给量的波谷与货币市场价格之间的箭头接近于直角，这意味着，这两个指标之间或多或少是同步的关系。而与这个关系处于相同经济周期的同步指标与 CRB 工业原材料现货价格指数之间的时间滞后则非常之大。

我们早些时候谈到，每个特定经济周期的构成是不同的。从下面的事实中也可以证明，每个经济周期动量指标的波峰和波谷的程度有所不同。举例来说，房屋开工数在 1983 ~ 1984 年峰谷间的差别非常大，但是 CRB 工业原材料现货价格指数峰谷间的变化则不明显。另一方面，1974 年房屋数量的波谷有一些低，与其不同的是，两年之后出现的商品市场的波谷则非常温和。

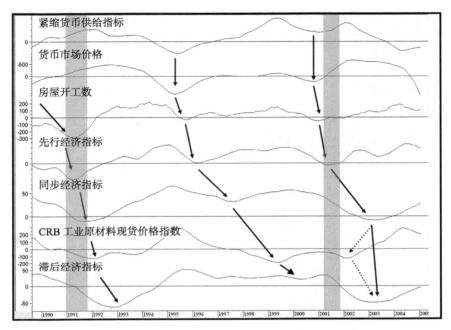

图 2-9   显示时间顺序的经济指标（1989～2005 年）

资料来源：Pring Turner Capital。

    你也会注意到，多数时间内这些指标是相互重叠的。1992 年紧缩货币供给量的波峰就是个很好的例证。它与滞后指标的底部或多或少是同时发生的。

    这种方法远远称不上完美，但是它确实证实经济周期是经过一系列按时间顺序发展的事件的，并且这些事件是以确定的方式发生的。

第 3 章

Chapter 3

帮助确定趋势反转的工具

华章经典·金融投资
HUA ZHANG CLASSIC
Finance&Investing

　　分析和理解经济和市场是如何发展的需要使用一些工具，这些工具有助于我们确定趋势的成熟程度以及什么时候出现反转的概率有利于我们。我们已经接触过变动率的概念，并介绍了一些移动平均线，但是为了继续讨论，我们需要进行更深入的研究。这些工具并不复杂。的确，我坦率地承认，当别人给我看一个数学公式的时候，我的大脑会运转，并且非常快。

　　本章我们会很快地讨论以下有助于我们识别趋势反转的3个领域。首先，我们会考虑经济指标和价格指数自身的变化趋势。然后，我们将考察动量指标的作用，这将侧重于变动率的讨论。这些工具能有助于我们决定**是否**购买，但是我们也需要回答同样重要的问题，那就是购买**什么**，而这就是我们的第3个主题——相对强弱指标的概念该出现的时候了。

📈 趋势分析工具

移动平均线

　　趋势分析的最常见方法就是计算移动平均线，并根据数据库绘制出移动均线。举个例子，10个月的平均就是把10个月的数据相加，然后除以总数10（见表3-1）。接下来，下个月的观测值会被加进总数，最初那个月的观测值会从总数中除去，这就是为什么移动平均被称为移动。计算所得的结果就是一个连续、平滑的曲线，如图3-1所示。当移动均线改变方向或者数据穿过移动平均线的时候，就是买进或者卖出的信号。方向的改变更加可靠，但是有一个明显的缺点，那就是在你判定均线开始反转的时候，有一半时间范围的滞后期，在本例中滞后期是5个月。在快速变动的市场或者经济数据中，这样的滞后是不能接受的。这也是均线交叉方法被更广泛应用的原因。

表 3-1　计算 10 个月移动平均值

月份	价格	10 个月总和	移动平均值	月份	价格	10 个月总和	移动平均值
1 月	100			7 月	104		
2 月	103			8 月	103		
3 月	99			9 月	108		
4 月	95			10 月	105	1 017	101.7
5 月	98			11 月	99	1 016	101.6
6 月	102			12 月	95	1 008	100.8

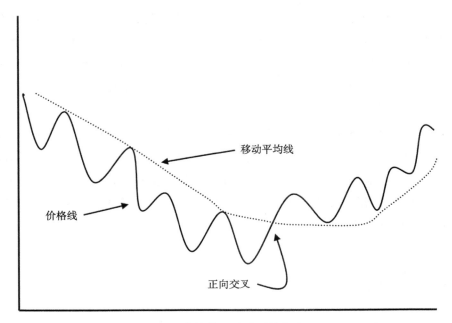

图 3-1　价格线和移动平均线交叉

资料来源：pring.com。

移动平均线的功能是纯粹且简单地反映潜在的趋势。如果这个功能正确发挥其作用的话，均线的交叉将是个可靠的信号，预示主要的趋势已经改变了方向。如果你回顾一个数据序列，看到很多以前的移动平均线交叉都显示了错误的信号，那么就没有理由相信最近的一个均线交叉会是一个更为可靠的信号。如果当价格高于移动平均线时，移动平均线是潜在趋势的真实反映，那么均线就会作为价格下跌的支撑位或者跳板；当价格低于移动平均线时，均线就会成为价格上涨的阻力或者最高限度。移动平均线作为一个动态的支撑位或阻力位的次数越多，均线交叉的意义就越大。

在这里，我们往往使用月度数据，主要的时间范围是 12 个月。12 个月的时间范围是有用的，这是因为这个范围包括了日历年度的每个月度，因而自动地进行了季节调整。这个 12 个月的时间范围也非常好地经受了历史的检验。**良好**的检验和**完美的检验**是两个完全不同的概念。对于移动平均线来说，没有一个完美的时间范围，但是如果你能发现在大多数情况下的大多数时间内都表现较好的时间范围的话，那就是我们所期待的时间范围。12 个月的时间范围通常能满足这种期望。其他一些有用的时间范围是 9 个月、18 个月、24 个月和 36 个月。

趋势线

有 3 种类型的趋势线：上升趋势线、下降趋势线和水平趋势线。上升趋势线是连接两个波谷的线。当上升趋势线发生波动的时候，就预示着趋势的变化，要么趋势向下运行，要么横盘。下降趋势线是连接两个或更多波峰的线，而水平趋势线连接波峰或者波谷。图 3-2 显示了一条上升趋势线和一条下降趋势线。通常人们会绘制不触及任何线的趋势线，或者只触及一个波峰或者波谷的趋势线。这些不是趋势线，因为它们是任意绘制出来的。记住，趋势线的功能与移动平均线一样，是**反映潜在趋势的**。当趋势线和移动平均线落在同一区域时，两者的交叉就更具意义，这是因为两条线相互增强了其作为支撑点或阻力点的信号，如图 3-3 所示。

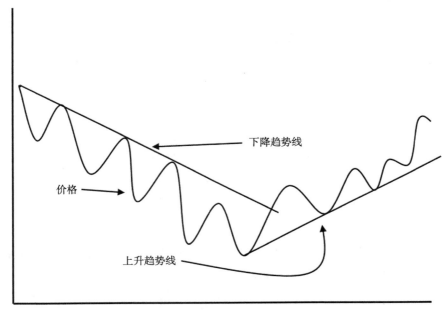

图 3-2　价格线和下降趋势线突破

资料来源：pring.com。

一般来说，趋势线的长度、触及或趋近峰谷的次数和上升或下降的角度（当然，对于水平趋势线并不适用）对其意义重大。趋势线越长，那么观测到的趋势就越强。因此，6 个月的趋势线就没有 10 年的趋势线更具意义。这是因为 10 年的趋势线反映了一个更大的趋势。如果一条趋势线已经通过无数的下降趋势反弹而变成了支撑位，或者通过阻止反弹而成为阻力位，那么，这个趋势线就比在几个偶然的情况下被触及或趋近的趋势线能更好地反映潜在趋势。最后，拥有一个尖锐的上升或下降角度的趋势线不如一个角度更为平缓的趋势线所具有的意义大。这是因为急剧的趋势更加不可持续，因而预期会发生波动。想象一位正在跑 100 米的运动员。他的速度非常快，但显然是不可持续的，于是比赛很快就结束了。而从事 10 000 米的运动员则不然，他的速度很慢，但是更具可持续性。

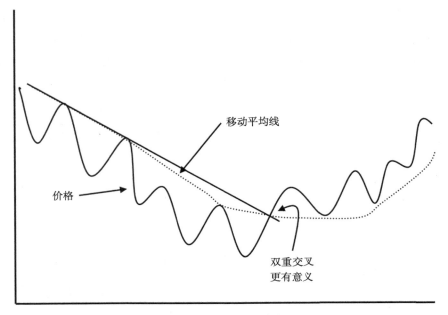

图 3-3　价格线和联合交叉

资料来源：pring.com。

同自由交易市场上的价格趋势线突破一样，经济数据和货币数据的趋势线突破也发挥着作用。这些重要性、长度、被触及的次数和上升／下降的角度的原则，也同样适用于移动平均线，在这里我们用时间范围和坡度代替第一个和最后一个重要性原则。

移动平均线优于趋势线的一个关键的优势是，移动平均线是根据数据客观地绘制出来的，并且总是给出一个信号。另一方面，数据会以某种方式出现，以致你不可能绘制出一条趋势线。还有，趋势线可以被主观地绘出，在这种情况下，绘制者能够使趋势线的构造符合他自己的世界观。

峰谷演进

我们能应用的另一种技术是峰谷演进的简单形式。这不是个完美的方法，但是它似乎比其他大多数方法能更及时地发挥作用。这种方法是：当每个后续的波峰比其前面的波峰更高时，就会产生一个有效的上升趋势；相反，当每个后续的波谷比前面的波谷更低时，就会产生一个有效的下降趋势。在我们对于自由交易市场上的价格所进行的经济周期分析中，**波峰**是与一个中间上升相连的反弹高点——也就是图中在 6 个星期和 9 个月之间一直持续的，而**波谷**则是与一个中间底部相连的下降低点。在下一章我们讨论非常长期的趋势时，波峰和波谷是与特定经济周期的高点和低点相联系的。当一系列上升的波峰和波谷让位于比其更低的波峰和波谷时，这个技术指标就会给出一个趋势反转的信号。图 3-4 中的 X 就是这样的一个例子。它不能预示出新趋势的规模和持续时间。如果我们知道的话就很有意思，但是有关趋势的指标也不应该受到轻视。下降趋势反转的指标恰恰以相反的方式显示出来——一系列上升的波峰和波谷代替了一个下降趋势。不要认定这个技术指标在每种情况下都会发挥作用，但是它发挥的作用是令人惊讶的，尤其是与移动平均线交叉和趋势线突破等信号同时使用的时候。

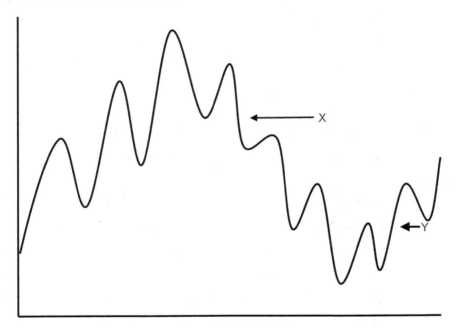

图 3-4　波峰波谷反转

资料来源：pring.com。

📈 动量指标

在第 2 章里，我们曾经简要地接触过变动率影响经济的重要性，因为市场上存在这样一种说法，即人们会根据市场的某一次冲击进行调整，而不是根据缓慢的变化进行调整。技术分析师和经济学家使用动量指标来测量上升和下降的速度。它们也被称为震荡指标，因为它们总是在两个大致确定的水平之内来回摆动。动量指标可以通过很多统计公式来计算，但是最简单的动量指标就是变动率（ROC）。它是用今天的价格除以 n 天之前的价格，或者用这个月的价格除以 n 个月之前的价格所得到的。在接下来的天数里也以同样的方式计算，得到的结果就是一条连续的曲线。当然，如果我们想要计算经济或金融指标的变动率，那么我们要计算的就是数据，而不是价格。表 3-2 就显示了计算 6 个月变动率的例子。

表 3-2　计算 6 个月变动率

月份		价格	最新价格 /6 个月以前的价格	变动率
1 月		99		
2 月		103		
3 月		99		
4 月		95		
5 月		98		
6 月		102		
7 月		104		105.05
8 月		103		100
9 月		108		109.1

　　变动率通常是根据所观测到的数据绘制出来的。通过这种方式，就很容易把价格趋势与潜在的动量指标相比较。对于动量指标的解释有多种不同的方式，但是这里我们关注 3 个主要的方式。

1. 超买 / 超卖分析

　　前面我们说过任何自由交易市场上的价格都是由投资者对于新兴基本面因素的态度所决定的，而不是基本面因素本身。我们还说过，经济决策大多是受心理因素的驱动。人的情绪习惯从乐观向悲观来回波动。在市场上，人们的情绪通常会进一步波动，因为他们的心理总是在恐惧和贪婪之间不断转换。动量指标就是一个显示这种转换的统计指标。举例来说，图 3-5 显示了债券市场以及两个指标。图上中间的指标代表了对交易者进行民意调查的结果，由 Market Vane 发布。原始数据经过平滑处理，以消除不必要的波动。图上底部的指标是被称为相对强弱指数的另一个动量指标的平滑曲线。大家要注意这两条曲线是如何密切配合运行的。这绝对不是一个精确的吻合，但是足够接近，可以证明震荡指标反映了潜在情绪的变化。在这一点上，图中的垂直线标记出了当两个指标一致时的顶点，几乎每个顶点都是在同一时间出现的。

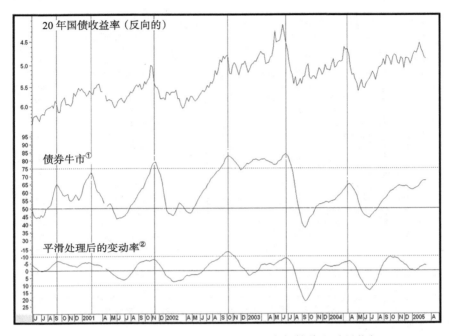

图 3-5　反转的 20 年国债收益率 vs. 市场情绪和动量指标
① 4 周移动均线的 8 周平滑线（来自：Market Vane）。
② 13 周变动率的 8 周移动均线。

　　情绪波动就像钟摆一样，动量指标也是如此。一个解释性的技术是观测什么时候特定指标的动量指标会移向上方顶端（被称为"**超买状态**"），然后反转。这通常是个可靠的信号，那就是观测的指标将会改变方向。下面的极端被称为"**超卖状态**"。

　　图 3-5 和图 3-6 显示了产能利用率，同时还有 24 个月的变动率。这个两年的时间范围通常是个有用的时间范围，因为它近似代表了 4 年经济周期的一半。当动量指标穿过其超卖区域并在其超买线之下时，这就显示了一个信号。图 3-6 表现了一个买进信号，图 3-7 表现了一个卖出信号。这个技术通常提供了一个相当可靠且及时的产能利用水平的趋势反转信号。然而，动量指标应该总是被价格趋势自身的反转所证实。这是因为某些趋势在平均线之上或之下运行，并因此会导致一个过早的信号。这个例子出现在 1963 年年中，这时震荡指标向下穿过其超买区域，然而产能利用指标继续反弹直到 20 世纪 60 年代末期。然而，要不是我们等待一个 12 个月的移动平均线与产能利用率这条线的向下交叉，这个信号就会更加及时，就像我们从图中确认的箭头中所看到的那样。长期的滞后是从箭头指向右边这一事实反映出来的。

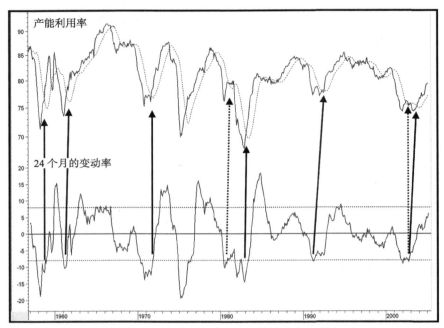

图 3-6　产能利用率和 24 个月的变动率

资料来源：pring.com。

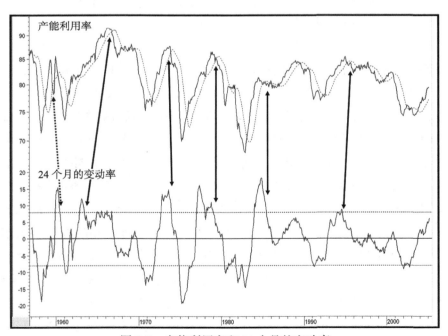

图 3-7　产能利用率和 24 个月的变动率

资料来源：pring.com。

我们还注意到，先前的信号没有奏效，因为产能利用率就在向下穿过超买区域后不久就反转了，而且这还被一个 12 个月移动平均线的向下交叉所验证。这些以及其他虚假和较弱的信号，在图 3-6 和图 3-7 中用虚线箭头表示，而不是实线箭头。图 3-6 中失败的买进信号出现在 1980 年。在这个例子中，震荡指标向上穿过其超卖区域，而且迅速被一个移动平均线的交叉所验证。不幸的是，移动平均线交叉是不利的，随后，指数向下方反转。在移动平均线交叉被震荡指标的突破交叉所证实后，会以图中的箭头指出。偶尔地，12 个月的移动平均线会有一个 3 个月的滞后期。这项技术延迟了交叉，而这个交叉有降低不利或错误的交叉的作用。同时，它不会过度地影响信号的实际时机。

人们一直有争论，说震荡指标是不必要的，有可能只依靠于移动平均线的交叉。然而，震荡指标从极端位置反转有助于指出经济周期自身什么时候已经到达了一个成熟的阶段，而据此可以做出产能利用率将会上升或下降的预期。

经常被问到的问题就是超买/超卖极端指标应该画在哪里。答案就是反复试验。这里的观点是：当震荡指标到达这些线的时候，发生趋势反转的可能性很大。在 ±4% 之间绘制这些指标没有任何意义，因为这事实上会绘制出每个波动。另一方面，在 ±20% 之间绘制这些指标意味着它们几乎不会触及这些线，因而几乎不能给出任何信号。在图 3-6 中，我们可论证地将这些指标绘制在 ±15% 之间，因为这样能获得 6 个转折点。然而，1980～2005 年间的所有趋势反转却被排除在外了。当我们在研究为期 4 年的经济周期时，25 年间没有任何信号就是一个相当长的时期。明显地，这种方法是不完美的，但是在市场预测方面，我们必须承认即使是最好的指标，它偶尔也会失败。这就是为什么我们有必要考虑很多不同的指标和方法，因为这样就可能从它们的表现中得到共识。

2. 背离分析

从观测和识别在强势或弱势的表面下会发生什么事情的观点来看，动量指标也是有用的。在这里，我们看见动量指标的路径背离了一系列观测到的数据的路径。图 3-8 显示了价格处于上升通道。价格在 A、B、C 三点上产生了一系列更高的高点，而震荡指标却在 A、B、C 三点上产生了一系列更低的低点。这预示着当价格指标变得越来越高时，动量指标却变得越来越小。再一次地，这个背离不是一个卖出的信号，它只是一个背离。它仅仅发出了一个警告。毕竟，你怎么会知道价格不会继续运行到另一个更高的高点。当然，我们没办法知道这些。只有当反向动量变化被价格经历了其自身的趋势反转信号确认时，真正的卖出信号才会出现，这个方式就跟我们用于超买/超卖指标确认时一样。对于这种方法的一个较好的类比就像向上抛出一个球。如果能测量球向上的速度，那么你会看到速度峰值出现在球运行轨迹的真实顶点之前。换句话说，也就是球速的图形将会显示，速度会在重力使得球反转并下降之前就放慢。市场上的价格运行，或者经济和金融指标的速度也是如此。在真正的转折点出现之前，它们的速度会更明显地放缓。

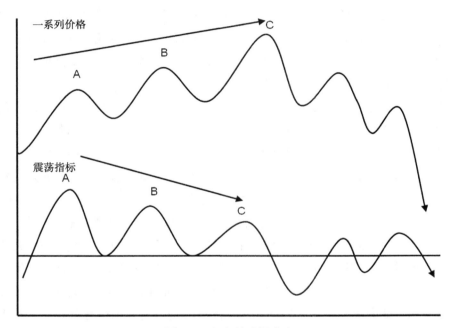

图 3-8　负向的动量背离

资料来源：pring.com。

图 3-9 显示了同样的原则，但是这次是市场或经济的一系列指标从下降趋势转向上升趋势。在顶部，这些背离被称为**负向背离**；在底部，这些背离被称为**正向背离**。我们还可以运用一个类比。这次，我们可以测量一个从山上空档向下行驶汽车的速度。它最大的下行速度将会出现在其到达最终停下的位置之前。背离不会在每种情况下都出现，但是当背离出现时，这就是个警告信号，这个警告就是趋势的表现并不是像其表面上看起来的那么好。

图 3-10 显示了房屋开工数及其 6 个月的变动率，还有再次滞后 3 个月的 12 个月移动平均线。你可以看出，在 1970 ～ 1972 年期间内震荡指标描绘出了 7 个一系列的看跌背离，这最后都被一个负向的 12 月移动平均线交叉所证实。可能你还会问，当我们能很容易地使用真实数据的移动平均线来判断时，为什么我们还需要动

量指标。答案就是，不断下降的动量指标预示了趋势趋弱的累积，而只观测数据本身是看不到这一点的。当得到证实后，不断趋弱的动量指标也强调了这个信号的强度。区别就像是一只手使用一般的锤子来钉钉子与用双手使用大锤子来钉钉子。

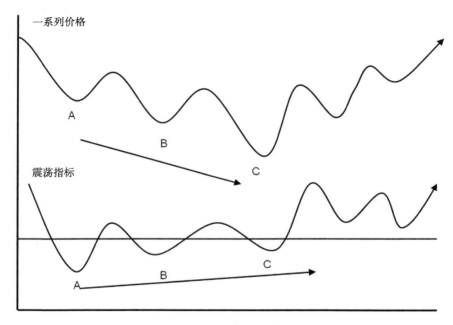

图 3-9　正向动量背离

资料来源：pring.com。

我们注意到，1975 年的趋势反转被一个移动平均线交叉和向下的趋势线波动所证实。这两个交叉比一个交叉更能作为一个强烈的信号。举例来说，假设一个人试图要跳过一个高度。如果这个高度是 3 英寸[⊖]的话，那么这个跨越就没有高度是 8 英寸那么令人印象深刻。实际上，移动平均线和趋势线相互加强，于是它们的相互交叉代表了非常强烈的信号。事实上，可能建立更多的趋势线，这些趋势线或多或少地与移动平均线同时波动，但是这些波动会使图形变得有点复杂。偶尔也有可能绘制出一个表现良好的趋势线，这个趋势线会在移动平均线之前发生波动。这也应看作与移动平均线交叉一样好的一个证实信号，尤其是这样的情况通常更为及时。

　　⊖　1 英寸 =0.0254 米。

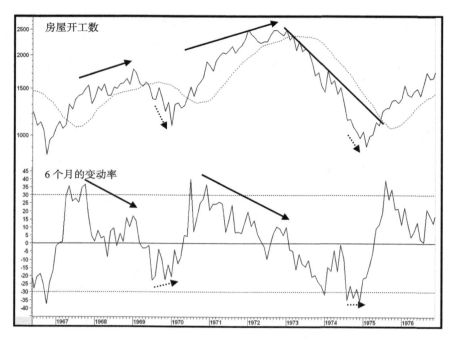

图 3-10　房屋开工数及其 6 个月的变动率

资料来源：pring.com。

3. 根据动量指标自身来确定趋势反转

动量也有自身的趋势，就像其代表的指标一样。通常当动量趋势发生反转时，价格趋势也会发生反转。典型地，动量趋势反转出现在价格反转之前，这意味着出现了潜在的价格反转的预警。我们可以有两种方法用来分析动量趋势。第一种方法是建立一个像图 3-9 所显示的动量趋势线。当这个趋势线出现反转时，就预示着动量趋势要发生反转。当然，这也必须等待价格反转的确认，以确信价格是对正向的动量特征做出的反应（见图 3-11）。如果这个图形代表的是月度数据，等待 3～6 个月甚至更长的时间才能得到价格指标的确认，这一点也不奇怪。图 3-12 表现了同样的概念，但是这里预示了一个正向的反转。在这个例子中，价格的确认几乎与动量的反转同时进行。在大多数情况下，非常接近的确认通常会比过度滞后的确认导致更强的反转信号。

通过动量指标分析来运行移动平均线也是有可能的，但问题是，震荡指标会经过一个非常参差不齐的路径，这会导致无数不必要的锯齿状的出现。一个较高的技术是平滑这些数据，得到一个更加平滑的曲线。交叉点也被用于产生买入和卖出

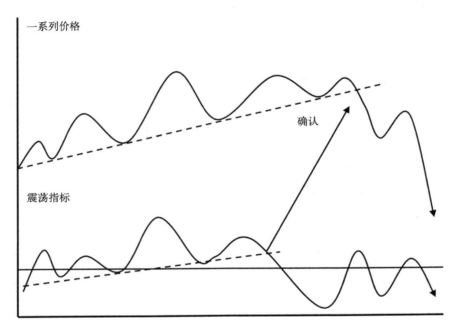

图 3-11   价格和动量上升趋势线的背离

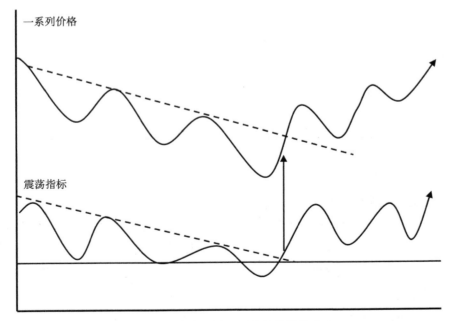

图 3-12   价格和动量下降趋势线的背离

的警告信号。例子如图 3-13 所示，上面的数据是美国供应管理协会（Institute of Supply Management，简称 ISM）提供的供货商报告延迟交货的数据。这个指标度量了制造业部门的紧张。报告延迟交货的人越多，制造业系统的紧张程度就越高，反之亦然。当这个系统处于紧张状态时，对于债券收益和商品价格来说是一个利好因素。动量指标是 18 个月变动率的 4 个月移动平均线。虚线是这些指标系列的 6 个月平滑曲线。当实线向上或向下穿过虚线时，就出现了信号。供货商表现是比产能利用率更为波动的指标，而产能利用率是另一个衡量制造业紧张程度的指标，因此，即使是这两个平滑的曲线，也不能给予我们所希望的及时的信号。

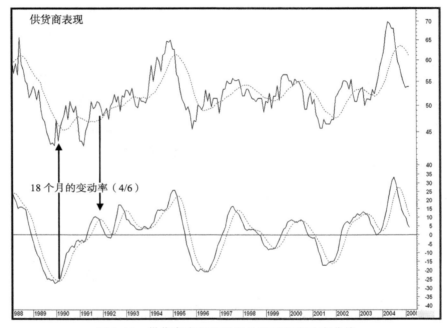

图 3-13　供货商表现和平滑处理后的变动率曲线

资料来源：pring.com。

4. 完全肯定指标

在前面的章节里，我们谈到除了 4 年经济周期或基钦周期之外的其他一些经济周期。事实上，存在许多不同的经济周期，其时间周期完全不同。假如说，当我们查看 12 个月的变动率指标时，这个指标反映了与 12 个月的时间范围相关的有限周期数。因此变动率忽略了很多其他的周期。它常让我想到，将几个不同时间范围的指标相综合可能会提供一个更好的解决方案。还有，原始的变动率指标也是非常参差不齐的，这意味着 1 个月或 2 个月的数据会很容易地给你一个趋势反转的错误信号。因此，经过平滑后的变动率指标数据在识别趋势反转方面会更加有用。出于这些原因，我发展了一个平滑加总的变动率指标，我称之为完全肯定指标（KST）。

我已经厌倦了那些市场预测者夸夸其谈地推介他们的指标，就好像他们确定能让用户赚钱一样。这就是我为什么称这个指标为 KST，KST 代表了 " Know Sure Thing"。这确实不是一个确定的事情，但是当它随着经济周期变动时，确实提供了一个良好的对经济增长路径的说明。事实上，加总变动率的概念不是新出现的。约瑟夫·熊彼特在他的经典著作《经济周期》里就曾经使用过这个概念。我的朋友、埃尔顿财务公司的伊恩·诺特利（Ian Notley）在他自己的经济周期研究中也采纳了这个概念，并给予了我发展自己概念的想法。

表 3-3 显示了 KST 指标是如何计算的，还有对于月度数据的合适时间周期。不同的时间周期要求采用不同的计算方法，如表 3-4 所示。我并不是说，这些都是可以想到的最好的参数，因为我确定它们会被改进。然而，KST 指标似乎一直发挥着很好的作用。

表 3-3　长期 KST 的计算公式

变动率	移动平均线（平滑的）		权重	合计
时间范围				
9 个月	6	×	1	6
12 个月	6	×	2	12
18 个月	6	×	3	18
24 个月	9	×	4	36
合计				72

这个方法（KST）可以应用于任何时间序列，不管它是货币、经济还是市场数据，并能在后面的章节里通过多种图形表现出来。KST 图形还可以在 www.pring.com 网站上的 KST Charting 功能下免费绘制出来。

长期 KST 图形的绘制假定所绘制的时间序列数据经历了与经济周期有关的周期性变动。这意味着，当处于线性的上升或者下降趋势时，KST（像任何动量指标一样）会给出一个虚假或者过早的信号。幸运的是，线性趋势是个例外，而不是常态。例子中包括了 20 世纪 90 年代的美国股票市场，或者 20 世纪 80 年代的日本股票市场。同样地，由于该指标涉及了大量的移动平均线，其自身不会受突然且急剧的转向的影响，比如那些与 1987 年的股市大崩盘相关的指标。

当时间序列指标改变方向或者震荡指标穿过其 9 个月移动平均线时，这就是KST 信号。其他时间范围内的时间序列指标有不同的计算公式，因而对于交叉也需使用不同的移动平均线。像所有的动量指标一样，KST 信号也应该被一些其所观测的时间序列数据的某种较好的趋势反转所证实。

表 3-4 建议采用的 KST 计算公式[1]

	变动率	移动平均线	权重	变动率	移动平均线	权重	变动率	移动平均线	权重	变动率	移动平均线	权重
短期[2]	10	10	1	15	10	2	20	10	3	30	15	4
中期[3]	3	3[5]	1	4	4[5]	2	6	6[5]	3	10	8[5]	4
中期[3]	10	10	1	13	13	2	15	15	3	20	20	4
中期[3]	10	10[5]	1	13	13[5]	2	15	15[5]	3	20	20[5]	4
长期[4]	9	6	1	12	6	2	18	6	3	24	9	4
长期[4]	39	26[5]	1	52	26[5]	2	78	26[5]	3	104	39[5]	4

[1] 有可能把所有的 KST 计算公式编程在 MetaStock、Wealth Lab、E Signal 和 Trade Station。

[2] 基于每日数据。

[3] 基于每周数据。

[4] 基于月度数据。

[5] 指数移动平均线。

图 3-14 显示了商务日报经济周期研究所工业产品指数（Journal of Commerce Economic Cycle Research Institute Industrial Products Index）和长期的 KST 指标。向下的箭头显示了卖出信号。在 1977 年出现了一个错误的卖出信号，但是这个指标大体上还是很好地与这个高度周期性的指数（商务日报经济周期研究所工业产品指数）保持了一致性。KST 指标不仅对于显示趋势的反转有帮助，而且通过观测曲线的高度或深度，我们能对趋势的成熟程度有个更好的理解。

在《**技术分析**》（*Technical Analysis Explained*）[⊖]中有关于 KST 指标的更全面的描述，而且还收录在 *Live in London*[⊜]的 DVD 系列里。

📈 相对强度指标

我们的第三个也是最后一个技术工具是相对强度指标。相对强度指标是把一个项目与另一个项目的表现相比较。举例来说，当我们将美元与日元或者欧元相比时，汇率就是个相对强度指标。相对强度指标是用一个项目除以另一个项目计算出

[⊖] 此书中文版已由机械工业出版社出版。

[⊜] 也可从 www.pring.com 上找到。

来，结果绘制出来就是一条连续的曲线。相对强度指标就像价格指标一样，朝着一定的趋势运行，可以通过移动平均线、趋势线、相对行为的震荡指标等来加以分析。在我们的资产配置方法中，这是个非常有价值的概念，因为它能告诉我们哪个项目比其他项目表现得更好。

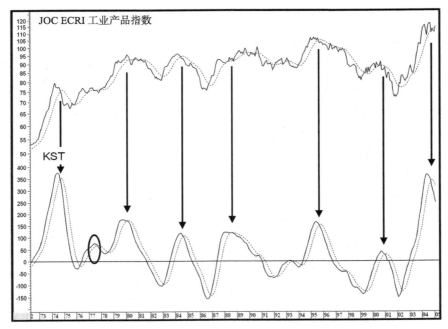

图 3-14　商务日报经济周期研究所（JOC ECRI）工业产品指数和一个长期 KST 指标
资料来源：pring.com。

在本书里相对行为将会以两种方式加以应用。首先，我们会比较股票市场的一个部门与股票市场本身的表现。自然地，我们会寻找相对强度指标上升的部门，这意味着这些部门比整个市场表现得要好。第二个方式，我们将使用相对行为去比较一个市场或资产类别与另一个市场或资产类别之间的表现，通常被称为"市场间"的关系。它在两方面有很重要的辅助作用：第一，我们能够发现表现最好的资产类别；第二而且也更为重要的是，这些相对关系的任何变动还会使我们更好地确定经济周期中占优势的阶段。举例来说，如果我们可以判别出股票和商品市场的上升趋势已经反转了，那么这不只告诉我们，商品市场有可能比股票市场表现得好，但是同样重要的是，根据这次反转，我们能更加确定经济周期已经达到成熟阶段，在这个成熟阶段，股价下跌，商品价格反弹。这被称为阶段Ⅴ，我们将在第6章讨论这个阶段。

相对强度指标通常是将一只股票的价格除以一个市场的度量指标，比如标准普尔综合指数，绘制出图形的话就是一条连续的曲线。在本书里，我们将采用经济部门或者基于经济部门的交易所交易基金，于是理解哪个部门表现得比市场更好或更差将是非常重要的。通过这种方式，相对行为在确定应该选择哪个经济部门进行投资这方面是非常有帮助的。还有，因为某些资产在经济周期的不同时点会表现得较好，所以它们的相对行为能够为我们分析更高程度的正确性提供反复检验。举例来说，在经济周期的成熟阶段，产能紧张程度最高时，基本的原材料应该比市场整体表现得要好，而此时，金融产品通常会比市场整体表现得要差。如果金融产品的相对强度线正在上升，而原材料的相对强度线正在下降，那么这很明显地预示着经济周期还没有到达成熟阶段，很有可能处在经济恢复的早期阶段。

相对强度指标通常是绘制在所观测的时间序列数据之下，图3-15显示了一个例子。当相对强度线上升时，就意味着股票或经济部门比市场整体表现得要好；当该线下降时，意味着股票或经济部门比市场整体表现得要差。我们经常会看到这样一种情况，那就是价格形成了一个新高点，但是相对强度指标却没有。同动量指标的解释一样，这通常是一个轻微的警告，即价格很快就会出现趋势的反转。这里想说的是，价格更多地是由一般市场上的弹性所推进的，而不是潜在的所提及的证券向上的动量所推进的。当市场最后发生反转时，这个特定的资产实体将会比大多数其他实体更易受到影响。从这里我们可以学到的一般原则是，市场领导者通常会在价格变化之前发生反转。由于图3-15揭示了一个上升趋势，我们会寻找市场向下反转的趋势。在图3-15中绘制出的假设曲线可能是个最好的候选者，因为其相对强度线已经开始走弱了。

第二个原则是，像绝对价格一样，相对价格也以一定的趋势移动。这些相对价格的趋势也可以用与分析绝对价格一样的方法进行分析，比如移动均线、趋势线、动量指标等。话虽如此，但相对行为通常具有更大的波动性，这意味着许多相对关系的移动平均线交叉没有绝对价格那样精确。对于绝对价格来说，移动平均线交叉信号的可靠性往往会随着时间的增加而增加。对于相对行为来说，道理也是一样。举例来说，相对强度线的12个月移动平均线交叉往往会十分合理准确，而30天移动平均线交叉本质上具有更大的随机性。

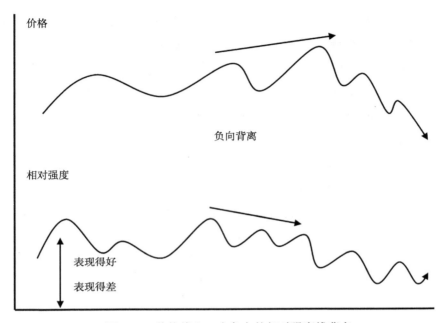

图 3-15　价格线和一个负向的相对强度线背离

资料来源：pring.com。

图 3-16 比较了一个相对强度线和一个处于下降趋势的价格线。在价格创新低之前，相对强度线经历了一系列底部上升。这告诉我们，所讨论的证券不像市场自身表现得那么疲软。换句话说，当该证券价格下跌时，它不像市场下跌得那么快。这意味着，**在相对强度线出现有利趋势的情况下**，当市场自身最终反弹时，该证券价格的上涨速度会超过市场的上涨速度。你会注意到相对趋势扩展的重要性。这还能作为一个警告，因为市场转折点偶尔通过行业领导者的变化显示出来，所以不能确认当相对强度线出现积极趋势后，市场自身什么时候会出现反转。我们假设它会出现反转，但是我们仍必须留意可能出现的反转。就像图 3-15 中所示，负向相对强度线的背离是一个看跌信号，图 3-16 所示的正向相对强度线的背离是一个看涨的信号。我们还注意到，就在价格到达最终的低点后，相对强度线向上突破了水平的趋势线。这意味着相对强度线的趋势非常确定地处于看涨阶段。

图 3-17 显示了标准普尔可选消费品部门指数（S&P Consumer Discretionary sector Index）及其相对强度线之间出现了一个正向的背离。当该指数出现反转，走向牛市的时候，价格经历了一个合理的反弹，但是相对强度线却没有出现上调。在图 3-18 中，我们看到了标准普尔运输指数（S&P Transports）及其相对强度线之间

出现了另一个正向的背离，但是在该例中，两个指标都发生了巨大的反弹。这意味着相对强度线背离的原则不奏效了吗？不是的，我们必须记住的是，相对强度指标围绕经济周期运行，就像价格一样。尽管有时这些趋势会朝着不同的方向运行。图3-19 和图 3-20 给予了我们关于这点的直观图示。你可以看到这些图形引入了来自相对强度线的长期 KST 指标。对于绝对价格来说，线性的上升和下降趋势对于动量指标来说是个问题，因为它们会过早地出现转向。另一方面，相对行为本质上往往会更具有周期性。这意味着，根据相对强度线计算出来的 KST 指标比根据绝对价格数据计算出来的 KST 指标更可靠。请注意，这些图中的长期 KST 是根据每周数据计算得来的，计算方法是以如表 3-4 中所示的指数移动均线（EMA）公式为基础。移动平均线也是根据指数移动平均线计算的，但是时间跨度是 26 周。

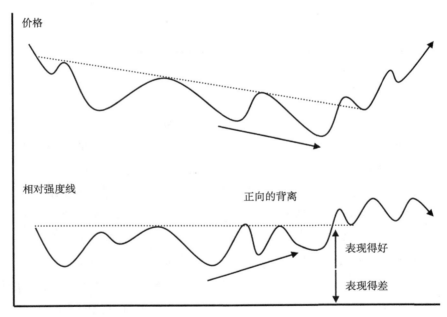

图 3-16 价格线和一个正向的相对强度线背离

在图 3-19 中我们可以看到基于绝对价格的 KST 曲线在 2003 年年初筑底，市场本身也在此时筑底。另一方面，可选消费品部门在其看跌阶段比市场整体表现得要好。相对强度趋势，就像价格的趋势一样，只有一个有限的时间期限。在本例中，我们看见相对行为的 KST 指标已经开始从一个中等超买水平反弹了，因此，这预示着一个新的看跌的相对强度趋势开始了。

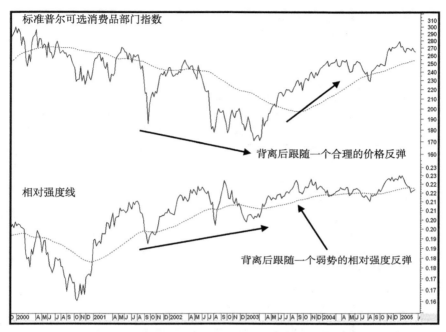

图 3-17　标准普尔可选消费品部门指数和相对强度线

资料来源：pring.com。

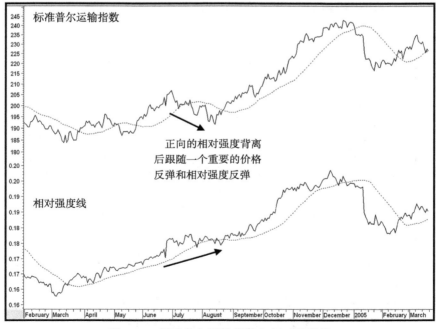

图 3-18　标准普尔运输指数和相对强度线

资料来源：pring.com。

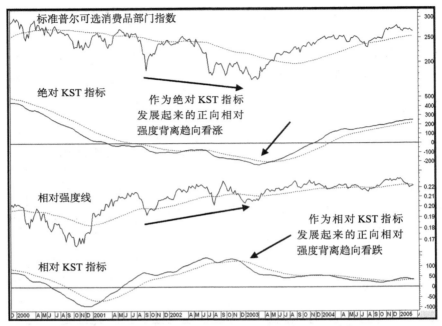

图 3-19   标准普尔可选消费品部门指数和 3 个指标

资料来源：pring.com。

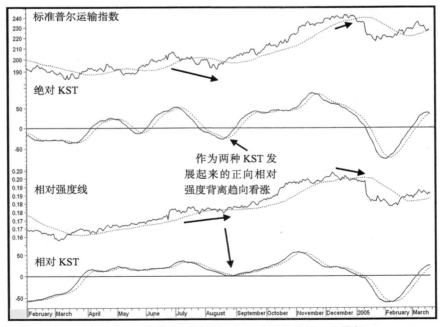

图 3-20   标准普尔运输指数和相对强度线的 3 个指标

资料来源：pring.com。

　　将其与图 3-20 相比较，图 3-20 显示了标准普尔运输指数。在这个例子中，绝对 KST 指标和相对 KST 指标都正在筑底，并且后来跟随着两个指标非常强烈的反弹。现在清楚的是，我们应该寻找的特征是，当市场筑底时出现的一系列相对强度线的正向背离。此外，绝对和相对行为的一个较低且正在发生反转的 KST 指标增加了这种概率，即所讨论的一系列指标不仅表现为价格的上升，而且比市场整体表现得要好。

　　关于相对指标，我们还未讨论的非常重要的一点就是，一个正在上升的趋势并不意味着价格也在上升，只是相对指标计算公式中的分子的表现超过了分母的表现。我们会看到一个上涨的商品／债券比率，但是这可能有别的意义。商品价格可能正在上涨，债券价格可能在下降；商品价格上涨的速度比债券价格上涨的速度快；或者商品价格在下降，但是债券价格下降得更快。很多时候，前者比较有意义，但是在得出最终的结论之前检查一下单个时间序列数据的表现总是明智的。

市场之间的关系和相对强度指标

　　前面我提到过，为了我们这里的目的，相对强度也包括了计算两个不同资产类型或者不同的市场部门之间的比率。图 3-21 显示了一个非常关键的关系。这是商品市场（商品研究局现货工业原材料价格指数）和债券市场（美国国债连续合约）之间的比率。从某种意义上说，这是最佳的对于通货膨胀／通货紧缩的度量。这个比率是非常有用的，因为它不仅具有非常强的周期性，而且适用于进行趋势线和震荡分析。当这个比率上升时，预示着商品市场比债券市场表现得好，反之亦然。一个上升的曲线不仅警告我们，我们正处在经济周期中的通货膨胀阶段，而且它还预示着，我们应该注意商品驱动的行业的股票，比如石油和采矿业，与当两者价格都上涨时才会有最好表现的金融产品相比。因此，只要通货膨胀／通货紧缩之间的关系成立的话，这条线的方向对于我们如何配置资产就有重大的影响。

　　图 3-21 也展示了在这些相对关系的基础上构建趋势线是可能的。当然，它并不是一直都能构建的，但是当这样的趋势线建立起来并且被穿过时，它们通常预示着一个趋势反转或者这种关键关系得到了重要的巩固。这个非常具有周期性的时间序列指标还适用于 KST 分析。然而，我们走到了自己的前面，因为有大量的这种市场间的关系可以用于更好的资产配置和经济周期阶段的识别，这些知识我们将在本书的后面章节学到。

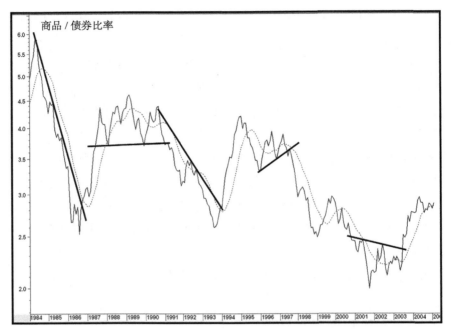

图 3-21 《跨市场评论》杂志的商品 / 债券比率

资料来源：Intermarket Review。

第 4 章
Chapter 4

以长期视角看待问题

我们在前面提到存在很多不同的周期。尽管经济周期只是其中之一，但其存在的重要性还是不言而喻的。现在是时候让我们来仔细了解**超长周期或长期趋势**了，因为它们**主宰了一切**。我们知道，日历年包括 4 个季节：春天、夏天、冬天和秋天，并且每个季节都有不同的景象。举例来说，冬天是最冷的。但是，在世界上的每一个地方，冬天并不是一样的冷，因为最终决定天气的是气候。在达科他州，冬天极其寒冷并且持续时间很长，但是夏天很短。在佛罗里达州，人们几乎感觉不到冬天的存在，夏天炎热而漫长。这两个地区都处于相同的季节，但是各自的气候决定了这些季节的**特性**。经济周期也是一样的道理。因为每个经济周期都经历了在相同的时间顺序里发生的经济事件。然而**每个经济周期的特性却也是不同的，这取决于长期趋势的发展方向和发展程度**。我们将简明扼要地解释一个长期趋势的构成以及它是如何发生的。接下来我们会解释长期趋势影响经济周期的方式。最后，想出一些方法，让这些方法有助于我们确定这个非常重要的趋势中的反转。

📈 长波（康德拉季耶夫）周期

长期经济周期一直被称为康德拉季耶夫长波周期，这是以苏联经济学家尼古拉·康德拉季耶夫（Nikolai Kondratieff）的名字命名的。20 世纪 20 年代，苏联政府委托康德拉季耶夫从事周期研究，以证明资本主义将不可避免地走向死亡。但他得到的结论是虽然资本主义经济体系经历了相当大的波动，但是经过 50 ～ 54 年的经济周期，它有能力进行自我修复。正是由于这个原因，康德拉季耶夫被长期流放到西伯利亚。

长波周期理论本质上是关于通货膨胀和通货紧缩的压力转换，以及长期循环的发明和技术。他观察到，美国经济从最初到 20 世纪 20 年代，也就是他进行研究时，共经历了 3 个完整的长波经济周期。有意思的是，伦敦经济学院的 E. H. 菲尔普斯·布朗（E. H. Phelps Brown）和希拉·霍普金斯（Sheila Hopkins），发现了英国 1271 ～ 1954 年的小麦价格也重复出现了为期 50 ～ 52 年的经济周期。

康德拉季耶夫使用批发价格作为其理论的中心，但是因为商品的价格变动和利率是紧密相连的，所以它们的使用也是很方便的。

在我们讨论经济周期本身之前，理解 50 ～ 54 年经济周期内会产生几个不同的子周期是很重要的。我们已经讨论过 4 年的基钦经济周期，但是还有一个 9 年经济周期，或者我们可以称之为朱格拉经济周期。图 4-1a、图 4-1b 和图 4-2 都显示了在一个完整的长波周期中的其他子经济周期。这些图形起初是在 P. E. 厄尔德曼（P. E. Erdman）的一个未发表的论文中发现的，他的这篇论文写于 20 世纪前半叶，离 1979 ～ 1980 年经济周期巅峰的到来还有很长时间。

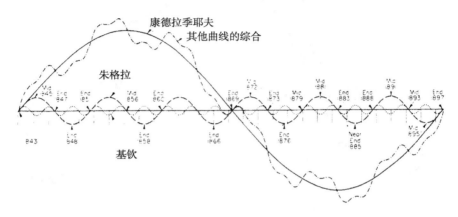

图 4-1a　熊彼特的 19 世纪经济周期模型

资料来源：Joseph Schumpeter，*Business Cycles*，McGraw-Hill，New York，1939.

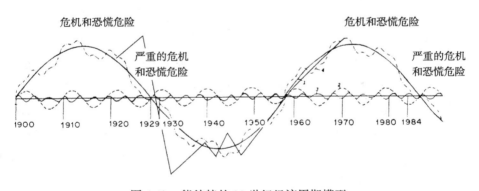

图 4-1b　熊彼特的 20 世纪经济周期模型

通过使用 18 世纪 80 年代至 20 世纪 20 年代的美国经济数据，康德拉季耶夫观察到，美国经济经历了 3 个超长经济周期，每个经济周期的持续时间大致在 50 ～ 54 年。它包括 3 个部分：一个上升波，这是通货膨胀阶段；一个下降波，这是通货紧缩阶段；还有一个过渡阶段，被称为**平坦阶段**。这个阶段隔开了通货膨胀和通货紧缩阶段，这个阶段也稍微有点通货紧缩。上升波和下降波持续的时间不太一样，但是比较典型的就是处于 15 ～ 25 年。平坦阶段大概持续 7 ～ 10 年。

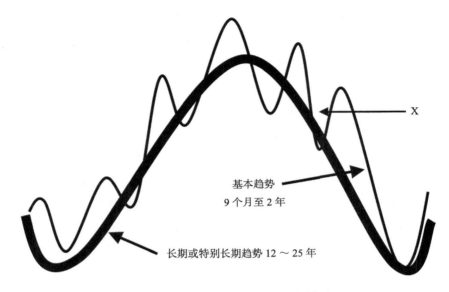

X

基本趋势
9 个月至 2 年

长期或特别长期趋势 12 ～ 25 年

图 4-2　长期趋势的市场经济周期模型

资料来源：pring.com。

在第 2 章所看到的图 2-1 中，我们使用了商品批发价格的趋势来反映经济周期。与上升波相关的是上升利率和商品价格。与过渡阶段或者平坦阶段相关的是稳定的利率和价格的略微下降，而下降波则伴随着利率和商品价格的下降。康德拉季耶夫还注意到，经济周期的每个主要转折点好像都有突然爆发的战争。尽管没有充足的理由来说明这一点，但是这些战争确实对经济有影响。他将这些战争认定为**波峰战争**（peak war），这些战争一般发生在通货膨胀的结束阶段；还有**波谷战争**（trough war），通常发生在通货紧缩的结束阶段。波峰战争会加剧与上升波相关的通货膨胀的压力。因为波谷战争发生于经济大萧条的阶段，而战争会成为经济复苏的催化剂，一般不会产生通货膨胀。

上升波

在经济衰退阶段，销量下降，公司经常会发现存货过多的情况，这些存货是用来供应之前较高的销售水平的。当然，存货一直卖不出去这个过程很痛苦，但是几个月后，这些存货就可以被清理完。在康德拉季耶夫上升波的开始阶段，这是很困难的，因为这段时期的经济活动极其低落，很多行业都出现产能过剩的情况。厂房和设备的筹划和建设需要很多年的时间，还需要大量资金，因此，这个问题就更难解决。在经济衰退阶段，经济状况低迷时，美联储发现采用廉价货币政策使经济重新解冻相对来说比较容易。但是，如果货币已经很便宜了，就说明处于长波的初级阶段，厂房和设备已经存在过剩状况，即使利率为零也不能刺激投资。我们可以以此来区别康德拉季耶夫经济周期波谷与经济衰退的低点。20 世纪 30 年代和 40 年代初期，就是这种情况的一个缩影。在某种程度上，与 4 年经济周期相关的周期性存货的正常清理和低利率的吸引力都促进了对贷款的需求。一个尝试性的经济恢复发生了，但是经济恢复的范围受到限制，因为通常资本支出的扩张会受到很多行业产能过剩状况的束缚，由生产性资本过剩产生的结构性失业也是抑制经济活动的因素。因此，这个尝试性的经济恢复很脆弱，并且很快又陷入了衰退。下一轮经济恢复可能会更强一些，这是因为与前期的长波相关的产能过剩所产生的一些扭曲现象已经开始被清理，而且一些下岗工人会在新的行业找到工作。慢慢地，利率开始下降到一定的低水平，这样就导致公司受到鼓励去银行贷款，并开展一些适度的扩张工作。以投资的观点来看，我们会发现现金和短期信贷工具的收益率是非常低的，尤其是与风险更高的替代金融产品相比。因此，人们会开始将他们的资产从货币市场的账户中转移到股票。在接下来的每个周期里，投资者的信心逐步累积，经济活动也逐渐活跃起来。

康德拉季耶夫观测到，在长波处于反转阶段的时候可能会发生战争，没有任何原因能够说明为什么会出现这种状况，但是自从 19 世纪初出现了一个低的长波后，每个长波都较低。从经济方面来看，战争作为较强经济活动的催化剂，会促进经济缓慢出现扩张。康德拉季耶夫所观察到的战争是 19 世纪 40 年代美国与墨西哥之间的战争和 19 世纪 90 年代美国与西班牙之间的战争。随后发生的是在 20 世纪 40 年代的第二次世界大战。战争所产生的结果一般都是通货膨胀，但是因为是在战争时期，经济还是维持着低迷状态，它们不会产生人们正常所期望的出现急剧通货膨胀的效果。

这种没有出现通货膨胀的情况意味着利率还是维持在相当低的水平。随着借贷价格变得便宜，在上升波的中间部分对于经济活动有着刺激作用，不仅会代替旧厂房和设备，而且会慢慢地投资新生产力，从而会引起生产力的增加。

我们在前面说过，长波的一个特点就是它与新技术进步有关，因为长波同时也是个长期生产能力周期。19 世纪 20 年代和 30 年代的上升波带来了运河的发展，19 世纪带来了铁路的发展，20 世纪 20 年代经历了汽车产业的繁荣。近期的 20 世纪 80 年代和 90 年代则经历了通信技术的繁荣。

　　理解长波的一个关键就是不断变化的心理状态。因为经济周期的上升阶段需要一代人的时间或更长，人们会集体遗忘那些痛苦的时期。因为时间是最好的医生。同样地，当关于"下一个衰退"持续的预测没能成为现实时，这些预测就失去了可信性。在人们的本性会自我扩张的情况下，自信会转化为自负。对于新技术创新的过度投资就会再次造成经济活动的扭曲。在19世纪20年代和30年代，修建了太多的运河；19世纪70年代建造了太多的铁路。经济最终消化了它们，但是在下降波中还得继续消化，这是个长期且痛苦的金融过程。在1929年，美国汽车行业拥有生产640万辆汽车的能力，然而在此前一年最好的汽车销售量也不过是这个数量的一半。有趣的是，这些经济周期每个阶段的扭曲影响的是经济的不同部门。

　　战争的爆发也会带来经济扭曲。康德拉杰耶夫注意到1812年的战争，19世纪60年代的美国内战以及1914~1918年的第一次世界大战都是在20年左右的商品市场牛市处于巅峰时发生的。近期我们可以看到的是发生在20世纪70年代的越南战争，以及1974年和1980年两次出现的商品市场巅峰。这些战争不像那些波谷战争，波谷战争一般都发生在产能缺乏的时期，其带来的结果就是商品价格和利率急剧上升。经济中的扭曲会以多种方式出现。举例来说，当通货膨胀压力非常大的时候，这可以反映为商品价格的一个成熟的长期上涨趋势，这意味着经济资源都被投向在价格稳定阶段被认为是不太经济的领域。举例来说，当采矿业的公司发现由于商品价格的暴涨，利润率达到了以前不敢想象的水平，那么它们本能地就会投资更多的钱去从事矿业开采。如果他们不这样做，他们的竞争对手会这样做，那么这会让该公司的股东感到不满意。其结果就是，尽管比较保守的公司能看到价格繁荣的短暂性，但是来自竞争和同行的压力也使得其不得不加入生产能力扩张的行列。当其他所有人都认为这是个"新时代"的时候，要想违背趋势而行就是件非常困难的事了。判断达到这个非理性心理弥漫的阶段的前提是，所讨论的经济趋势已经持续几个经济周期了。如果它只在一个经济周期的阶段内发生，那么这个"新时代"的心理还没有足够的时间在人们心中扎根。然而，在违背预测的几年之后，价格将会继续其上升通道，而这几乎就成为一个自然法则。当做出预测或"正常"预期的人持续遭到失败，并且坚持的"新时代"想法被持续不断地证明是正确的话，那么每个人都会陷进他们**永不失败**的魔法般的幻觉中去。

　　通货膨胀的一个副产品就是它降低了货币的购买力。这意味着，公司将会承担更多的债务，因为这些债务是以美元偿还的，而美元比最初借的时候更不值钱了。

当上升波开始结束的时候，经济系统承担的债务达到了顶峰。事实上，与上升波结束阶段相关的繁荣主要建立在贷款的基础之上，因为个人、企业和政府所借的钱比他们预期能归还的钱要多得多。打断经济周期的唯一方法就是利率升高到一定水平，这使得个人和集体不再值得去借款。利率的上升也增加了那些拥有短期债务的人的成本。结果就是，我们说通货膨胀自相矛盾地产生了自身的通货紧缩。不仅巨大的债务负担成为通货紧缩的一个因素，而且大量的产业处于产能过剩状态也是通货紧缩的另一个重要因素。

平坦阶段

平坦阶段是一个相对平静的过渡阶段，它隔开了经济周期通货膨胀阶段的过度兴奋和通货紧缩阶段最初的价格下跌。与这个价格下跌相关的是比一般经济衰退更为陡峭的经济衰退阶段，被称作**基本衰退**（primary recession），因为它是上升波结束后的第一个衰退。股票市场的牛市和熊市继续发展，但是平坦阶段的剩余阶段是对股票有利的典型阶段。一般来说，股票市场在一个稳定的价格趋势条件下会趋于繁荣。它们会从价格缓慢的上涨和下跌中受益，但是不管价格向哪个方向快速变动，股市做出的反应都不合适。我们再一次回到了变动率的概念，因为价格在任何方向的急剧变化都使得经济调整变得困难。缓慢的价格变化对于股票价格的破坏较少。同样地，当利率处于温和下降趋势时，股市也会繁荣。在经济长波上的两个或三个经济周期内，利率会慢慢变低。毫无悬念地，平坦阶段经历了历史上股市最大的反弹，比如 20 世纪 20 年代和 80 年代。

同样的道理，因为利率长期峰值已经出现，那么在债券上赚取金钱的机会是非常大的。债券市场的牛市开始时是比较温和的，但随着经济周期步入其下降阶段，牛市状况将会逐步改进。对于债券，我们必须小心并提高我们的评论质量，这是因为经济周期的下降阶段涉及疲软的经济活动，因此这也是个非常容易出现破产的时期。这意味着高质量的（政府）债券将会表现得更好。政府债券的价格会变得更高，不仅是因为通货紧缩的压力，而且还因为越来越多的低质量债券被折价（高的收益率）出售，以弥补投资者持有低质量债券的高风险。

平坦阶段以商品价格的急剧下跌或崩溃为典型征兆，这就是个**深度**衰退，也被称作**基本**衰退。基本衰退是一个深度的经济衰退，因为这是经济经过与商品价格巅峰相关的极度存货扭曲后所进行的第一次调整。1920 ～ 1921 年的经济衰退就是个很好的例证，发生于 1981 ～ 1982 年的经济衰退也是如此。大多数企业都能适应平坦阶段的更为稳定的经济状况。不幸的是，有很多企业不能得到对它们购买力损失的弥补。它们是一些在经济周期的上升阶段过度投资，借下了太多钱款的行业和公司，20世纪20年代的农业和航运业就是这样的情况。20世纪80年代，这些行业就是所谓的"生锈和通货膨胀"（rust and inflation）的地带。结果，我们发现这些行业的某些部分表现得非常出色，尽管在经济整体表面之下还有些部门几乎不能维持业务的正常运行。因此，在20世纪80年代和90年代，原材料和基础产业部门处于压力之下，但是这被服务业和技术行业的增长所抵消了。经济的整体环境看上去处于繁荣的状态，因此**整个20年内都是喧闹的市场情绪**。记得20世纪80年代的**雅皮士**吧？然而，在长期平坦阶段繁荣的末端，其他很多的产业都达到了产能过剩的状态。我们在20世纪90年代末期看到了这种状况，还有新技术的快速发展，如果这个平坦期开始于20世纪80年代初，从这段时间到20世纪90年代末期的这20年的时间期限不适用于正常所期望的7～10年的过渡阶段的期限。与平坦阶段相关的另一个状况是，政治转向保守主义。这在财政上的表现形式就是，联邦预算从赤字预算转变成为略有盈余的预算。当然，这增加了经济系统中的通货紧缩压力，因为赤字财政的刺激作用变成了完全的抑制作用。政治上向保守主义的转变确定地说是从里根变革开始的，在新千年之交的时候（2000年）已经达到了联邦预算的平衡。

下降波

当处于经济周期的通货紧缩阶段时，下降的螺旋形的压力会加剧下降的趋势。这个负面的影响将会持续两个或三个经济衰退期才会结束。对于债券持有者来说，这通常是个不错的阶段，但是只有这些持有最高质量债券的投资者才能确保收益，因为在平坦阶段的随后几年里，债券违约的风险明显增加。

📈 经济周期对于今天的实用性

康德拉杰耶夫只确定了3个经济周期，这并不是个能够经受得住统计检验的数目。然而，其他人已经通过将数据回溯到几百年前，在小麦价格方面确定了一个50～52年的经济周期。关于玛雅的报告也提到了这个长度的周期。然而这些足以说明这个经济周期的有效性吗？可能不能，但是尽管如此，这对于理解几个重要的观点还是很重要的。

（1）经济周期本质上是人性的反映，从经济周期波峰阶段的贪婪转由波谷阶段的恐惧。在历史上人性重复出现，但是决不完全一样，而长期趋势却是非常相似的。如果这个趋势能以趋势和事件完全满足严格的时间框架的方式来解释的话，它将不能奏效，并且肯定无法加以解释。举例来说，在 20 世纪前期的 1918 年到 1932 ～ 1933 年，商品价格下降一直持续了 14 年。对于预期的 20 ～ 25 年的期限来说，这是相当短的时期，然而债券收益率直到 20 世纪 40 年代，也就是 10 年后，才出现下跌。那么经济周期的底部出现在什么时候——1932 年或者是 1943 年？关键在于 20 世纪 30 年代经历了最为疲软的经济活动，这可以从极高的失业率、疲软的定价能力中看出来，因此，尽管 20 世纪 30 年代出现了商品价格上升和股价上涨，还是可以公正地说，经济周期的底部出现在 20 世纪 30 年代中后期。

（2）经济周期不应该被简单看作商品价格的波动，而应该被看作通货膨胀和通货紧缩压力的长期趋势。举例来说，大家通常都接受 1981 年出现了商品价格和利率的顶峰。在随后的 25 年里，债券的收益率不按规则地走低，但是商品价格却保持在一个很大的交易价格范围内。如果我们看商品价格的话，我们会说经济周期不再起作用了。另一方面，债券收益率却经历了或多或少、略有缺陷的下降波。这个原因可以从下面的事实中得到解释，那就是 20 世纪末期亚洲经济得到了实质性的发展，它们不断增加的对原材料的需求起到了对价格下跌缓冲的作用。我还注意到，1981 ～ 2000 年之间的一个非常长的平坦阶段。

（3）自 20 世纪 40 年代以来，政府在经济增长中的作用显著增强。政府的这个延伸职能为处于衰退阶段的经济提供了一定程度的缓冲。社会保障制度和其他的转移支付提供了一个安全网，使得经济避免发生一些过度的波动，而这在原来是经常发生的。坏消息就是政府对经济的干预（特别是在货币方面），阻止了经济系统中的自我校正机制充分发挥作用。结果，通货膨胀就比原来更深植于经济系统之中，并使预期的经济周期时间框架更为扭曲。

（4）自从康德拉季耶夫时代以来，经济的结构已经发生了变化。农业和其他周期性的行业曾经在经济中占有很大的比重。然而，这些都已经被服务业经济所取代，而服务业经济更加不具有周期性。这是否会使经济不能呈现出一个长期趋势是另外一个重要的问题，特别是人的能力还可能过分扩展。

我们还没有讨论的事实是，**商品价格、真实的股票价格和债券价格会继续经历它们自身的经济周期或长期趋势**。在本章的后续部分，我们将关注这些趋势，这是因为与主要的或者经济周期相关的特征是由长期趋势所决定的。

📈 债券的长期趋势

长波的方向和成熟程度对于特定经济周期内的通货膨胀和通货紧缩压力之间的平衡有着很大的影响，因此，也会对资产配置的方式产生重大影响。目前，让我们假定将经济周期划分为两部分，即通货膨胀部分和通货紧缩部分。长期趋势的方向将会影响经济周期中通货膨胀部分的规模和长度。从某种程度上讲，这一点我们已经在图 4-2 中呈现过了，这个图形就出现在本章的前面部分。这是长期和周期性力量相互交替的一般代表，但是让我们假设其代表了政府债券的价格。在该例中，你能看见在上升的长期趋势中，与主要经济周期相连的牛市的规模比熊市的规模要大得多。牛市也持续得更长一些。在长期的下降趋势中，情况恰恰相反，这时熊市拥有较大的规模和较长的持续期限。换句话说，在上升的长期趋势中，经济周期的通货紧缩阶段占有主导地位；在长期的下降趋势中，经济周期的通货膨胀阶段占有主导地位。对于债券收益率来说，情况恰恰相反。

图 4-3 显示了美国债券价格的长期趋势。由于来自公司债券和政府债券的几个数据被结合在了一起，因而这不应该被看作一个连续的时间序列数据，而更应被看作一个长期趋势的指示器。图 4-4 和图 4-5 显示了两个最近的长期趋势。第一个长期趋势是 20 世纪 40 年代至 1981 年间的收益率上升趋势（价格的下降趋势）。实线箭头指示了牛市，而虚线箭头代表熊市。很明显的是，牛市在这个通货膨胀阶段占有主导地位。在图 4-5 中，我们看到了 1981 ~ 2005 年的通货紧缩在这个例子中占有优势。明显地，如果你对占优势的长期趋势的方向确信无疑的话，你将会准备更长时间地持有债券，并在收益率的长期下降阶段承受更大的风险。这是因为在长期通货膨胀的趋势中，价格上升的规模将会更小，机会也更少。在股票配置中，道理也是一样的。确实有一些行业在利率下降时会表现得特别好，比如金融和公用事业等部门的股票。而资源型企业的其他部门在经济周期的通货膨胀阶段会表现得比较耀眼。

有一句古语，那就是惊奇总是从主要趋势的方向而来。因为实际上长期趋势是更占优势的，这意味着在长期的上升趋势中，通货膨胀很可能会带给你各种惊奇。商品价格上升得比大多数人所预料到的更高更快。对于债券收益率，道理也是一样。相反的惊奇也发生在一个通货紧缩的长期趋势中。尽管如此，这些"惊奇"会出现在趋势更为成熟的阶段，这是一个典型现象。当趋势开始时，商品价格和利率通常会经历一个交易价格范围或过渡阶段，这个阶段将持续 5 ~ 10 年。只有在上升阶段的末期，经济开始扭曲的时候，商品价格和债券收益率令人吃惊，没有预料到的上涨才能变成现实。

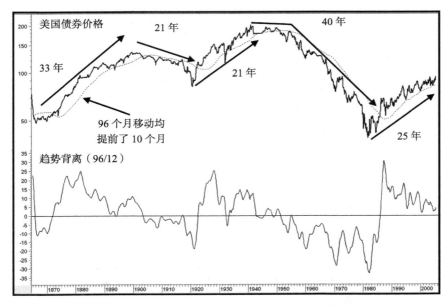

图 4-3　美国债券价格和一个趋势背离指标

资料来源：pring.com。

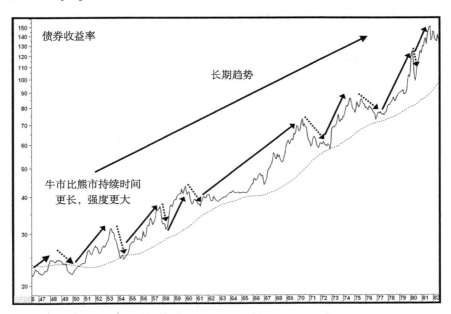

图 4-4　美国政府债券的收益率（1946 ～ 1982 年）

资料来源：pring.com。

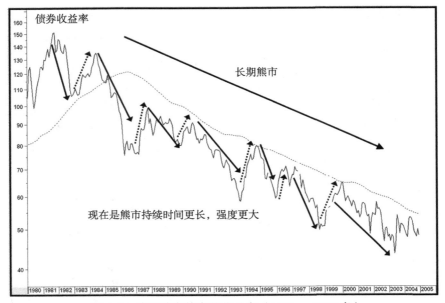

图 4-5　美国政府债券的收益率（1980 ～ 2005 年）

资料来源：pring.com。

表 4-1 ～表 4-4 显示了穆迪公司 AAA 评级债券收益率在 1946 ～ 1981 年的上升阶段和 1981 ～ 2003 年间的下降阶段的真实波动。我们注意到，2003 年是这个长期趋势的低点，但是在 2005 年年底的时候，没有足够的证据得出这个结论，尽管几个指标都显示 2005 年年底是长期趋势的低点。

表 4-1　长期上升趋势中周期性收益率的上升

日期	时间长度（月）	上升比率（%）
1946/04 ～ 1947/12	20	16
1950/01 ～ 1953/06	41	25
1954/04 ～ 1957/09	41	44
1958/05 ～ 1960/01	20	29
1963/02 ～ 1966/09	43	31
1967/02 ～ 1970/06	40	68
1972/12 ～ 1974/10	22	31
1977/09 ～ 1980/03	30	64
1980/06 ～ 1981/09	15	46
平均	30.2	39.3

表 4-2　长期上升趋势中周期性收益率的下降

日期	时间长度（月）	下降比率（%）
1947/12 ～ 1950/01	25	10

（续）

日期	时间长度（月）	下降比率（%）
1953/06 ～ 1954/04	10	16
1957/09 ～ 1958/05	8	13
1960/01 ～ 1963/02	37	9
1966/09 ～ 1967/02	5	8
1970/06 ～ 1972/12	30	16
1974/10 ～ 1977/09	35	15
1980/03 ～ 1980/06	3	18
平均	19.1	13.1

表 4-3　长期下降趋势中周期性收益率的下降

日期	时间长度（月）	下降比率（%）
1981/09 ～ 1983/05	20	9
1984/06 ～ 1987/02	32	38
1987/09 ～ 1993/09	60	36
1994/11 ～ 1999/01	62	30
2000/05 ～ 2003/07	38	33
平均	42.4	29.4

表 4-4　长期下降趋势中周期性收益率的上升

日期	时间长度（月）	上升比率（%）
1983/05 ～ 1984/06	24	18
1987/02 ～ 1987/09	7	23
1993/09 ～ 1994/11	14	31
1999/01 ～ 2000/05	16	29
平均	15.25	25.25

　　在收益率的长期上升阶段，经济周期中牛市（见表 4-1）持续的时间平均是 30 个月左右，收益率上升了不到 40%；熊市（见表 4-2）比较短，持续时间在 19 个月左右，而且收益率更小，平均仅为 13%。在 1981 ～ 2005 年的下降阶段，熊市持续时间更长（见表 4-3），为 42 个月，平均收益率下降了 29%；牛市持续时间较短（见表 4-4），平均长度是 15 个月，但是平均收益率仍上升了 25%。不是每个长期上升趋势中的牛市价格上涨都比长期下降趋势中的牛市价格上涨更大；反之亦然。然而，根据平均数据显示，如果你能对长期趋势的方向有个准确的判断，那么你就已经在投资战争中取得了很大的成就。

📈 商品价格的长期趋势

　　图 4-6 显示了几个近期商品价格的长期趋势。这个数据序列代表了 1955 年以

来的 CRB 工业原材料价格指数，但是 1955 年之前的数据已经同美国批发业的指数结合了。这个长期趋势非常类似债券收益率的长期趋势，不同的是，当债券收益率在 1981 年之后的阶段经历一个长期下降趋势时，商品价格步入 25 年的交易价格范围，进行横盘整理。

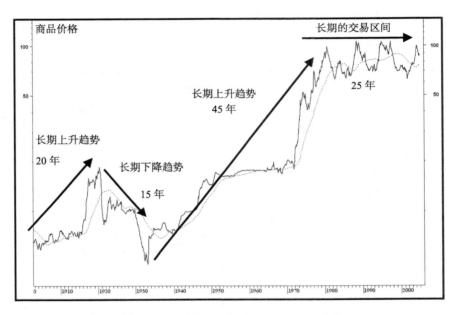

图 4-6　美国商品价格（1980 ～ 2005 年）

资料来源：pring.com。

图 4-7 在一个相当长的时间期限内比较了债券收益率和商品价格的长期趋势。这里，我们看到两者之间非常接近，但又不是完全一致。惹人注目的是，图中所示的 5 个长期转折点中，在 4 个长期转折点上商品价格领先于债券收益率。在 1920 年，二者同时发生了反转。很明显，领先的时间有所不同。你能确定看到的是 20 世纪 90 年代中期的商品价格顶峰比 1980 年的价格顶峰要高。然而，在**长期**和**周期性**的转折点上，商品价格明显是领先利率的。

不幸的是，始于 1920 年的同时反转，到 1932 ～ 1946 年这个阶段的 10 年的领先时间里，每个趋势的领先程度都是不同的。虽然如此，2001 ～ 2005 年阶段商品价格的强烈反弹紧接在 25 年收益率的下降之后，这说明，当我们接近 20 世纪前 10 年的中期时，有利于通货膨胀的长期反转趋势可能即将发生。

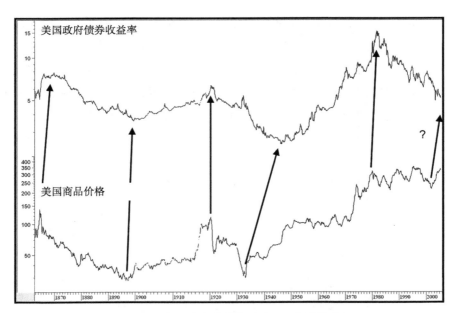

图 4-7　美国政府债券收益率 vs. 商品价格

资料来源：pring.com。

股票价格的长期趋势

　　股票价格也会经历长期趋势，尽管股票价格的长期趋势通常是有问题的，而且在几十年内还会出现一定交易价格范围内的横向盘整。转折点可以通过乐观主义的波峰和悲观主义的波谷很好地确定。有比市盈率更好的度量投资者情绪的方式吗？图 4-8 显示了 19 世纪末期到新旧世纪之交的罗伯特·席勒（Robert Schiller）的市盈率数据。当这个比率高的时候，投资者是乐观的；而当这个比率低的时候，投资者的情绪是悲观的。这个图显示了 1870 年以来投资者情绪出现了 4 次巅峰，如市盈率所度量的那样。我们可以任意地将高于 22.5 的市盈率定义为波峰，并分别在 1900 年、1929 年、1966 年和 2000 年，将它们标注为 1、2、3、4。投资者愿意为股票支付这样高的价格，部分是因为在这个阶段来自固定收益投资工具的竞争不那么激烈，更多的是因为投资者的心理因素。在这个阶段，价格已经上涨了 10 年左右，这意味着投资者信心极度高涨，轻易取代了合理的资金管理。一般说来，当群体心理达到这样极端的时候，如这些高市盈率数据所指示的那样，在心理的钟摆充分地摆向害怕和恐慌这边以允许股票价格达到一个新的上升周期之前，或者需要相当长的时间，或者存在相当多的价格侵蚀，或者两者皆有。市盈率低于 7.5 的低点也被标了出来。这些低点意味着这是市场在 A、B 和 D 点给出了超乎平常的价值。字母 C1 和 C2 显示了两个其他的市场转折点，这也提供了超过平均水平的价值，或者换句话说，这时市场情绪非常低落。这个图显示了对于市场活动来说，行动和反应法则是非常有效的。心理趋势构建的时间越长，心理向相反方向所做出的相应改变就越大。

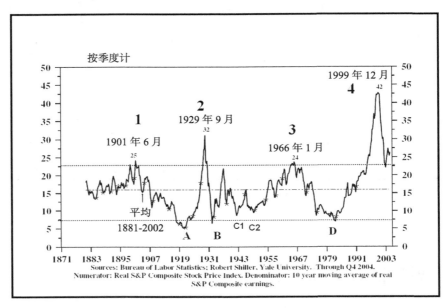

图 4-8　席勒的市盈率数据（1881～2004 年）

资料来源：pring.com。

我们从图 4-9 中可以看出，这个图使用了图 4-8 中所使用的数字和字母来对应美国股票市场的时间序列数据。因此，在 20 世纪 20 年代，经历了 8 年的牛市之后才形成了 1929 年股价顶部所呈现出来的欢快状态。真实的低点出现在 3 年后的 1932 年，但是人们期待着另一只鞋子落下的心理状态，一直持续了数十年。经过了两代半的时间，信心才完全恢复，20 世纪 80 年代和 90 年代才开始了新的牛市。在价格方面，直到 20 世纪 50 年代中期，价格才超过了 1929 年的价格顶峰。同样注意到，每个市盈率特别低的时期，都跟随着实质性的、长期持续的牛市。

你可能会认为，在波峰 A 和 C 之后的阶段里，投资者就轻松地开始购买了，因为市场通过扩大的交易价格范围，而不是 1929～1932 年价格的急剧下跌，解决了其自身的校正阶段。然而，当股票价格被商品价格折算时，我们能看到发生的真实灾难。这在图 4-10 中得到了展示，图 4-8 中的数字和字母被置于"真实的"股票价格之上。这里你能看到，1900～1921 年是个非常显著的熊市，特别是接近结束阶段的时候。1966～1982 年也是这样的一个阶段，然而这个经过通货膨胀调整后的时间序列数据的顶点出现在 1968 年。波谷出现在 1980 年年初，因此其波谷持续期限没有名义价格的波谷那么严重。

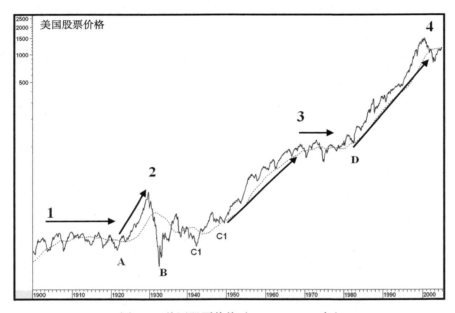

图 4-9   美国股票价格（1900～2005 年）

资料来源：pring.com。

1929～1949 年的阶段也有个不同的特征。真实的低点发生在 1942 年，尽管 1949 年的底部不是太高。整个经过通货膨胀调整后的熊市趋势有效地从 1929 年持续到 1949 年，持续时间达 20 年，是有记录以来最长的一个熊市。

该图也显示出，大多数以前的长期趋势也有趋势线背离的标志。本书不是用图作为一个预测，但是毫无疑问，1999 年 12 月的市盈率达到了历史高点，紧接着的就是历史上最好的、持续时间最长的牛市。如果说这种方式有什么优点的话，那么就是**真实**的股价水平在 2010～2020 年这 10 年间达到 2000 年的水平是不大可能的。图 4-10 显示，当我们出版本书时[⊖]，股价 / 商品价格的比率非常接近于其长期的上升趋势线。以前面章节所概述的原则为基础，这是个非常显著的信号。上升的角度非常陡峭，但是可以被趋势线的长度和触及或趋近的次数所冲抵。当这个趋势

⊖ 此书英文版出版于 2006 年。——译者注

线像所有的线一样，最终出现背离的时候，它就会确认市盈率的负面信号，从而确定了 10 年左右股市走弱的趋势。这不应该成为受关注的原因，因为这里阐述的根据经济周期进行资产配置的原则应该能使保守的、有耐心的、训练有素的投资者充分利用反弹趋势，以避免大多数下跌趋势，并且走在投资者的前列。对于这些有兴趣的读者，这条线的计算将月末收盘的标准普尔综合指数除以月末收盘的 CRB 工业原材料价格指数。

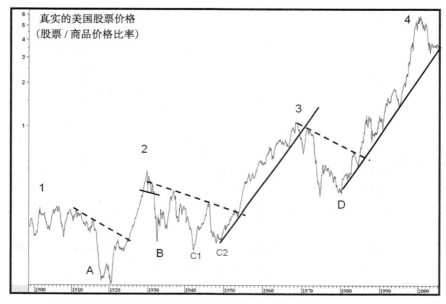

图 4-10　真实的美国股票价格（1898 ～ 2005 年）

资料来源：pring.com。

📈 有助于确定长期趋势方向的技术

移动平均和动量指标

当我们试图认出与经济周期有关的基本趋势的变化时，我们偶尔能够确定在最后转折点的几个月内出现的趋势反转信号。长期趋势会延伸至多个经济周期，因此持续的时间更长。这意味着，在确定一个趋势反转信号之前，要经过许多年或者几个经济周期。然而，追踪这些趋势变化所付出的耐心和自制力是值得的。首先，这样的信号不会经常出现，而且趋势会维持十余年或者几十年。其次，正如前面所讨论的，长期趋势的方向对于基本经济趋势的特征有着巨大的影响。上升阶段的牛市的平均持续时间要比下降阶段的牛市的平均持续时间要长等。理解了长期趋势的方向就能使我们在随着经济周期进行资产配置的过程中处于领先地位。

　　确定债券、股票和商品价格的长期趋势反转有时是件很容易的事情，但大多数情况下也并不是那么容易的。然而，这并不意味着我们应该放弃努力，因为潜在收益能够很容易地弥补和超过努力的成果。下面的解释不能提供我们想要的所有答案，但它确实代表了一个初步的观点。

　　我们所遇到的问题之一是，当我们认为一个长期趋势通常会持续 25 年甚至更长的时候，美国金融市场有记录的历史没有回溯得那么久远。这意味着没有那么多的转折可供参考。我们所能做的就是运用一些确认短期趋势的反转的趋势追踪原则和工具，看看这些原则和工具的效果。

　　一种方法是对数据计算一个长期的移动平均值。问题是，我们需要延长时间范围以消除数据参差不齐的锯齿现象，但是这些信号通常在新趋势到来之后表现良好。图 4-11 和图 4-12 显示了商品价格和债券收益率数据的一个 156 个月（13 年）的移动平均线。这两个系列的数据都表现得很好。均线交叉提供了一个非常可靠的趋势反转的信号。但是确实也没有充分的理由去决定投资哪种资产。注意，1860年以前，商品价格指数采用的是年度数据。

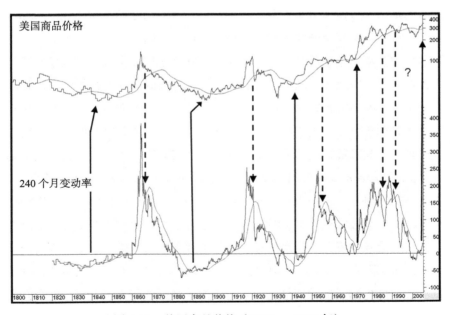

图 4-11　美国商品价格（1800 ～ 2005 年）

资料来源：pring.com。

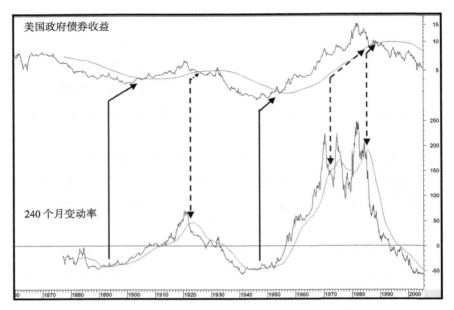

图 4-12　美国政府债券收益率（1857～2005 年）

资料来源：pring.com。

这些图形还包括了一个动量指标。这个例子是 240 个月或者 20 年的变动率。平滑的曲线是 72 个月（6 年）的移动平均线。这种方法在确定抛物线的顶部方面非常有效，平滑曲线的反转通常在底部给出反转信号。向上的箭头显示的是，动量时间序列数据的移动平均线反转向上的时间。通常这些信号出现在收益率和商品价格最后的低点之间，因此箭头向右方倾斜，以显示价格时间序列数据证实了移动平均线交叉的时间。向下的虚线箭头指示的是长期趋势。在本例中，这些信号出现在变动率时间序列数据向下穿过 72 个月的移动平均线时，而不是当移动平均线方向反转时。这是因为底部通常是圆形的，而顶部通常表现为一个尖头形状，这里的例外是 20 世纪后期债券收益率出现的波峰，在变动率指标上呈现出三尖顶的形状。

在 2005 年年底，变动率的移动平均线看起来已经处于底部，并且价格指数本身回到了其 156 个月的移动平均线之上。这是将近 150 年的数据中出现的第 5 次经过证实的买进信号。债券收益率的长期趋势仍然未得到证实，这是因为变动率的移动平均线仍然在下降，收益率自身也处在其移动平均线之下。虽然如此，变动率明确地显示了动量指标下降的信号。当收益率的移动平均线在 8% 时，这个方法就很难产生一个信号。

股票价格自身看上去并不适于这种分析方法，但是当我们根据商品价格对股票进行调整后，这种分析就变得有意义了。图 4-13 和图 4-14 显示了该时间序列指标的顶部和底部。这次，变动率的时间期限是 120 个月，其平滑曲线的时间期限降至 24 个月。因为本质上长期趋势波峰一般看起来不是个抛物线形状的图形，所以当变动率的移动平均线从 225 的超买水平向下反转时，就产生了一个卖出信号。利用移动平均线反转判断信号的问题是这些信号偶尔会更靠近低点而不是高点，并且会遭受数据参差不齐的困扰。

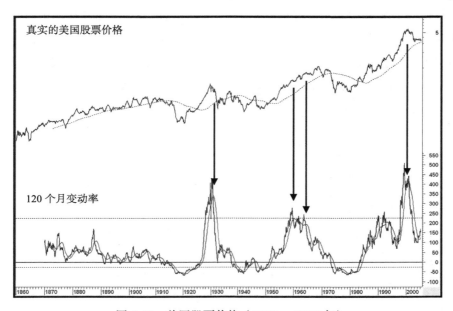

图 4-13   美国股票价格（1870 ～ 2005 年）

资料来源：pring.com。

　　如果有债券和商品市场的牛市信号出现，那么就会出现在动量指标走出底部，后来被一个正向的移动平均线交叉所证实的情况下。对于债券和商品价格这两个数据，19 世纪 90 年代和 20 世纪 40 年代就出现了这样的情况。当震荡指标从 −25% 的超卖区域走出波谷时，股票市场给出了最好的信号。股票价格的移动平均线在底部看起来表现得没有那么好。

　　我们早些时候说过，绝对意义上的股票价格指标自身不适宜于刚才表述的移动平均 / 动量指标分析方法。然而，我们通常能够得到关于价格已经向另一个方向移动得太远的暗示，这是通过将绘制出的股票价格的年度水平与一个趋势背离指标相比较而得到的。本例中的这个指标是将 12 年的移动平均值除以一个 3 年的移动平均值。当这两个移动平均值相同的时候，图 4-15 和图 4-16 中的震荡指标就绘制在零的位置。因为我们使用的是年度数据，所以我们不能期望得到确切的时间，但是这个指标的波峰和波谷仍然给市场长期的趋势提供了一些有用的参考基准。图 4-15 显示了振荡指标从 −10% 的水平向上走出底部时，长期趋势的聚点。自 1800 年以来的 7 个信号中，只有 1 个是锯齿状的图形，它出现在 20 世纪 30 年代末。由于市场上涨的时间比下跌的时间要长，所以这个参考基准从 10% 上涨到 35%，于是当震动指标向下穿过 35% 的水平时，就显示出顶峰的信号。这些点在图中用向下的箭头标出。通常情况下，市场的真实顶峰是当震荡指标方向反转时才出现的，因此负向超买的穿越是一个更为保守的办法。在一些情况下，这些顶峰所跟随的是多年在交易价格范围内的波动，而不是真实的下降，但是在所有情况下，信号出现之后名义价格会在多年内保持低迷。

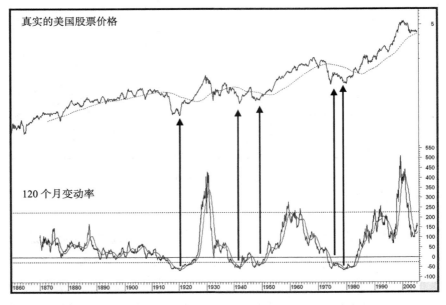

图 4-14　美国真实的股票价格（1870 ～ 2005 年）

资料来源：pring.com。

随着图形的时间跨度逐渐结束，我们发现这个方法已经产生了自 1800 年以来的第 7 个卖出信号。尽管这不大可能预示着一个主要的熊市，但是这个技术的记录确实说明市场在 2005 ～ 2020 年这个阶段中最佳的表现顶多是横向盘整。

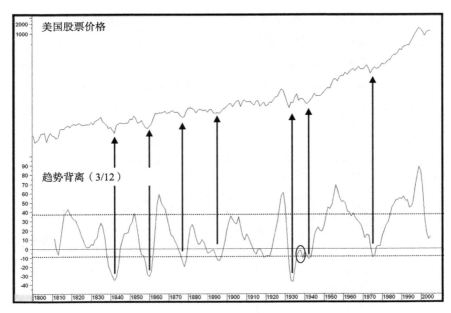

图 4-15   美国年度股票价格（1800 ～ 2005 年）

资料来源：pring.com。

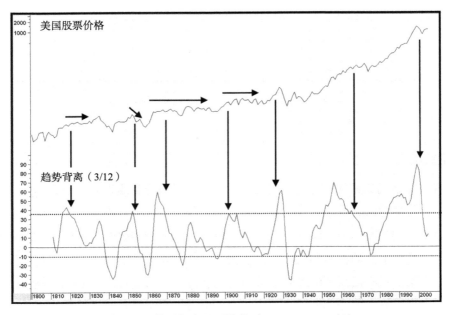

图 4-16   美国年度股票价格（1800 ～ 2005 年）

资料来源：pring.com。

图 4-17 显示了类似于分析债券价格趋势的一个方法，但是在该例中，采用的是一个趋势背离指标穿过零线的交叉，这个趋势背离指标是将 96 个月（8 年）的移动平均值除以 12 个月（1 年）的移动平均值计算得来的。当短期的移动平均线穿过长期的移动平均线时，震荡指标穿过零线。这些零线的交叉看上去提供了一个相当好的信号，尽管 20 世纪 40 年代出现的锯齿状提醒我们，这个方法还有许多有待改进的地方。

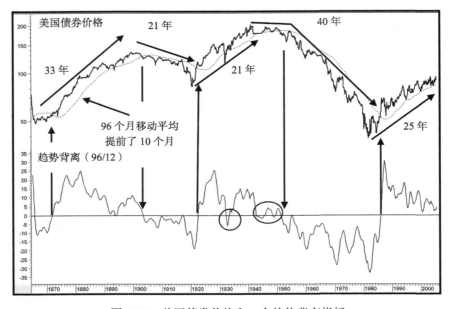

图 4-17 美国债券价格和一个趋势背离指标

资料来源：pring.com。

峰谷演进

我们能运用的另外一种方法是前面章节描述过的峰谷演进的一种简单形式。这不是个完美的方法，但是在许多长期趋势的判断上，看上去表现良好。在这个例子中，**波峰**是与特定经济周期相连的反弹高点；**波谷**是与经济收缩或放缓相连的低点。当一系列上升的波峰和波谷让位于较低的波峰和波谷时，一个长期趋势的反转信号就产生了。不能预测的是新趋势的规模和持续时间。可能知道新趋势的规模和持续时间会更好，但是能够预测趋势的方向也是件不应受到嘲笑的事情。下降趋势反转的信号以完全相反的方式呈现出来，一系列上升的波峰和波谷取代了一系列下降的波峰和波谷。

图 4-18 显示了 20 世纪美国政府 20 年债券的收益率。请注意，程序将收益率绘制成实际收益率的 10 倍。因此，50% 实际上是 5%。实线波的形态代表超过 12.5% 的波动，被用作构成合理波峰和波谷的度量基础。处于点 A 的第 1 个信号实际上是开始于 1920 年的下降波的再次证实。一系列下降的波峰和波谷在 1932 年年初被一个较高的高点所打断。自 1931 年以来，波谷就略微低于其前面的波谷，下降的波谷依然是完整无缺的。在 A 点的断裂再次证实了长期的下降趋势。点 B 显示了 20 世纪 40 年代后期这个下降趋势的反转。收益率继续经历了一系列上升的波峰和波谷直到 20 世纪 80 年代初的 C 点。当图形逼近 2005 年时，下降的波峰和波谷继续演进。大概说来，收益率的月度平均将不得不反弹至前期高点之上，比如说 5.5% 就是个合理的信号。当然，收益率将会继续经历额外的较低的高点和低点，这总是可能的，在这种情况下，5.5% 的收益率数据就是无效的，但是在接近 2005 年的时候，这就是所必需的收益率。

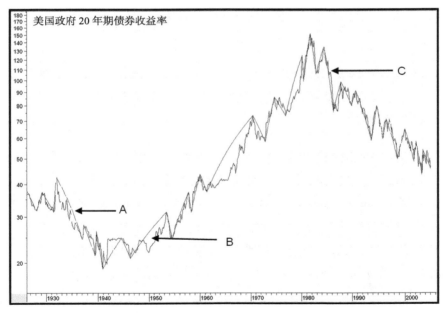

图 4-18   美国政府债券收益率（1927 ～ 2005 年），12.5% 的 Z 字形图形
资料来源：pring.com。

趋势线和交易范围

巨大交易价格范围的形成，或者是处于两个趋势之间，或者是局限于一个或多

或少地有些水平的趋势线的上升或者下降的一侧，这似乎是长期反转趋势的一个广泛特征。图 4-19 ～图 4-22 显示了商品、债券和股票的一些例子。

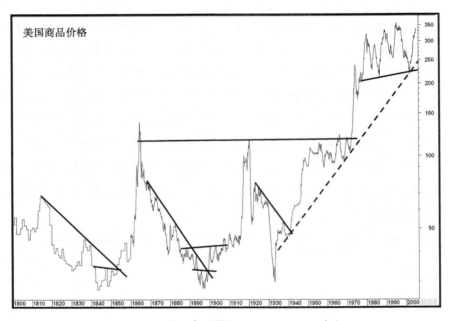

图 4-19　美国商品价格（1800 ～ 2005 年）

资料来源：pring.com。

在 20 世纪 30 年代和 40 年代，形成了债券价格的一个水平底部。在图 4-22 中，股票价格好像在反弹后，而不是在下降后的底部之上，形成了一个坚实的形状。这些例子出现在 1900 ～ 1920 年阶段，然后在 20 世纪 60 年代和 70 年代再次出现了这种情况。道氏指数的水平盘整的趋势比标准普尔指数更加明显，在从 1932 年的底部开始反弹后经历一系列升高的波峰和波谷之后，1000 点形成了一个有效的阻力位。从债券来看，在 20 世纪 80 年代初期，收益率经历了一个较高的波峰。

同样的原则也可以应用于趋势线的构建。图 4-19 ～图 4-22 显示了商品、债券和股票市场的长期趋势线。在价格突破底部价格的同时，趋势线偶尔会出现背离。19 世纪 50 年代和 90 年代后期商品价格趋势线出现了这样的背离；20 世纪 50 年代初（见图 4-19）和 80 年代债券收益率趋势线也出现了背离（比较图 4-20 和图 4-21）。这个双突破增强了信号的显著意义。

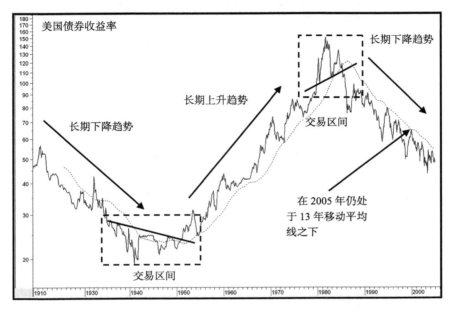

图 4-20　美国债券收益率（1910 ～ 2005 年）

资料来源：pring.com。

图 4-21　美国债券收益率（1910 ～ 2005 年）

资料来源：pring.com。

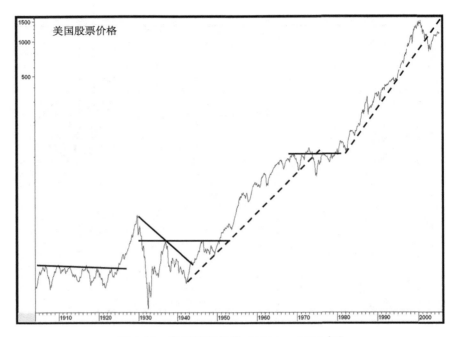

图 4-22　美国股票价格（1904 ～ 2005 年）

资料来源：pring.com。

　　2005 年年底，我们看见了这 3 个市场都出现了重要的趋势线。商品价格的上升趋势线发端于 20 世纪 30 年代，如图 4-19 所示，是完整无缺的。股票价格比较陡峭的上升趋势线开始于 1982 年，但是已经出现了背离。这个信号，与前面讨论过的价格振荡指标的超买反转趋势一起，显示至少价格会多年在一定的交易价格范围内波动。最后，债券收益率从 1981 年开始的下降趋势线仍是完整无缺的，而且不知道什么时候结束（如图 4-21 所示）。从历史的标准来说，这是个长期的趋势线，早就该出现一个趋势线背离了。

第 5 章
Chapter 5

经济周期如何驱动债券、股票和商品的价格

华章经典·金融投资
HUAZHANG CLASSIC
Finance&Investing

简介

在第 2 章里，我们说到每个经济周期都会经历一系列按照时间顺序发生的经济事件，而且在经济中的每个部分都会经历自己单独的经济周期。对于投资者来说，幸运的是，这个过程也包括了债券、股票和商品，因为这些市场的转折点也可以被归类为发生于经济周期过程中的经济事件。我说幸运，是因为这样的一个事实能使投资者更容易地建立一个用于指导资产配置操作的地图或框架。对于近 200 年来美国金融市场历史的回顾，我们就会发现在这 3 个资产市场的转折点之间存在一个确定的时间顺序关系。

这个过程起始于信贷市场价格的底部（收益率的顶部），股票市场价格的低谷，最后才是商品市场价格的底部。这个过程后扩展至包括了信贷市场价格的顶峰，然后是股票价格的顶峰，最后是商品价格的顶峰。

这不是一个新的概念。它在 19 世纪和 20 世纪初曾被多位作家观测到过。其中最出名的就是莱昂纳多 P. 艾尔斯，经典的著作 *Turning Points in Business Cycles* 就是出于他的手笔（Macmillan，1939）。他坚持认为，经济周期在融资困难和昂贵的时候结束，而在经济状况明显改善、企业能轻松融资的时候开始。他的研究涵盖了从 19 世纪 30 年代到 20 世纪 30 年代 100 多年的市场经济状况，本书中的图表也按照时间顺序演示了债券、股票和商品市场上发生的事件，这些图表都概括在本章里。这个表述是指"债券"，但是使用短期利率或者货币市场价格应该是更为适宜的，因为这是我们在大多数图形中所应用的时间序列数据。其原因在于，经济、股票和商品市场对于短期收益率尾部变化要比对长期收益率尾部变化要敏感得多。而超过 10 年期的收益率变化看上去对于住宅产业和优先股的影响力更大。

图 5-1 显示的是一个理想的经济周期，这里不同市场的转折点都与前面章节的经济增长曲线相重合。向上的箭头代表了底部，向下的箭头代表了顶部。自 1800 年以来，并不是每个经济周期的事件都按照这个顺序重复的，但按照其他顺序的周期却也是非常少见。鉴于每个经济周期的构成都不相同，领先和滞后的时间也是不同的，正如每个牛市和熊市的规模也都是不同的。举例来说，1966 年，债券市场和股票市场几乎在同一时间筑底，然而在 1920 年和 1981 年，它们之间有个将近 1 年的领先时间。正如前面所讨论的，信贷市场和商品市场上涨和反应的剧烈程度基本上都是取决于长期趋势运行的方向。举例来说，在第二次世界大战后到 1980 年前的这段时间，美国的金融市场经历了一个长期或者非常长期的通货膨胀趋势。在这段时期，与单个经济周期相关的收益率的通货膨胀牛市比熊市持续时间更长、规

模更大。1981 年后接下来的 24 年，情况恰恰相反，这段时期长期或者非常长期的趋势是通货紧缩。股票市场也经历了长期趋势，然而它们的时间通常与通货膨胀和通货紧缩的长期价格走势变动时间并不一致。

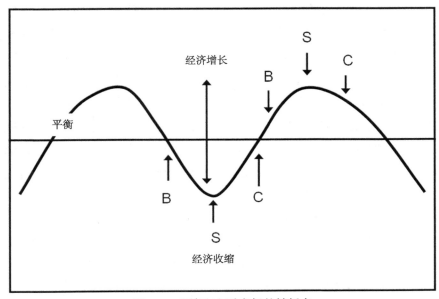

图 5-1　经济和金融市场的转折点

资料来源：Intermarket Review。

　　从最优化资产配置的观点来看，对于资产转换过程有了一定的理解，且能够对经济周期中的主要阶段有个确切的评价是非常有价值的。举例来说，如果我们能够确定经济已经进入收缩阶段好几个月了，那么这个时候买入债券通常是比较安全的。这肯定比经济快速扩张的时候买进债券要安全得多。我也可以使用其他两个市场作为交叉参考。举例来说，如果你认为债券市场现在正处在筑底的过程中，这就意味着下一个走出波谷的股票市场与商品市场应该还是处于熊市中。

　　为了更好地掌握这个概念，让我们再次看一下经济周期是如何演进的，但是这一次我们从债券、股票和商品这 3 个金融市场而不是从经济指标的角度来看经济周期。

📈 经济周期中金融市场的演进过程

利率顶峰和债券市场低谷

　　大多数人都认为，当经济步入衰退阶段时，利率就会筑顶，但是事实上利率筑顶的时间通常会比这个时间稍晚一些。利率就是信贷的价格。同任何其他商品的价格一样，利率也是由供求压力的相互关系决定的。

资金供给方的最大参与者就是美联储，美联储可以通过其对银行系统的影响来控制货币供给量。大家好像有一个错误的想法，就是美联储在做出正确的货币决策方面是无所不能的。不管怎么说，与我们相比，美联储能获得更好、更为及时且详细的统计数据。此外，它在获取内部信息的相关数据和其他事情上面也都比我们有优势。事实上，美联储是个由有可能犯错的人所组成的委员会，这个委员会通常由一个人占据支配地位，那就是美联储主席。如其他任何团体一样，任何人聚在一起组成团体的时候，他们肯定要遭受到来自同伴的压力和团体想法的影响。美联储同样不能免俗。这是个体根据其自身的意愿做出决定所遭受不到的缺点。美联储不断地切换自己工作的重心，在经济增长强劲的时候，要对付通货膨胀；在经济疲软时要对付失业问题。重要的问题是，经济事件变化得非常快，而美联储的反应总是有些滞后。出现这种状况的原因有许多。首先，在证据变得非常有力之前，要证明需要进行政策转向是非常困难的。不幸的是，数据发布有个时滞，而且在趋势变化得明显之前也需要多个数据的支撑。对于快速采取行动的一个主要的约束在于，美联储在决定进行政策转换时，必须要极度谨慎，以免给公众以犹豫不定的印象。如果中央银行公开其操作，在1月份由对付通货膨胀转向对付失业问题，然后又在2月份转过头来对付通货膨胀的话，这就会导致公众对金融市场丧失信心。如果站在一个负责任的立场，美联储就必须确认货币政策的转变是在统计数据出现可靠变化的基础之上的，并且已经是必须做出某些行动的时候了，这样的话就不可避免地导致时滞。在经济的这个阶段，事情变化得非常快，因为企业快速地消减成本以应对不断下降的销售收入。不幸的是，数据发布的速度与经济周期中的其他阶段一样，总是姗姗来迟。然而，一旦认识到失业问题而不是通货膨胀才是问题所在时，中央银行就会向经济系统中注入流动性。这听起来不错，但是其真实的意思是什么呢？在实际操作中，美联储从银行手中买进短期国库券。这个过程被称为**公开市场操作**。其结果就是，银行现金充裕，并急于将其贷给消费者。如果你或我收到100美元现金的话，我们所能做的就是将其借给我们的朋友、家庭成员或者商业伙伴。银行则完全不同，因为在保持足够的准备金的条件下，它们可以将这笔钱贷出多次。法定准备金率的变动是随着一个被我们称为**最低保证金要求**的美联储的条款而变动的。如果最低准备金率是10%，这意味着银行只要为每100美元的贷款留出10美元的准备金就可以了。存款准备金其实是为银行的储户提供了一种保护措施。这意味着，如果你是个储户，并想取出一些钱，银行根据法律就必须保持一定的存款准备金以应对你的需要。这个系统正常运转的假设是对于银行的信心，而且顾客不会同时取出他们的存款。美联储通过向银行系统注入现金，从而使银行能以一个新的、合适的利率向其客户提供贷款。美联储可以通过提高或者降低存款准备金率来实现这个目标，尽管这种方法本来就很少应用，并且现在也没有以前运用得那么频繁。

公开市场操作的一个副产品是美联储可以通过注入和减少银行系统中的储备金，增加或者降低联邦基金利率和贴现率，从而影响短期利率水平。联邦基金利率是银行间借款所支付的利率。举例来说，银行 A 有超额的准备金（即准备金余额超过了法定准备金的要求），它会将钱借给准备金不足的银行 B。美联储网站上关于贴现率的定义是，"商业银行和其他的储蓄机构向当地美联储的贴现窗口贷款时所支付的利率"。这个"利率"就是美联储给予存款准备金不足的银行的惩罚性利率。

通过改变银行系统中准备金的数量，美联储就能方便地控制短期信用工具的利率水平，比如 13 周的短期国库券。美联储希望这样做能间接地影响长期收益率，比如 10 年或者 20 年期债券的收益率。然而，归根结底，收益曲线中的长期利率是由市场力量决定的。

这意味着，如果市场参与者感到货币政策过于宽松，最终将导致更大的通货膨胀的话，他们将会持币观望，避免购买较长期限的债券，直到其收益率上涨到足以弥补风险的水平的时候，他们才会选择买入长期债券。人们把这些 20 世纪后期的传奇式的交易者称为"债券警卫"（bond vigilantes）。即使短期利率明显低于长期利率，但是如果长期债券的收益率在将来会急剧增加的话，这就使长期债券现在的资本升值发生亏损，相比而言，短期债券在几个月后就会拿到本金的承诺对于投资者来说就会更具吸引力。

关于美联储及其银行系统的关系让我们远离了自己的主旨，那就是美联储滞后地增加了信贷的供给，其效果就是降低了信贷的价格。但是信贷的需求方面怎么样呢？

在经济恢复阶段，对于信贷的需求增加，这会导致利率有向上增长的动力。具有讽刺意味的是，在经济衰退的早期阶段，对于信贷的需求仍持续增加。这是由于存货和销售额之间的动态变化造成的。随着经济活动水平在经济扩张的后续阶段达到一个过热的速度，销售额会增长，从而也要求公司持有更多的存货。在这个时期，存货部分是向银行融资购买的，还有一部分是靠增加的现金流购买的。当经济状况最终收缩时，销售额下降，这意味着现金流也出现了下降。在一个**理想的**世界里，企业会立即消减存货，但是在**真实的**世界里，销售收入的下降速度要快于存货的下降速度，这就会留下一些财政赤字。这意味着必须去银行寻求暂时的融资，直到存货被消减至一个可管理的水平为止。这个压力意味着公司必须不惜任何成本以获得贷款，这导致了公司在完全错误的时间里对信贷的强烈需求。这是利率在利率波峰时达到巅峰的主要原因，而与之相反，缓慢移动的杯托状图形典型地出现在波谷。满足这些临时性信贷需求的时间会有所不同，但是 6 周是个比较合理的数字。

　　就像你所看到的那样，美联储在信用供给一端的反应有些滞后，而企业的活动也有些滞后，但是这次是在信用需求的一端。幸运的是，这些压力持续的时间都不太长，但是当它们出现时，我们通常会看到股票、债券和商品市场的急剧下跌。这个"非自愿性存货累积"阶段如图 5-2 所示。

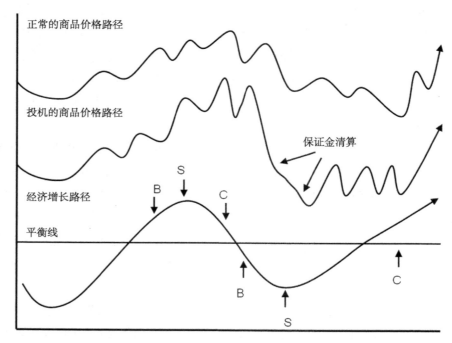

图 5-2　商品市场的转折点和经济周期

资料来源：Intermarket Review。

股票市场走出低谷

　　一旦利率达到顶峰，就为了下一次的经济复苏播下了种子。我们在第 3 章讨论了变动率的重要性，而且由于利率在它们周期的结尾阶段变动得特别快，而这种上升趋势的戛然而止又会对利率变动率产生有利的影响，从而也会对将来的经济前景产生影响。股票市场是不会坐等利好消息的，它会将利好消息提前进行贴现。这意味着股票市场参与者只要一看见隧道尽头发出的光亮，就开始增加持有的股票数量。当然，这个光亮就是短期利率的急剧下降所带来的。这可能有一点简单化了，因为对于每个购买者来说，他们的对立面必须要有相等数额股票在卖出。我们真正想说的是，当所有市场参与者都清楚地意识到经济将要复苏时，他们就会有足够的信心来抬高股票的价格，股票市场从而走出了低谷。股市走出波谷通常是件非常具有爆炸性意义的事件。出现这种情况的原因有好几个。首先，如果其之前是个长期的熊市，这肯定使许多数人都建立了大量的空头头寸。所有的空头都是做出担保的买家，因为空头头寸必须被平掉，而当经济状况好转时，这就提供了大量的购买量。其次，与非自愿性存货积累阶段相伴随的利率急剧增长，吸引了虚弱的股票持有者的注意，他们试图不惜任何代价出售股票以摆脱疲软的股市。这种情况对于那些以保证金方式买进股票的人也是一样。如果没有钢铁般的意志，他们必须要出售股票。其结果就是，股市真正筑底的时候，其消息是可怕的，这将会导致许多人清算他们手中的头寸。事实上，**这是一个周期性股票市场低谷的必然现象，其经济状况和金融消息都是非常可怕的。**因此，当空方决定平仓，其他人看到了经济复苏的前景，这个双重的需求出现了，而事实上却没有供给。为了抵制新股的发行，股票价格不得不相应地上涨。

前面我提到，不同的经济周期中债券和股票市场的滞后期不同。按照一般规则，就会显示这样一种情况，债券市场和股票市场的低谷之间的滞后期愈长，随之发生的股票市场的反弹或许就愈强。这可能是因为愈是长的滞后期，就意味着更为疲软的经济。早些时候我们提到，经济周期是个自我校正的机制。在这种情况下，长的滞后意味着市场上有更多的问题需要校正。不管怎么说，如果在利率高峰和股票市场的低谷之间的滞后期很短的话，这就意味着市场参与者已经开始预期到了经济很快会复苏。然而，如果滞后期较长的话，这意味着市场参与者看不见经济复苏的证据。滞后期愈长，经济就愈疲软；经济愈疲软，企业就需要消减更多的成本。其结果就是，当经济复苏终于到来时，公司成本被消减到如此低的程度以至于他们的盈亏平衡点极低。当销售最终出现增长时，对于账本底线的影响效果将是爆炸性的。因此，经济愈虚弱，自我校正过程也就愈漫长，股票市场的反弹也就愈强。

图 5-3 和图 5-4 显示的是同步指标与标准普尔综合指数 9 个月移动平均线的背离。当然，这代表了经济的增长路径。箭头标识了与股票市场主要的底部相一致时，趋势背离震荡指标的低点。比较图 5-3 和图 5-4 总的两项指标，就能清楚地

看出，股票市场的主要底部并不一定出现在经济处于疲软状态的时候。这两个图显示，这通常发生在经济出现最大收缩的时候，尽管并不总是如此。在1982年和2001年年底，就出现得有些早。同样地，震荡指标的虚弱并不一定保证股票市场就会筑底，就像1956年中期和1959年的经历所证明的一样。有趣的是，3个最疲软的阶段（1957年、1974年和1982年）随后都出现了股票市场强烈且大规模的反弹。

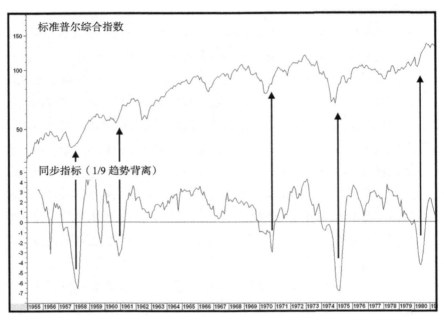

图5-3　标准普尔综合指数 vs. 同步指标趋势背离（1955～1981年）
资料来源：pring.com。

商品市场走出低谷

通常情况下，商品价格会继续下跌，直到经济复苏开始后的一段时间后才会停止。这意味着，当经济开始再次增长时，债券和股票价格上升，而商品价格依然低迷。图5-5显示了理想的商品价格周期的例子。有时候，商品市场的上一个牛市会出人意料得强，这是因为其存货累积已经超过了平均水平。这样的周期通常也会伴随着来自对冲基金和其他杠杆交易者的数目巨大的投机性资金的涌入。在这种情况下，正常的价格疲软变成了恐慌性的抛售，因为投机者被迫要达到追加保证金的要求，商品因此就以远低于其真实经济价值的价格出售。在这样的情况下，商品市场在经济衰退过程中将真正筑底。实质上，保证金清算导致价格达到了一个人为的低点。尽管如此，通常的情况仍然是商品价格是源自真正的使用者而不是投机者的需求时，才会经历一个可持续的反弹，而这种情况只有当经济走出经济衰退阶段时才会出现。这种情况下商品价格的周期如图中的中间图形所示，这里，我们看到了衰退阶段的最后一个低点。这后面跟随着一个交易价格区间，在此之后商品价格才踏上"真正的"牛市。

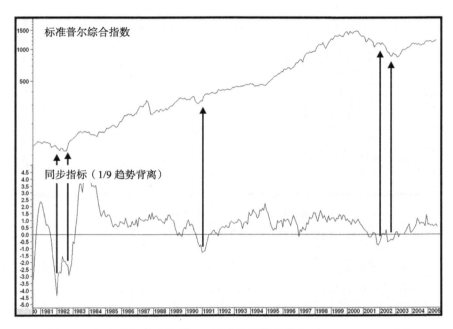

图 5-4　标准普尔综合指数 vs. 同步指标趋势背离（1980 ～ 2005 年）
资料来源：pring.com。

利率低谷和债券价格顶峰

现在我们到了 3 个市场都处于上升趋势的这样一个时点。然而，像所有美好的事物一样，这个趋势也必须有个尽头。随着一个更为强势的经济迹象开始出现，美联储不再有继续执行宽松货币政策的压力。在这个时点上，货币当局将它们的脚离开了加速器。货币政策不会立即转向紧缩，只是不那么宽松了。在这个时候，贷款增速开始加速，因为来自消费者和企业的贷款需求不断增加，消费者和企业这时更希望获得更多的贷款。由于信贷的供给不是那么随意得到的，并且信贷需求在增加，于是信贷的价格，也就是利率也会增加。利率的增加开始时是个渐进的过程，就像茶托的形状一样，那就是利率轻轻地下降，然后变成或多或少的扁平状，最后在与下降过程最后部分基本相同的利率水平上上升。

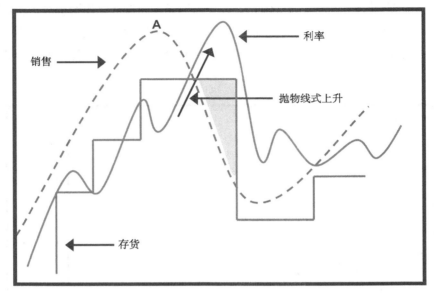

图 5-5　非自愿性存货积累阶段

资料来源：Intermarket Review。

利率缓慢上升的趋势是个健康的上升趋势，因为它反映了一个增长而不是扭曲的经济。上涨的利率最终引导了经济复苏过程，但是经济周期现在还没有到达这个阶段。的确，假如利润能以比利率上涨速度更快的速度增长的话，股票市场就能够继续其反弹过程。然而并不是所有的股票都参与其中，因为上升的利率通常会首先影响到那些利率敏感型的股票。债券等价物（比如优先股）必须和债券本身竞争，这意味着它们的收益率必须上升以满足这个增强了的竞争形势。当然，这会涉及标价的降低。这个过程不会马上发生，因为债券收益率的周期性底部通常会落后于短期利率的周期性底部。图 5-6 和图 5-7 比较了 3 个月商业票据的收益率和 20 年期政府债券的收益率。在通货膨胀的 20 世纪 70 年代，短期利率明确领先于长期利率。在 1972 年，这个领先时间几乎是一整年。对于通货紧缩时期的 20 世纪 80 年代和 90 年代的大多数熊市底部来说，这个领先特征也是明显的，但不是那么显著。然后，在 2004～2005 年的这个阶段，长期利率出现了一个明显的滞后。尽管两个时间序列数据的低点同时出现，然而短期利率继续经历了历史上最大的反弹，而债券收益率几乎没有波动。

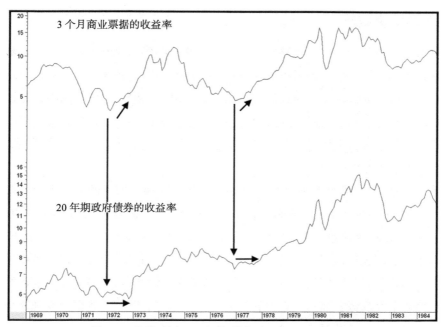

图 5-6　短期利率 vs. 长期利率（1969 ～ 1984 年）

资料来源：pring.com。

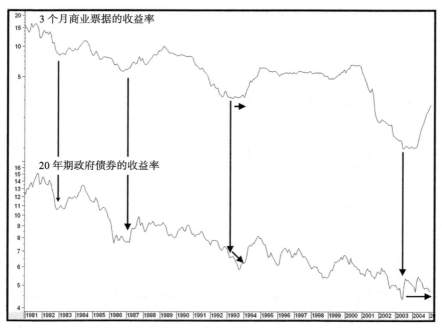

图 5-7　短期利率 vs. 长期利率（1981 ～ 2005 年）

资料来源：pring.com。

股票市场走出波峰

最后，股票市场的参与者感觉到，利率上涨的趋势已经发展到了这个地步，以至于将会造成经济放缓或者真正的经济衰退。就像他们不必等到经济复苏后才开始购买股票一样，他们也不必等到经济衰退开始才出售股票。像任何站在铁路轨道上的人知道火车正在开来一样，股票市场参与者也会做出合乎逻辑的事情，那就是马上离开。因此，股票市场有在经济增长速度到达最高点的同时到达顶峰的趋势，尽管这远远不是个完美的关系。

图 5-8 和图 5-9 再次比较了股票市场和经济的表现。向下的箭头表明股票市场顶峰和经济增长路径中最大值间存在着一定的关系。在 20 世纪 60 年代、70 年代和 80 年代初期这个关系几乎像时钟一样准确。然而，从 20 世纪 80 年代中期开始，经济不像其以前表现的那样波动了。因此，股票市场和经济活动之间的关系不像图中所示的那么简单。我们还记得，这是个反通货膨胀的阶段，债券收益率正经历了一个长期的下降趋势。当长期趋势转向通货膨胀趋势的时候，我们会发现这个关系又回到了像**时钟一样准确**的阶段。

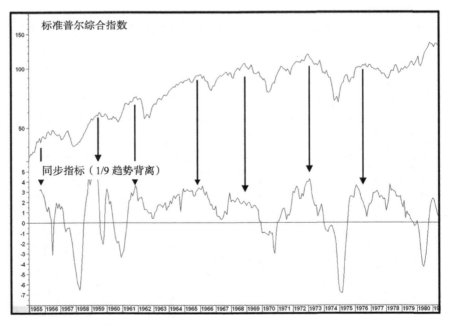

图 5-8　标准普尔综合指数 vs. 同步指标趋势背离（1955 ～ 1981 年）

资料来源：pring.com。

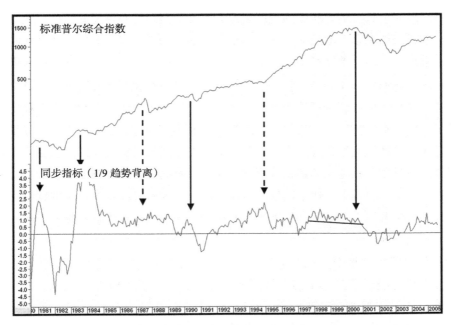

图 5-9   标准普尔综合指数 vs. 同步指标趋势背离（1980 ～ 2005 年）

资料来源：pring.com。

商品市场走出顶部

经济系统开始紧张起来，随着商品价格急剧上扬，美联储在货币政策方面远没有那么激进了，货币政策现在转向真正的紧缩型货币政策。这种再次更新的利率上涨推动打断了那些还处在扩张阶段的经济部门，包括商品市场。它们也从波峰中走出，所有这 3 个市场都处于下降阶段，我们等待着一个新经济周期的来临。

双周期

第 2 章里我们提到经济的增长路径有时是不会发生收缩的，而是在平衡点或者略高于平衡点处就走出了底部。这个现象被经济学家称为**增值型衰退**，因为这只是增长曲线意义上的"衰退"。我称之为**双周期**。顺便提一句，经济衰退的正式定义是连续两个季度的经济收缩。增长型衰退通常出现在经济复苏不是特别强烈，因而几乎没有造成什么扭曲的时候。这意味着，经济周期中的自我校正机制没有工作可做，于是经济增长路径的下跌是温和的。接下来，经济开始了第二轮上升波，这是经济复苏的第二阶段，这个阶段经历了经济扭曲。一般来说，没有经历反向校正的经济持续时间愈长，信心积累的程度就愈大。只要存在信心过度的情况，通常就会出现一些经济或者金融的扭曲。我们甚至可以说，乐观程度愈大，发生潜在问题的可能性就愈大。尽管整体经济增长没有下滑至零线以下，但是几个部门的潜增长肯定是负的。我们讨论了在 20 世纪 80 年代中美国的铁锈地带 / 通货膨胀地带出现经济衰退，而其他地区经济依然强劲增长的例子。这些没有经过自我校正的部门在两个较小周期内积累过度信心的过程会持续 5 ～ 8 年，远远大于被两个衰退分割开的典型的 4 年经济周期的长度。当然，信心本身没有任何问题。问题出现在当人们都过度自信的时候，也是他们容易做出草率决定的时候。房地产开发商建造了太多超出需求的房屋，银行家虽然不应该，但他们确实为这些开发商发放了贷款以支持他们建房。购买者买入大房子，是因为他们推断自己的佣金收入会持续处于线性上升趋势，如此等等。

在双周期的过程中，这 3 个市场（债券、股票和商品市场）之间也出现了切换。就像经济经历了两个小的经济周期一样，这些市场也经历了两个小的经济周期。图 5-10 就以概念化形态显示了双周期这个经济概念。图 5-11 显示了这些市场的波峰和波谷与同步指标的趋势背离度量指标的重叠，这个指标是将 3 个月的移动平均除以 14 个月的时间段得到的。在某种意义上，20 世纪 60 年代经历了一个三重周期，而不是一个双周期。这是因为，在 1962 年和 4 年后的 1966 年，出现了两次增长型下降趋势。出现在 1970 年的最后一些下降才是一次真正的经济衰退。总体来说，除了两处被忽略以外，经济事件按预期的时间顺序发展。第一处出现在 1962 ～ 1966 年的阶段，经济周期没有底部，因而短期债券收益率就没有顶部（如图中 B 点所示），它们会继续下跌。第二处就是 1967 年货币市场工具收益率的底部（也就是价格的顶峰），商品价格继续下降直到 1968 年，在这个时候它们会走出底部，重新开始正常的次序关系，就像同步震荡指标达到高峰时一样。这个表现是不寻常的，但确实证明了市场并不总是按照顺序发展的，我们应该对此有所准备。

📈 市场演进的近代史

图 5-12 至图 5-15 显示了 1955 ～ 2005 年这个转换过程的历史。3 个月商业票据的收益率已经被反转以与货币市场的价格和其他两个系列指标的波动保持一致。CRB 工业原材料现货价格指数是商品价格的代理。我们使用这个指标系列而不是使用得到更为广泛遵从的 CRB 综合指数，这是因为后者包括了大量的易受天气影响的商品。另一方面，CRB 工业原材料现货价格指数是由 18 种工业产品构成，

因此只受经济活动变化的影响，而不会受天气的影响。随书附赠的光盘中就有对
CRB 工业原材料现货价格指数的历史数据。这里，所有这 3 个系列数据的图形都
是以它们各自的 12 个月的移动平均绘制而来的。

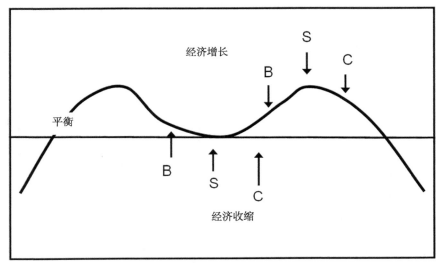

图 5-10　"双"周期

资料来源：pring.com。

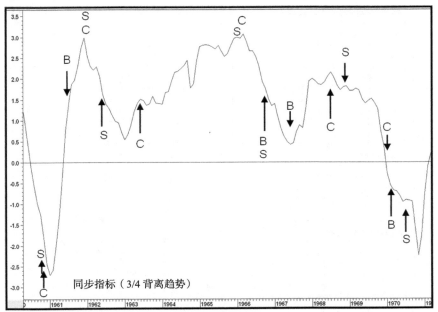

图 5-11　同步指标动量指标和金融市场转折点（1960 ～ 1971 年）

资料来源：pring.com。

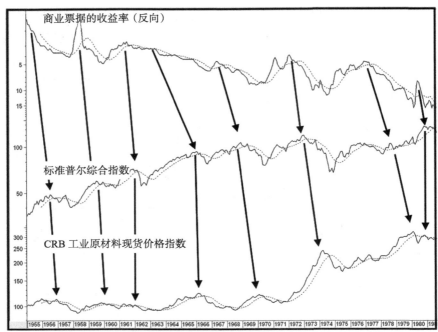

图 5-12　金融市场顶峰之间的领先和滞后（1955 ～ 1981 年）

资料来源：pring.com。

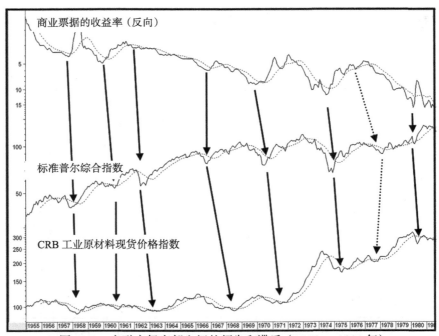

图 5-13　金融市场底部之间的领先和滞后（1955 ～ 1981 年）

资料来源：pring.com。

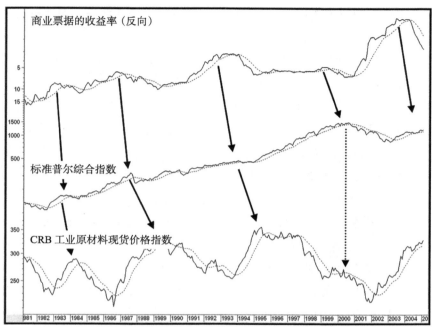

图 5-14　金融市场顶峰之间的领先和滞后（1981 ～ 2005 年）

资料来源：pring.com。

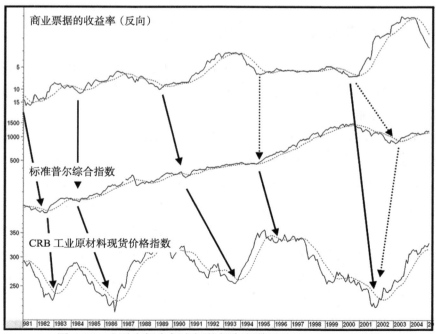

图 5-15　金融市场底部之间的领先和滞后（1981 ～ 2005 年）

资料来源：pring.com。

不同图形上的箭头连接了这3个市场周期性的波峰和波谷。如你所见到的那样，债券、股票和商品市场依照时间顺序的切换是非常一致的。不同箭头不同的斜率代表了经济周期之间不同的领先和滞后水平。虚线的箭头提醒我们，这个市场间的关系还远没有那么完美。偶尔地，例如在利率于1962年出现的"低点"和1963年出现的"高点"之间，我们不得不略加改动，因为货币市场的价格确实没有转折点，只是长期的熊市趋势有个停顿。1976年出现的利率的"低点"也是类似的。在这个周期中，商品价格指数在股票价格之前步入底部，没有按时间顺序依次发生。利率没能校正这个脱离时间次序的转换确实意味着整个经济状况是处于极度通货膨胀的状态。同样的道理，当商品价格在股票价格之前达到顶峰时——这是出现在1929年的一个非同寻常的状态，这意味着一个极度通货紧缩的经济环境。在这两种情况下，商品价格急于转向，以至于没有足够的时间去等待股票价格的调整。我们在2002年看到了类似的情况。然而，在这个情况下，股票（特别是那时占标准普尔指数30%权重的技术类股票）正在清理20世纪末期带来的过度的股票泡沫。由于货币市场价格确实经历了一个周期性的下降，所有可以说，这更多地是个股票市场的滞后反应，而不是商品市场过早地出现了低谷。

📈 历史上股票市场相对于经济的转折点

本章的最后3幅图比较了股票市场的转折点和经济周期中的波峰和波谷，这些经济周期中的波峰和波谷是由美国国家经济研究局所明确说明了的。这些图是由我的同事 Elio Zammuto 准备的。

图5-16显示了1900～1936年经济周期的波峰和波谷。它们被垂直的直线标注出来，实线代表波峰，虚线代表波谷。向上和向下的箭头指出了道琼斯指数周期性的转折点。这些图形中的数字是实际值的10%，这意味着10 000在图上的显示是100。通过比较这两个图形，能明显地看到，在每个经济周期，股票市场的转折点都领先于经济的转折点。唯一的脱离时间顺序的事件发生在1916～1918年的第一次世界大战期间，当时股票市场在经济正处于复苏的过程中经历了波峰和波谷。图5-17绘制了1934～1970年这个阶段的情况，可以看到在1939～1946年的战争期间再次出现了类似的情况。最后，图5-18显示了另一个脱离经济周期的情况，因为2002年股票市场在经济恢复**之后**出现了底部。不管怎么样，总的来说，在绝大多数经济周期中，股票市场和经济之间存在一个明确的关系。

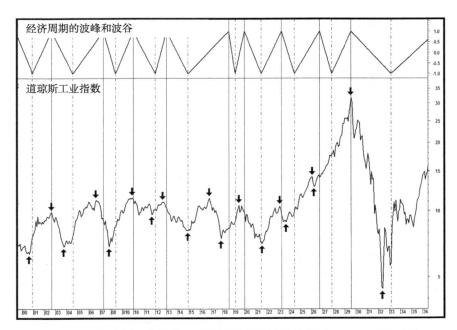

图 5-16　道琼斯工业指数和经济周期的波峰和波谷（1900 ～ 1936 年）

资料来源：Zammuto.com。

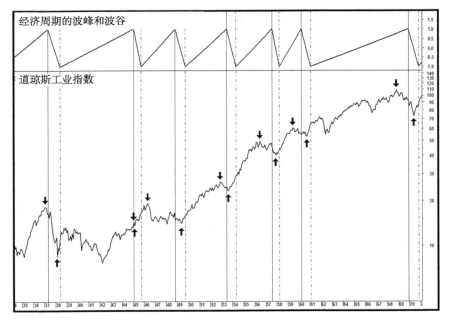

图 5-17　道琼斯工业指数和经济周期的波峰和波谷（1934 ～ 1970 年）

资料来源：Zammuto.com。

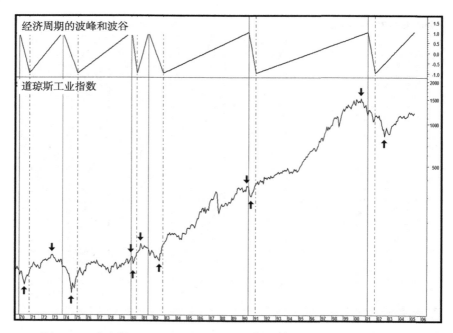

图 5-18   道琼斯工业指数和经济周期的波峰和波谷（1970 ～ 2005 年）

资料来源：Zammuto.com。

第 6 章
Chapter 6

初识马丁·普林格的经济周期的 6 个阶段

这里所描述的方法远远称不上完美，但它确实提供了一个框架或路线图，来帮助我们理解自己在经济周期中所处的位置，另外更为重要的是，它能帮我们了解接下来会发生什么事。事实上，我们能够应用债券、股票和商品市场上依次发生事件的相关知识绘制出一个真实的金融地图。我们知道，存在 3 个市场，每个市场都有两个转折点，一个顶部，一个底部。这意味着，一个典型的周期有 6 个转折点，我称之为 **6 个阶段**。日历年度有 4 个季度，每个季度都有自身的特征。同样，经济周期的 6 个阶段也有属于自己的特征。以下面的方式考虑一下，一个冰激凌生产商在夏天会赚钱，因为夏天天气热，冰激凌能让消费者从炎热的天气中得到某种缓解。一个滑雪胜地的生意是在冬季，那时积雪松软且深。如果冰激凌生产商在新英格兰州的冬天出售它们的商品，却在繁忙的夏季度假的话，那它们肯定会亏损。如果滑雪场运营商在夏天开张、冬天关门的话，它们也会陷入困境。必须承认这些都是极端的例子，但这确实说明了我们的金融季节或阶段有一些特征，在不同的时期适合于不同的资产配置组合。

在本章中，我们将描述这些不同的阶段，还有这些阶段对于投资所具有的宽泛含义。在接下来的章节里，讨论将会转向更为实际的主题，即这些阶段如何被识别，其中主要介绍了有助于我们识别这些阶段的指标的描述，它们基本上被分为两大类：首先是基于经济和货币模型的方法；其次是基于这 3 个市场自身趋势的方法。趋势通常是以 12 个月的移动平均来度量的，这个概念我们将在第 8 章介绍。

📈 6 个阶段

这 6 个阶段如图 6-1 所示。经济周期以债券市场筑底模式开始，并一直发展下去，直到商品市场筑顶。这是一种理想状态，它与现实世界中所发生的不尽相同。首先，图中显示，每个阶段的持续时间是相等的，但是图 8-11 中出现的斜箭头告诉我们情况并不都是这样的。偶尔地，两个市场会同时出现反转。这发生在 1966 年 10 月，当时债券市场和股票市场同时筑底。在这种情况下，经济周期由阶段 Ⅵ（此时 3 个市场都在下跌）直接转向了阶段 Ⅱ（在该阶段，债券市场和股票市场是牛市，只有商品市场是熊市）。阶段 Ⅰ（债券市场是牛市，其他两个市场是熊市）被越过去了。另一方面，在 1984 年股市低谷和 1986 年的商品市场筑底之间存在一个两年半的滞后期。

阶段分析能够让我们更好地确定某种环境对特定资产来说是牛市还是熊市。然而，它不能告诉我们其收益的大小。举个例子，如第 7 章中所详细讨论的那样，我们使用 3 个模型或指示器来判定阶段的经济环境。在这种分类下，债券在 1974 年 10 月出现的为期两个月的阶段 I 内获得了 8.15% 的资本收益率；而在 1962 年 4 月开始的为期 8 个月的阶段 I 内仅仅获得了 3% 的收益率。对于阶段 I 来说，债券的收益率是从 1955 年开始波动（在 1957 年实际损失稍稍超过 2%），2000 年收益接近 17%。阶段 I 通常是非常短的，但是在某些情况下，一两个月内的年收益率能够接近 50%。

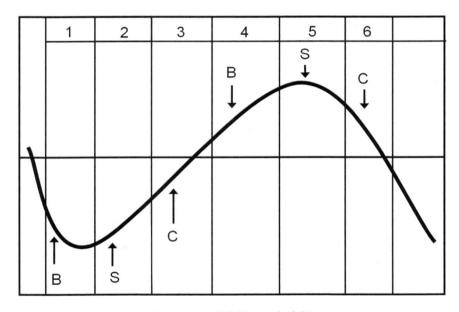

图 6-1　金融市场和 6 个阶段

资料来源：Intermarket Review。

在前一章中，我们看见市场本身脱离时间顺序并不是没有先例的。在 1937 年，商品市场先于股票市场出现筑底，其结果是形成了一个不同寻常的牛市行情，因为它代表了几十年商品价格上升阶段的最初几年。这是不正常的，但是这仍然提醒我们，这里描述的次序方法绝不是自动发生的。如果在每个经济周期，它们都像钟表一样准确的话，每个人都会使用这个方法，那么它的作用很快就会大打折扣。因此，我建议你使用这些概念作为分析和投资策略的基础，但是不要失去独立思考的能力。本章的其余部分主要是描述每个阶段预期投资环境的种类。在这之后，我们将看看识别经济周期阶段的一些方式。

📈 综述

图 6-2 显示了 3 个市场的正弦曲线。因为每个市场都随着经济周期的不同节奏运行，有时候它们朝不同的方向运行，有时又朝着相同的方向运行。图 6-3 突出显示了经济周期中的两个阶段，在这两个阶段内 3 个市场同时上升，或者同时下降。就阶段而言，这分别是阶段Ⅲ和阶段Ⅵ。图 6-4 也显示出什么时候不同的资产应该得到重视。图中底部的长方形所代表的就是不同的资产类型。

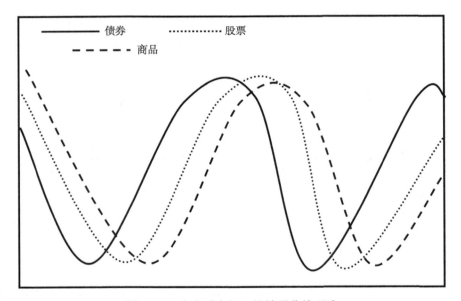

图 6-2   3 个金融市场上的钟形曲线理论

资料来源：Intermarket Review。

图 6-5 以一个非常简单的方式显示了经济周期，这里经济周期被分成了两个阶段，即通货紧缩阶段和通货膨胀阶段。这是资产配置的一种粗略的指导，但是随着分析的深入，我们会发现，现实世界很明显地会有所不同。

📈 6 个单独阶段的概述

这一部分概述了 6 个经济周期阶段中的 4 种资产类别的投资环境，这 4 种资产是现金、债券、股票和通货膨胀对冲资产。

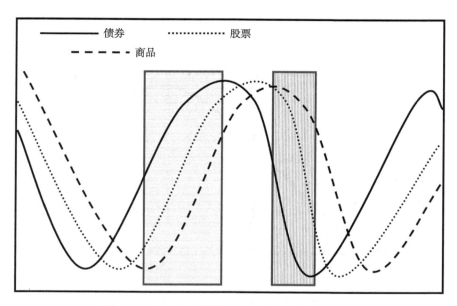

图 6-3　在特定经济周期阶段金融市场间的重叠

资料来源：Intermarket Review。

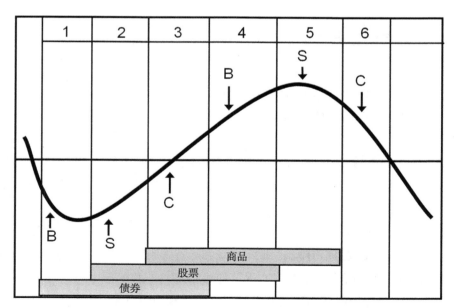

图 6-4　金融市场和显示资产配置重点的 6 个阶段

资料来源：Intermarket Review。

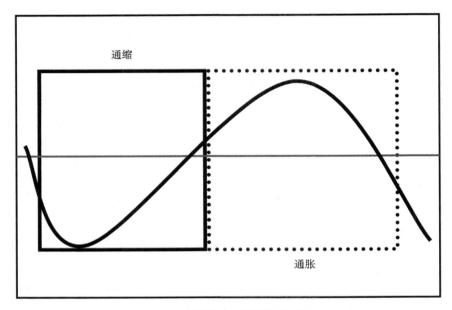

图 6-5　周期中的通胀和通缩部分

资料来源：Intermarket Review。

阶段 I（只有债券市场是牛市）

1. 现金

当我们提到现金时，我们实际上是在讨论高质量的流动性资产，比如 3 个月的商业票据、3 个月的国库券，当然还有货币市场基金。基本上，我们可以把现金看作期限不超过 1 年的高质量的债务工具。任何期限超过 1 年的金融工具都会面临利率变动所带来的市场风险。那种不支付大量罚金、到期日之前不能赎回的银行定期存单（Bank CDs）是不合适的，因为我们需要一定程度的弹性以在状况发生改变时重新配置投资组合。

在阶段 I 里，持有大量的现金是很有意义的，因为我们所说的两种资产类别，即股票和商品，都处在熊市阶段。股票市场和通货膨胀对冲资产与现金都是负相关的，因此现金有平抑价格或者使资本保值的功能。

同样地，相对于经济周期的其他阶段来说，现金通常会在该阶段拥有较高的收益率，因为短期利率刚刚走出其周期性顶峰。收益的数量在不同的周期会发生变化，并且它取决于长期趋势的运行方向和成熟程度。举个例子，1981 年 10 月，阶段 I 开始时，长期通货膨胀趋势筑顶，当时现金的大概收益率是 14.7%。而 2001

年 6 月阶段 I 开始的第 1 个月，现金收益率为 6.6%，那时 1981 年之后的长期通货紧缩趋势已经持续了 20 年。

2. 债券

在整个经济周期中，债券在阶段 I 所能获得的收益率最高。它在价格经历熊市之后开始上涨。从资产配置的观点来看，这是经济周期中采取积极态度的最佳时点。如果你回过头看看图 6-1，你会发现经济周期的这个阶段出现在经济衰退的下降阶段。这个时候，所有的条件都对债券持有者有利。首先，信贷需求放宽了，因为企业正在做好准备以应付恶劣环境，尽可能快地降低它们的收支平衡点。其次，美联储现在正致力于对抗失业率，于是它会尽可能快地向银行系统注入货币。这个需求量的下降和信贷供给的扩大降低了它的价格（利率），这意味着高质量的债券只有一条路可走，那就是上涨。因此阶段 I 也是可以将债券期限拉长的阶段，因为那在风险最低的时候更能增加上涨的杠杆效应。真正的债券期限将取决于个体投资者的风险承受程度，这将在第 16 章中讨论。然而，一般来说，阶段 I 是（战术性）债券配置应处于特定个体风险承受程度的较高一端的阶段，而这个风险承受程度取决于年龄、财务状况、人生所处阶段以及个性等因素。

特定的投资决策还取决于阶段 I 被确定的时点。因为借助后见之明，我们总是能够确定债券熊市价格的最后低点。然而在现实世界中，通常需要经过一段时间后，低点才会很明显。假设你采用 12 个月移动平均线的正向交叉来判断趋势的反转。在这种情况下，价格回涨且穿过移动平均线需要一段时间。到那个时候，价格可能已经上涨了 25% ～ 30%。这意味着牛市已经开始显示了一小部分的潜力，因此你的收益 / 风险比率将不会比你能识别到快开始的阶段 I 的时候那么具有吸引力。在这种情况下，我建议你购买的债券数量应该比经济周期这个阶段中正常情况下所应购买的债券数量少一些。或者，你可以购买同样多的债券但缩短它们的期限，从而降低市场风险。

由于由不同指标所示信号的质量和数量不同，某些阶段的转换比其他阶段转换更容易识别。如果你能发现许多信号都指向同一个方向，这将会增加你正确识别出转折点的概率。这也会增加一个高于平均水平的阶段 I 的债券变动开始的可能性。另一方面，如果指标是不确定的或者自相矛盾，那么你的资产配置也应该是不确定的。这样的不确定性要求更为温和、更为保守的态度。如果判断错误，你可能不会损失那么多钱。这只是个错误信号，而市场上有大量这样的信号。

我经常觉得，尝试判别信号的质量是很好的方法，就像为那些好的饭店评星级一样。如果你得到你认为是五星级的信号，而且价格没有过分增长的话，那么你一定会承担更多的风险。但是，如果这是一个一星级或二星级的信号，那么你就应该更加谨慎。一个五星级信号会包括几个全都对债券有利的指标，但这会发生在价格运行至熊市低点的某些时候。一星级信号可能只有一个或两个处于牛市的指标，一个或更多其他的指标还有可能相互矛盾。随着本书内容的展开，大家应该能很好地理解我所提及的指标类型。

前面我们提到阶段 I 是购买高质量债券的好时机。我要强调"高质量"这个词，因为阶段 I 是购买低质量债券的危险时期。记住，这是经济周期中经济活动开始急速下跌的时候。因而，这是出现信用缺失的最大危险的时期，就像阶段 6 或者偶尔是阶段 II 的早期也会出现这种情况。即使你持有债券的发行公司拥有清偿能力，如果同行业具有相同质量评级的另一个公司的债券违约，也会对你所持有的债券有溢出效应。要相信市场将很快以唯一的一种方式来消化增长的风险，这种方式就是降低债券的价格。

3. 股票

通常对于大多数股票来说，阶段 I 是个糟糕的时期。但是有些部门却能够逆势而为。公用事业、金融业、一些日常消费品行业还有交通运输业的股票偶尔在阶段 I 也确实能盈利。当然，这只是一般的情况，这意味着这些部门在一些周期里遭受损失，又在另外的周期里获得收益。一个阶段 I 的信号不一定会给你买进这些部门股票的保证，因为每个周期必须根据其自身的优势做出判断。图 6-6 显示了标准普尔公用事业指数（S&P Utility Index）。用黑色突出显示的区域就是阶段 I。在这个例子中，我们用市场相对于其 12 个月移动平均线来定义阶段 I。因此，当货币市场价格高于其 12 个月移动平均线（收益率低于其 12 个月移动平均线）时，阶段 I 开始发展。标准普尔 500 指数和 CRB 工业原材料现货价格指数比它们 12 个月移动平均线要低。有许多更清晰的彩图，大家请参考本书附带光盘。大家可以看到阶段 I 通常伴随着指数主要的低点。2000 年年末的经历很清楚地提醒我们，事情并不总是按照计划发展，因为指数在这个阶段里会急剧下跌。

图 6-6 表现了公用事业指数相对于标准普尔综合指数的表现。垂直线左边的箭头显示，公用事业指数的相对表现通常在阶段 I 的信号出现之前就慢慢改进了。

4. 通货膨胀对冲资产

因为在阶段 I，经济处于疲软状态，商品价格和其他的通货膨胀对冲资产通常会下跌。这通常出现在熊市的早期，因为它们仍然需要度过阶段 II。因此，在这个

阶段应该避免买进通货膨胀对冲资产。大多数情况下，原材料部门的股票在阶段 I
也常亏损。

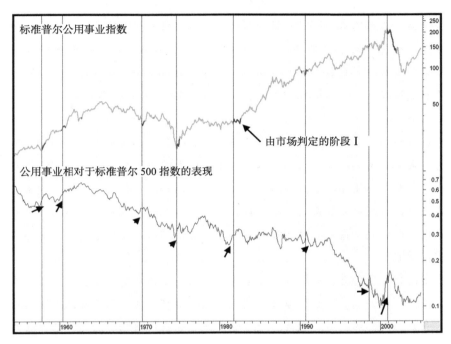

图 6-6　标准普尔公用事业指数及其相对表现（1954 ～ 2005 年）

资料来源：pring.com。

阶段 II（只有商品市场是熊市）

1. 现金

现金在阶段 II 没有那么重要，因为股市已经筑底了，并且这个阶段是股票市
场经历最广泛、最快速增长的阶段。收益高，而风险最低，所以在这个阶段，投资
组合的很大一部分资产都应该配置为股票。股票配置的程度还是会取决于个人的情
况。但是不管情况怎么样，这时候应该是你个人股票配置最多的时候。记住，现在
持有低收益率现金的机会成本非常高。

2. 债券

经验显示拥有债券的收益依然具有吸引力，尽管收益率没有阶段 I 那么高。这
意味着大多数投资组合应该还包括一些长期的债券工具。记住，还有另外一个债券

市场的牛市将要到来。然而，因为这个时候相对来说，股票的收益率高于债券的收益率，将债券转换为股票当然就会有盈利。同样地，因为股票市场预示着经济复苏，持有高收益率债券的违约风险就会下降。因此，将一小部分资产配置为一个高度分散的高收益率债券共同基金是很有意义的。来自这个转换的收益将会是原先收益的 3 倍。首先，转换会带来一个较高的收益率。其次，由于债券市场普遍的牛市，债券会有较高的价格。最后，随着投资者信心的增加，"垃圾"债券的增值就会比政府债券或 AAA 级的公司债券大，因为它们之间的收益率差将会缩小。

3. 股票

现在投资组合的股票份额应该是非常大的，因为现金等价物的赎回和一些债券的出售带来了货币的流动。出售债券的数量将再次取决于个人情况。那些需要可观收入的人明显将会比那些不需要的人持有更多的债券。尽管如此，从公用事业部门和一些支付较多股息的蓝筹股中获得收益通常是可能的。持有这些高收益率股票的优点是，它们提供了更大的潜在收益，不仅是资本增值，而且会通过可能的股息增长使收入增加。

投资组合中所包含的股票比例还取决于当时的市场环境。阶段 II 信号的质量怎么样？在信号被识别的时候，股票已经从其低点急剧上涨了吗？如此等等。贴现率第一次或第二次下降之后，通常会出现非常强劲的股票市场。然而，如果股票市场已经从其低点上涨了 25% 以上，那么市场就已经消化了一些非常利好的消息。因此，等待价格的回落是很有意义的。这通常是非常困难的，因为上升的股票市场会吸引看涨情绪，并给投资者更大的信心。然而，这通常只有投资者自我克制才能获得收益。然而，这些投入股市的人将准备经历必然的调整，等待这些股票在阶段 III 和阶段 IV 获得收益。

有时候，在阶段 II 的后期阶段，领先的行业组织会发生改变。一些早期的领先行业组织，比如公用事业和日常消费品行业（家庭用品类、烟草、饮料行业、食物产品等），开始没有标准普尔综合指数表现得那么好。它们的绝对价格继续上涨，但是这种上涨被周期性消费品，或者说是非耐用消费品的增长所超过。这些物品也包括昂贵的消费品，比如汽车和耐用消费品。

4. 通货膨胀对冲资产

尽管经济在这个阶段已经损失了其下降的动量，但是它仍然会下降，直到阶段 II 结束。这意味着商品价格会继续下跌。通货膨胀对冲资产（比如资源型股票）通常会跟随主要的股票筑底，但除了良好的反弹，它通常表现得会比较差，直到周期的后半部分。实际上，它们通常会从熊市低点反弹，然后在一个持续的牛市开启之前会在底部经历一个认真的测试。像我们后面将要学到的，黄金的价格变化领先于主要大宗商品。不幸的是，领先的时间会随着周期的变化而不同，有时候基本一致，有时候会领先 1 年或者更长的时间。这意味着，黄金股价偶尔会在接近市场本身的底部筑底，从绝对和相对意义上来说，它通常开始于牛市。举例来说，它们在 1982 年 6 月在底部筑底，这比大多数股票都提前了几个月，大多数股票都是在 8 月份才开始下跌。因此黄金就是纸牌中的万能牌，通常会独立运行而不依赖任何理性的理论。我们可以说的就是，当股票对黄金的比率在下降的时候，这通常说明股票要下跌。从周期和长期趋势两个方面来看，这通常都是真的。

阶段 III（每个市场都是牛市）

1. 现金

随着所有其他的资产类别都看涨，在阶段 III，收益率在经济周期中相对较低。这个阶段是应该持有现金储备最低的时候，因为在别的地方存在着很多更好的、低风险的投资机会。

2. 债券

当阶段 III 结束的时候，债券价格会下跌。因此随着经济周期中这个阶段的展开，逐渐降低债务市场的风险是合适的。这可以通过削减债券头寸或者从最终增长的收益率中降低风险来实现。通过降低债券投资组合的平均到期时间也可以达到降低风险的目的。因此，债券价格在阶段 III 开始的时候会继续上涨，但是随着这个阶段的发展，持有债券的机会成本会增加，因为债券最终的收益率是负的，而股票和通货膨胀对冲资产的收益率是正的。在阶段 IV 开始时，期限超过 5 年的零息债券或者期限超过 7 年的附息债券应该被清算掉。

大的冲突来自收益率曲线本身。图 6-7 显示的是一个正常的收益率曲线的例子。收益率曲线的正常形状是，短期债券的利率较低，长期债券的利率较高。更长期债券的更高收益率抵消了更长期限所带来的更大的市场风险。随着阶段 III 的结束，投资者需要保护他们的投资组合，以免受到即将到来的债券熊市的影响，但是为了做到这一点，他们将要放弃一些利益，比如当期收益，因为这时现金在经济周期中的收益较少。一个折中的办法就是缩短债券的期限，这不是指缩短至货币市场期限（1 年或 1 年以内），而是缩短至 3～5 年。这样做的话，会引起一些资本减值，但是当期收益的亏损不会像把 20 年期限的债券转换成 3 个月期限的债券所导致的损失那么大。损失数量取决于它们收益率之间的差异，同样也取决于对于即将到来的通货膨胀压力的严重程度的评估。如果你确信，你正面临一个长期的通货紧缩趋势，并且这一趋势还将进一步发展下去，那么这就是个良好的策略。然而，如果看起来这个长期的通货膨胀趋势刚刚开始，那么持有中期债券的风险就会非常高。在图 6-7 中，大家可以看到，收益率快速上涨到接近第 7 年的转折点。在那之后，将不能获得多少收益，却要承担更多的风险。你持有 6 ～ 7 年期限的债券和你持有 20 年期限的债券所获得的当期收益率大概是相同的，但是持有 6 ～ 7 年期限的债券的资本风险将会小得多。当然，如果你愿意放弃更多的收入，最安全的债券期限是小于 1 年。在 smartmoney.com 网站上，你能使用 Java 程序绘出收益率曲线，这将会为过去不同的经济阶段绘制出各种各样不同的收益率曲线。这个网址还讲述了收益率曲线的一些概念，比如正常的、反转的、陡峭的和平坦的收益率曲线。

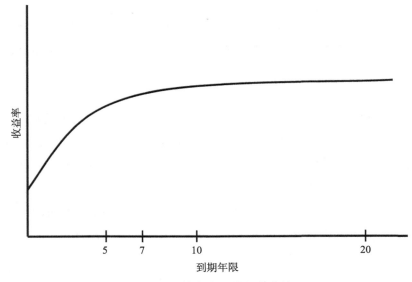

图 6-7　一个假定的收益率曲线

资料来源：Intermarket Review。

债券投资组合能被转换的最后一种方式就是延伸上一阶段的过程，也就是增加对于高收益共同基金的配置。这样的转变将会提供更高的收益率。还有，因为经济处于恢复的最初阶段，债券违约的风险仍然非常低。此外，我们在许多经济周期里看到低质量债券的价格在那些更高等级的债券之后达到顶峰，因为投资者充满信心，并且渴求收益。

3. 股票

因为商品价格现在已经开始了它们的牛市，与商品相关的股票的相对表现也会有所改进。我们也许会发现，这会以牺牲周期初期的领先者（比如利率敏感行业的相对不好的表现）为代价。尽管在绝对价格意义上，所有的公司股票都表现得很好。话虽如此，但是明白牛市并不是个直线上涨的过程非常重要。它也会经历中间的校正过程，这些校正过程是解决主要经济趋势有效性的疑问的过程。同样地，在这个阶段应该表现得好的那些特定的行业可能表现得不好，这是因为它们自身行业内存在的结构性问题。

利率敏感型的早期领先行业事实上的下降可能发生于阶段Ⅲ的末期，但是更可能发生于利率在阶段Ⅳ开始它们的牛市的时候，而利率的熊市通常会延迟至阶段Ⅴ。

阶段Ⅲ还是可以承担更多风险的时期，这意味着拥有低贝塔值（beta）的股票应该被添加至投资组合中。这并不是说，让你放弃质量控制、不计后果地承担更大的风险。然而，阶段Ⅲ是股票广泛上涨的阶段。只要技术股是合理的，此时就是明智地增加一些波动性股票的合适时机，因为在这个环境下追逐更多的收益而不必担心价格下降的风险是可能的。

4. 通货膨胀对冲资产

既然商品市场已经筑底，此时应该更多地关注那些通货膨胀敏感的股票，比如采矿、石油和基础行业。现在购买商品相关的无佣金共同基金，当然还有商品相关行业的交易所交易基金，是可以的。稍后我们将会更多地讨论这些特定的投资工具。然而，在这个阶段，为了参与刚刚开始的商品市场牛市，增加投资组合中通货膨胀对冲资产的比重是明智的行为。

阶段Ⅳ（债券开始熊市而股票和商品保持牛市）

1. 现金

利率顶峰表现在图形上通常是个尖头状，因为其出现在我们之前讨论的非自愿性存货累积阶段。然而，随着利率的逐渐上涨，它们往往会在底部走出一个类似于杯托的形状。就像 1958 年利率的情况所证明的那样，并不是每个底部都是这样的，但是利率的逐渐上涨更多的是经济放缓而不是经济蓄意的增长。在利率上涨，股票和通货膨胀对冲资产有如此强劲表现的时期，现金的配置应该保持在最低水平。

2. 债券

如果你还没有开始降低债券的风险程度，那么现在是你在严重的资产价格损失有可能出现之前降低债券风险的最后一个机会了。持有高收益率债券共同基金是更长时间地保护你当前收入的一种方法，因为这些债券往往会在更高质量的投资工具之后达到价格顶峰。同样地，一般来说，信用违约的风险仍然较低，因此低质量和高质量债券之间的收益率差会缩小很长一段时间，直到阶段Ⅴ。

3. 股票

现在是逐步加快从早期的周期领先行业（比如公用事业、金融业、通信业和交通运输业）转向收益驱动型行业的时候了。这些行业包括资源型行业和基础行业。在这个阶段，周期中间的领导行业（比如技术、卫生保健、任意消费品（耐用品）和工业的相对表现）表现强劲，因此投资组合中也应该包括这些行业股票的合理配置。如果不是在阶段Ⅳ开始之前的某段时间，那么就是在该阶段期间，阶段Ⅰ中保护我们资产的周期领导行业开始了一个新的表现不佳的过程，尽管这不是绝对价格意义上的下降。请记住这些评论都是概括性的，并不一定适用于每个经济周期中的每个行业。有时候，通常被认为是早期市场领导行业的金融业，直到阶段Ⅴ才开始其行业的熊市。这大部分取决于投资者对即将出现的基本面消息的态度。通常情况下，投资者对于这些消息的反应是以一种预期到的方式，但是偶尔地，这也会发生某种滞后效应。然而，如果你始终坚持这里所描述的大致趋势，是非常有可能获得好的长期投资表现的。

4. 通货膨胀对冲资金

商品和与商品相关的股票在阶段Ⅳ仍然保持牛市。因此，它们在投资组合中应该继续占有相当大的比重。同样地，组合中的比重将取决于投资者个人的战略性资产配置策略。因为股票是非常不稳定的资产类别，所以注重资产保值和产生收入的保守投资者被建议持有相当小的股票配置（比如小型通货膨胀对冲资产），而不是采用一种很快赚取大量金钱的方式。

阶段Ⅴ（只有商品市场是牛市）

1. 现金

既然股票市场的风险已经增长，货币市场的收益率已经增长了，在投资组合中配置更多的现金是较为合适的。

2. 债券

现在金融市场上的通货膨胀压力变得更加明显，于是持有债券的风险非常高。在长期趋势倾向于通货膨胀的时候，更是如此。在做市场预测的时候，我们从来不用"保证"这个词，但是在长期通货膨胀的阶段Ⅴ的环境中，持有债券就会遭受损失。有时候在阶段Ⅴ或阶段Ⅵ，高收益率的债券市场上就会产生违约和更高利率的双重风险，因此，这个阶段你最好先抛售这些金融工具（高收益率债券），而不是等待它们抛弃你。如果它们转换成现金的话，收益率毫无疑问会遭受损失，但是作为补偿，此时你的投资安全性会增加，而且你会拥有更长的睡眠时间。

3. 股票

现在大多数的股票头寸应该被配置为经济周期后期的领导行业，比如资源型和基础行业的股票。事实上，历史记录显示，在阶段Ⅴ表现最出色的经济部门是原材料行业。偶尔，比如20世纪90年代末期，技术行业会比其他滞后的行业表现得更为抢眼。但是总体来说，这个阶段越来越少的股票在上涨。不要被市场在平均程度上创新高所迷惑，因为在这种表象下，随着阶段Ⅴ的展开，大多数股票都在下跌。

经统计分析，在阶段Ⅴ，股票市场更可能上涨而不是下跌。这时候发生的事情是，领先行业的股票在下跌，而滞后行业的股票在上涨。如果后者的上涨抵消了前者的下降，那么市场平均水平就会上涨；反之亦然。因此，在20世纪90年代末期，技术行业确实在扩张。标准普尔500指数中的技术行业权重显著增加。其结果就是，标准普尔500指数也随之增长。然而，在1998年市场普遍出现了高峰，这使得在1999年和2000年年初盈利变得比股票价格平均指数和技术媒体的炒作困难得多。

4. 通货膨胀对冲资产

对于商品和通货膨胀对冲资产来说，阶段Ⅴ依然是个牛市，但这只是最后的疯狂。倒计时的时钟已经开始计时了，这意味着资产应该被逐渐地转换成现金。对于商品市场牛市的高点来说，更是如此。在商品市场牛市的高点时，商品和与商品相关的股票通常会耗尽上升的动量从而达到引人注目的顶峰，显示在图形中就是在经历抛物线型的逐渐上升之后，最终出现了价格顶峰。这些顶峰难以判断，只有事后才能分析。因此，循序渐进地清算通货膨胀对冲资产是有意义的。

阶段Ⅵ（没有一个市场是牛市）

1. 现金

在这个阶段，确实可以说"现金为王"。在阶段Ⅵ，投资组合中现金所占的比例怎么高都不为过。持有流动性现金资产的一个更大的优势是因为阶段Ⅵ是危险期。如果一些事情要出现问题的话，那阶段Ⅵ就是极有可能出现问题的时候。阶段

Ⅰ 是另一个可能出现危险的时期。这也意味着，此时机会会出现，而机会通常出现在你几乎无法预期的时候。不幸的是，一些市场的下跌速度通常是令人发狂的，这意味着，机会往往会出现在事情看起来最糟糕和你不太愿意去利用它们的时候。

2. 债券

债券此时开始提供更高的收益率，这通常发生在商品市场开始下跌而利率达到顶峰之后不久。因此在阶段 Ⅵ 的某些时候，非常缓慢地返回债券市场是可能的。你有两个有利条件。首先，利率越高，经济将会越疲软，那么在下一个牛市中，高质量债券的价格将会反弹得更高。其次，在阶段 Ⅵ 中的当期收益率在整个经济周期中是最高的一个，这意味着只要你等待最后的价格低点，你也会获得一笔很可观的盈利。

幸运的是，阶段 Ⅵ（作为 3 个市场的其中一个清算时期）明显只持续一个非常短的时期，只有 2 ~ 3 个月或者稍长一点时间。尽管如此，大量的金融灾难都发生在这个极短的时间范围内，因此在这个阶段你必须特别小心谨慎。我们还要说明的一点是，当长期的或者更长期的通货膨胀趋势在上升的时候，阶段 Ⅵ 就可能处于其最严重的时候。处在 1981 ~ 2005 年的阶段 Ⅵ 的环境远没有它们在 20 世纪 60 年代和 70 年代那么具有破坏性。

3. 股票

在阶段 Ⅵ，从总体的收益率来说，债券通常要比股票表现得更好，因此没有多少理由去拥有任何股票。此时应该考虑的是慢慢减少那些在阶段 Ⅰ 的前期领导行业的份额，但是这通常在利率达到顶峰之后再做会更好。现在通货膨胀对冲股票通常是处于直线下跌的状态，因此应明确地避免持有这类股票。再者，这些建议在长期的通货膨胀趋势中比在长期的通货紧缩趋势中更有用。

4. 通货膨胀对冲资产

通货膨胀对冲资产试图快速调整以适应这个新的和看跌的阶段 Ⅵ 的环境。由于与商品市场相关的杠杆作用，清算过程通常会非常快，但是没有理由再重新配置通货膨胀对冲资产，因为商品市场的牛市的 3 个阶段在将来还会存在。

小结

（1）阶段之间的转换通常在它们已经发生之后才能被意识到。这是进行逐渐的、审慎的资产转换，而不是快速的、大量的资产转换的主要理由。

（2）只有在经济环境产生明显的变化，市场还没有过多地将这种变化考虑到价格中去的时候，才能进行大量的资产转换。

（3）我们这里所介绍的资产配置是一般性的原则。真实的投资组合应该取决于个人的情况以及承受风险的能力和意愿，关于这一主题，我们将在本书的最后一章讨论。

（4）不是所有的经济周期都会经历所有的6个阶段。偶尔地，经济周期会跳过1个阶段，事实上它还可能会倒退到上一个阶段，这是资产转换应该是渐进式的另外一个原因。

（5）在阶段Ⅰ，投资组合应该着重关注高收益率的现金和债券，而后还可以关注一些早期的领导行业的股票。债券在阶段Ⅰ的相对表现最好。

（6）阶段Ⅱ的"明星"是股票市场，在一个非常广泛的意义上，股票此时的总体收益表现非常好。债券表现得也不错，但是它们的表现不如其在阶段Ⅰ的表现和股票的表现。

（7）在阶段Ⅲ，股票会继续它们的广泛增长，但是增长速度比较缓慢。因为所有的市场都在增长，货币市场收益率较低，现金头寸应该处在周期中最低的时候。此时应该累积一些商品共同基金。

（8）在阶段Ⅵ，应该减少债券头寸或缩短债券的期限。投资组合中的股票应该被转换为中期领导行业和收益驱动型的后期领导行业。

（9）在阶段Ⅴ，投资组合中的股票头寸应该减少，并相应地增加现金头寸。

（10）在阶段Ⅵ，"现金为王"。在一些债券市场筑底时购买一些有限度的债券是合适的。

第7章
Chapter 7

如何运用模型识别经济周期中的不同阶段

〰 简单讲一下模型的建立

在本章，我们将要学习建立一个模型，或者我们称之为晴雨表，而这个晴雨表能够向我们展示某个特定的市场是牛市还是熊市。为了建立模型，我们需要提出许多指标，这些指标多年来在确定债券、股票和商品市场是牛市还是熊市方面有着一贯良好的记录。我们知道没有一个指标是完美无缺的。然而，建立一个包括许多可靠的，尽管不是完美的成分指标的模型还是有可能的。通过这种方式，就形成了一个完全客观的一致意见，这能使我们确定这 3 个市场中的每个市场是牛市还是熊市。每个模型包括 12 ～ 15 个成分指标，当大多数成分指标对于特定市场都显示出一个积极的模式时，晴雨表自身也会移向一个看涨模式，每个模型都有一个 0 ～ 100% 的分数，因此分界线的分数是 51%。晴雨表的状态就通过这种方式为我们确定了经济周期的 6 个阶段。认识到了这一点以后，读者没有必要更新或者遵循这些模型，接下来的两章将提供一些更实用的模型。首先，我们将通过检查这 3 个市场与它们的 12 个月移动平均线之间的关系来确定经济周期阶段的不同方法。接下来，我们将给出一些易于遵循的指标的解释，这些指标将使我们在阶段确定过程中处于更为有利的位置。

我们将要描述的晴雨表是在 1988 年建立的，它是建立在其前 33 年数据的研究基础上的。自 1988 年以来，基础没有什么改变，因此从那时起，它们就在"真实时间"中进行应用了。唯一的改变就是数据序列出现了中断。每个月我们的 *Intermarket Review* 都会更新的这些晴雨表，还被用作为普林格－特纳（Pring Turner）公司客户进行资产配置的基础。

如果我们根据 2 个或者 3 个成本指标就能构建每个晴雨表的话，那是很好的事情，但不幸的是，这是不可能的，因为我们需要观察 4 个部分的数据：经济的、货币的、技术的和按年代顺序的数据。应用年代顺序数据，我们旨在分析市场的发展趋势，而应用此数据构建晴雨表并不是为了证实它朝着前后一致的方向运动。举例来说，如果我们希望看到债券价格的看涨信号，那么根据我们的理论，商品价格应该已经达到过波峰了。因此，包括在债券晴雨表中的一个成分指标就是工业商品价格的趋势。如果这个趋势是下降的，那就是固定收益产品（债券）的牛市，反之亦然。

晴雨表必须包括许多不同种类的指标，其中一个原因就在于，每个经济周期有不同的特征，正如我们所看到的，这些特征主要受长期趋势的方向和成熟程度，以及特定行业的特殊状态的影响。经济制度也会发生改变。在 19 世纪，农业是经济的支柱产业。在 20 世纪的早期，技术也没有什么进步，但是在 20 世纪末期的时候事情确实发生了变化。服务业已经成长起来，而制造业和基础行业有所下滑。

回顾并建立一个拥有近乎完美的轨迹记录的指标事实上是件非常容易的事。诀窍就是创造规则以适应数据。不幸的是，这样做对我们毫无帮助，因为我们所感兴趣的是未来的情况。过去的表现是有帮助的，因为它能告诉我们在历史上，单个的市场什么条件下是牛市，什么条件下是熊市。如果我们创造了太多的规则，它们可能会更符合数据，但是却没有反映经济和金融环境。如果我们能忽略这些模型中所使用的某些准确的历史数据，模型将会得到改进，从而在将来更可能正确地确定这样的状况。

晴雨表背后的理念是，它们反映了与经济周期相关的缓慢变化的状况。出于这个原因，我们希望得到在一个相当长的时间内奏效的买进和卖出信号，这个相当长的时间是指 1 年或者更长的时间。如果晴雨表的信号每 3 个月就会出现，那么就会造成混乱，因为这个不断变化的状况将使我们不相信经济周期确实是从一个阶段转向下一个阶段。如果这些信号有一点推迟或提前，并且在一个更长的时间内奏效的话，那就会好得多。幸运的是，自从这些模型建立以来的 50 多年内，几乎没有出现让我们对占主导地位的阶段产生疑问的情况。换句话说，它们的位置几乎总是符合某个可以分类的阶段。一个不可分类的例子就是，债券和商品市场的晴雨表看涨，而股票晴雨表看跌的情况。这个情况有可能会出现，但是历史记录显示这极其少见。

图 7-1 显示了 1993 年以来的晴雨表的记录。左手边的一列代表经济周期的阶段，开始于阶段Ⅰ，结束于阶段Ⅵ。我们愿意看到的是黑色的方块逐渐下降，并从左到右经过不同的阶段。这样的特征告诉我们，信号在一个合理的时间期限内有效，并且经济周期以可预期的方式通过不同的阶段。这是个完美的状态，但是当我们处理的是市场状况时，很难得到完美的阶段描述。举例来说，我们可以看到，在 1996 年晴雨表完全跳过了阶段Ⅰ，直接从阶段Ⅵ转向了阶段Ⅱ。同样地，在 2004 年中期，经济周期从阶段Ⅳ返回了阶段Ⅲ，只是持续时间很短暂。不幸的是，这样的情况是在现实生活中发生的，但是我们不能仅仅因为偶尔会得到这些令人迷惑的信号就不再去尝试确定这些不同的阶段。不管怎么样，大多数时间内，就像你能看到的那样，阶段就像我们预期的那样按时间顺序发展。这些经验也强调了非常重要的一点，那就是，**我们不应该以买进或卖出，黑和白直接转换的方式来考虑问题，而是更多地以灰色阴影的渐进方式来考虑问题**。换句话说，最好是通过逐渐地转换资产，而不是快速的大量的资产转换，来改变投资组合。这样做有两个原因。首先，经济周期缓慢演进，并且指标和晴雨表的水平不会立刻从极端的牛市转向极端

的熊市。这意味着，特定市场朝着特定方向的移动也是缓慢进行的。因此，资产是随着指标一起逐步转换的。举例来说，如果在 3 月份有足够多的债券晴雨表的成分指标都在朝着积极的方向移动，那么买进信号显然会出现在 3 个月内，因此在 3 个月的时间期限内缓慢地将资产转换成债券就是有意义的。原因在于，当晴雨表真的走向熊市时，债券市场将很可能延长其上涨阶段。在这样的状况下，债券市场参与者可能已经考虑了大多数债券市场上的好消息。因为确信 3 月份以后的整个阶段都是技术上强劲和预期的牛市环境，那么我们就应该持有更为合理的债券头寸。举例来说，假定 3 月份我们所跟踪的债券价格指数向上穿过其 12 个月的移动平均线并超过了其前期的高点。我们还假定，过去的 12 个月移动平均线的交叉是相当可靠的。这个有利的技术表现会告诉我们，债券已经开始对预期到的牛市环境做出反应了。因此我们应该在价格穿过这个关键技术点的时候，买进一些债券。

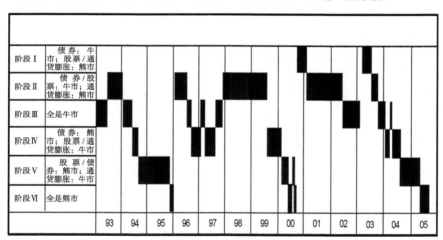

图 7-1   晴雨表信号和经济周期的 6 个阶段

资料来源：Intermarket Review。

图 7-2 显示了一个真实市场的例子。1980 年 A 点的晴雨表卖出信号出现在收益率开始下降之后。这是个特别困难的环境，因为货币当局并没有像以往一样采用逐渐的、缓慢的方法，而是切实地转向了另一面。如此急剧的政策变化几乎是没有先例的，我们的晴雨表没有考虑过这类情况。我们的指标假设经济周期都被正常拆开，且在如此剧烈变动的环境下不能有效运转。这只是这些例子中的一个，在 X 点出现 12 个月移动平均线逆向穿越的时候，卖出任何债券都是值得的。这是非常明显的。然而，在实践中，当价格穿越移动平均线时，我们至少要卖出一些债券头寸；随着出现成熟卖出信号的可能性不断增加，并且信号逐渐明显，我们就应该逐

渐卖出更多的债券头寸。记住，比起追求完美的投资方式，采用谨慎的、逐步增加的方式来提高我们的投资收益会更有可能获得成功。我们不可能达到完美的状态，并且过度追求完美很有可能会使我们误入歧途。没有人曾经拥有过完美的投资表现，但是许多成功的资金经理人已经通过自我约束和采用理性的方法，获得了超出平均水平的收益率。在这个特别的例子中，持有债券的损失已经被它们所提供的两位数左右的当前收益率大大减轻了。回到图 7-2 所示的例子，我们能看到，1981 年年底的晴雨表卖出信号出现在急剧的反弹之前。在这个例子中，应该在信号出现时买进一些债券。然而，因为价格在那时处于平均水平之下，所以在债券满仓之前，我们应该等待一个正向的移动平均线的穿越信号。这是因为，晴雨表描述出一个积极的环境，但是债券市场没有对这个环境做出反应。几乎在所有情况下，债券市场都会做出反应，但是市场还是有过例外。在移动平均线交叉和牛市的晴雨表信号之间不存在太大差异的时候，买进债券是比较安全的。因此，保险的策略就是等待一个较短的时间，这是值得的。

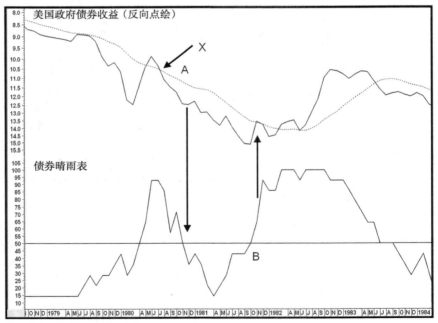

图 7-2 政府债券收益和债券晴雨表（1978 ~ 1984 年）

资料来源：pring.com。

晴雨表和移动平均线交叉之间最显著的差异可能出现在 1967 年 1 月，那时晴雨表恰恰在短期债券市场牛市的顶峰转向积极的方向。如图 7-3 所示，阴影显示的阶段是晴雨表指标为熊市的时期。当债券收益率为 4.65% 时，价格向下突破了其 12 个月移动平均线，但是晴雨表直到收益率反弹至 5.15% 左右时才走向熊市。在那个时候，我们不会知道价格会下跌得这么多，但是在看跌的卖出信号出现时清理一部分债券头寸，就可以明确地控制一部分损失。

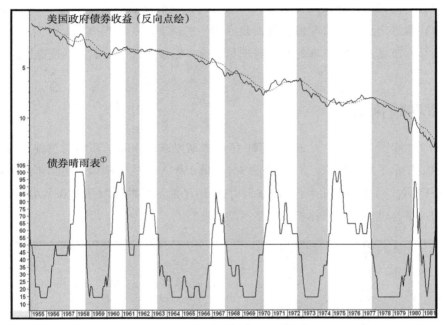

图 7-3　政府债券收益率和债券晴雨表（1955 ～ 1981 年）

①阴影显示的阶段是晴雨表指标为熊市的时期。

资料来源：Pring Turner Capital。

早些时候，我们谈到，之所以逐渐进行资产转换是因为两方面的原因。第二个原因就是心理原因。如果你逐渐改变投资组合，我们所受到的情绪影响就没有进行突然的、急剧的资产转换时所受到的情绪影响那么大。举例来说，如果随着趋势变化可能性的发展，逐渐地进行资产头寸转换的话，我们对于将要发生的事情会日益自信，因此不大可能被突如其来的事件或市场变化所吓坏。另一方面，在进行突然的、大量的资产转换之后，如果市场立即开始朝着不利于我们的方向变动的话，这将很容易扰乱我们的心理平衡。

就像你能察觉到的一样，晴雨表也有和市场不一致的时候。这是因为晴雨表度量的是经济环境，而市场价格仅仅是由心理因素决定的。正常情况下，投资者心理是和环境一致的，但是最终，真正重要的还是市场参与者对于环境的态度。在股票市场上能经常看到这种背离，因为股票市场的购买决策总是心理因素的作用。举例来说，从来没有任何理由可以使某个人**必须**购买一个股票。一旦有人投资，共同基金和资金管理人就必须投资于股票市场，但是个体投资者是个人的决定使得他们必须投资于股票。这些个体投资者原本可以轻松地将钱投入现金或者债券。另一方面，当公司的最终销售决定需要购买原材料时，他们就被迫购买商品（即原材料）。同样地在债券市场，如果政府出现财政赤字，它就被迫在债券市场上借债。对于债券和商品，市场上存在基本的经济需求和供给，但是股票市场上并不是这样。

债券晴雨表

图 7-3 和图 7-4 显示了 20 世纪 50 年代中期以来的债券晴雨表的表现。阴影区域近似地显示了熊市阶段，那时模型的分数低于 51%。这个晴雨表包括了几个货币和经济指标，同样还有几个技术指标。它们用于揭示长期政府债券和 AAA 级公司债券的价格与经济周期变化相关的基本趋势反转。

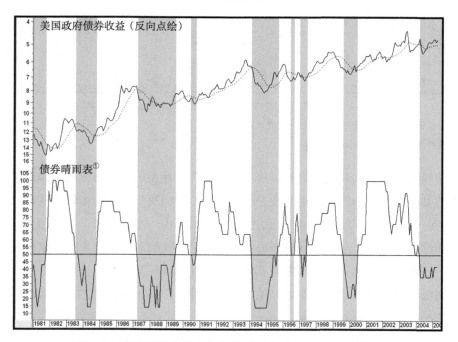

图 7-4　政府债券收益率和债券晴雨表（1981 ～ 2005 年）

①阴影显示的阶段是晴雨表指标为熊市的时期。

资料来源：Pring Turner Capital。

　　正如我们前面所学到的，任何投资情况下的第一个目标都是资本保值。这也是债券晴雨表的一个主要目标。如果再看看图 7-3，这个图反映了 20 世纪 40 年代到 1981 年间的债券价格的长期下跌（债券收益率上涨），你就能意识到如果一个人实行买进并持有的投资方法的损失是多么大。可能一些损失已经被利息支付所弥补了，但是最大的成本是其机会成本，因为这时候如果投资于通货膨胀敏感的股票会获得非常高的利润。

　　这个模型的基本目标之一是采用一个保守的方法以保护投资者免受任何严重的长期价格下跌所带来的损失。快速地查看图 7-3 和图 7-4 中的熊市（阴影）阶段会发现，晴雨表在避免大多数的熊市方面有相当不错的表现。1967 年和 1968 年间的下跌是个例外，但是总体来说，这个模型会让投资者收获大多数牛市的收益，并且提供了对于大多数熊市的保护。1981～2005 年进行的投资非常轻松，因为长期的价格上涨趋势能使得投资者获得较好的回报。在这 20 多年的时间段内，主要的批评来自晴雨表的图形出现了几处参差不齐的锯齿状，这就是晴雨表本身也摇摆不定。

　　晴雨表的第二个目标就是相对较早地确定周期性的转折点，这里的假定是，一个新的趋势一旦开始，那至少会持续 1 年。第三个目标是建立一个尽量不受参差不齐的图形干扰的模型，尽管要以偶尔的延迟判断作为代价。虽然你不能从本章的解释中建立这 3 个模型，但是理解它们的构成也是非常有益的事情，因为它介绍了有助于确定经济周期的阶段过程的相关领域。

通货膨胀指标

　　在债券收益率和商品价格之间存在一个良好的长期相关关系。上升的商品价格通常意味着债券价格的熊市（收益率看涨），反之亦然。应用于这个模型中的这两个成分指标是美国供应管理协会价格指数（Institute of Supply Management Pricing Index）和美国商业研究局工业原材料现货价格指数。前面的指标是报告比以前一个月支付更高价格的采购经理人所占的百分比。原始数据被表示为对于 9 个月移动平均线的背离。当价格低于移动平均线时，这就是债券市场的牛市，反之亦然。

　　CRB 工业原材料现货价格指数是由工业中使用的 18 种原材料的价格所组成的。它不像更为广泛接受的指数（如 CRB 综合价格指数）受到气候的影响，因此对于经济环境的变化更为敏感。如我们已经看到的那样，商品有在债券价格之前反转的趋势。出于建立晴雨表的目的，该指数被用作对其 12 个月移动平均的背离。当价格高于移动平均线时，这就被认为是价格的熊市，反之亦然。因为债券价格（有滞后）会在商品价格上涨以后开始下跌；反之亦然，即债券价格（有滞后）会在商品价格下降之后，开始上涨。于是，这个指标也可以当作一个时间顺序检验。

经济指标

下滑的经济会激发宽松的货币政策，并导致信贷需求的下降。当货币供给增加且需求下降时，利率也会下降。债券收益率下降意味着债券价格将上升。在上涨的经济中会出现相反的情况。由于这个原因，晴雨表的构建中包括了几个经济成分指标。因为经济周期是由许多不同经济指标的、按时间顺序发展的一系列转折点构成的，那么可以认为那些包括在债券晴雨表中的经济指标应该与信用市场的周期性转折点具有相当紧密的联系。没有一个指标会在每个周期中都表现得那么完美，但是确实有一些指标拥有相当连贯的表现记录。这些指标中有 3 个指标被应用于晴雨表的构建。这 3 个指标是：招聘广告指数（Help Wanted Advertising），同步指标（Coincident Indicators）和制造业产能（Manufacturing Capacity）。前两个指标是由美国商务会议委员会发布；制造业产能指标由美国联邦储备委员会发布。所有这 3 个指标都表达为与趋势的背离。当趋势负向移动时，表明了趋于疲软的经济，这就增加了晴雨表的分数。当这些指标序列显示一个更为强劲的经济时，就减少了晴雨表的分数。

还有最后一个来自经济的指标，那就是增长指标。图 7-5 显示的是它相对于 3 个月商业票据的收益率数据。当它向下穿过零时，意味着经济强度与下降的利率是一致的，反之亦然。这些阶段在图中是以阴影区域显示的。增长指标由下列指标综合计算得来：商务会议委员会领先指标，招聘广告指数，CRB 工业原材料现货价格指数以及制造业产能。分别来看，这 4 个指标都有助于判断利率的反转趋势，但是当结合起来的时候，自 20 世纪 50 年代以来，就有着不同凡响的变化记录，且只有极少数例外。

货币指标

对短期利率（期限在 1 年或者 1 年以内）最大的影响来自美国联邦储备委员会。长期的收益率和价格是由市场所决定的，只是部分地受到短期利率水平的影响。债券晴雨表中影响最大的指标就是贴现率。这个利率指标传统上就是美联储的货币政策象征。在一系列的贴现率上涨后，公司将不愿意降低债息，同样地，当贴现率完全下降时，公司也非常谨慎地恢复债息。这是因为，公司宁愿采取一种缓慢的、稳定的行为方式，因为这看起来会在更长的时间内奏效。这样的方法使得它们对于其决策更有信心，并在一定程度上降低了不确定性。对于美联储，当它们在一系列的降低利率之后提高利率时也是一样，因为这是它们昭示货币政策反转，并将持续一段时间的一个信号；反之亦然。对于投资者来说，这是个非常有用的工具，因为这个利率方向的改变在阶段判别过程中有着重要的现实意义。对于债券晴雨表的目的，我们使用贴现率 12 个月移动平均线的正向和负向交叉作为我们的信号工具。这是因为美联储偶尔确实会提高或者降低贴现率，然后在 2 ～ 3 个月的时间内又发生了反转。在大多数情况下，这些微小的政策变化都被移动平均线交叉规律所忽视了，但是它仍然抓住了利率的趋势。

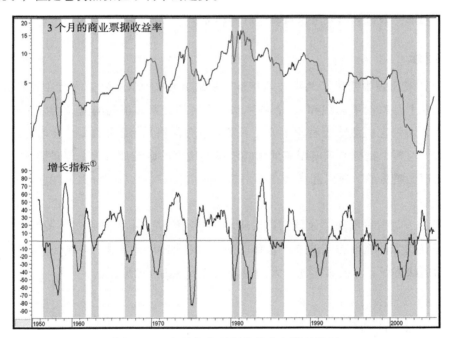

图 7-5　3 个月商业票据收益率和增长指标

① 阴影区域显示的是增长指标低于零的阶段。

资料来源：pring com。

贴现率对于债券晴雨表有着双重影响。当其向上穿过移动平均线时，等价的两个成分指标从总数中扣除了。如果利率没有上涨 10 个月的话，它对债券市场向下的一半影响就被移走了。这个规则的设计是想包括一个变动率的因素，或者是在没有变动率的情况下，采用总结果。当利率向下穿过其移动平均线时，就增加了晴雨表的分数。由于贴现率对于其他利率和经济有影响，因此它在晴雨表的构建中受到了重视。

　　另一个货币指标是来自真实的货币供给量，在这里我们采用的是使用 CRB 工业原材料现货价格指数折算后的 M2 指标。之所以进行这个调整，是因为它比经过消费者价格指数折算后的 M2 对于经济状况更为敏感，因而变化也更快。如果真实的货币供给量下降，这通常意味着紧缩的货币政策。最初这是债券价格的熊市，因为它推高了利率。这个紧缩的货币政策迟早会导致经济活动的放缓，也就是债券价格的牛市。关键是要知道，这个转变发生以及紧缩的货币政策开始对债券价格产生积极影响的时间。这可以通过将真实货币供给量和货币市场价格（它通常领先于债券）联系起来考虑得到。通过将真实货币供给量与货币市场价格相乘得到的动量序列，我们最终会得到债券价格自身的及时指标。

技术指标

　　债券晴雨表中使用了两个技术指标，那就是穆迪 AAA 级公司债券的收益率，还有其 9 个月移动平均线和 12 个月移动平均线的关系。正向的交叉会减少晴雨表的分数，因为它们意味着利率上升（下降的债券价格）；反向的交叉会增加晴雨表的分数。这两个指标对于晴雨表的影响没有贴现率的影响那么大，但是因为它们本质上是遵循趋势的，所以通常会在晴雨表的熊市和牛市的总体分数之间起到打破平衡的效果。

　　当然，晴雨表反映了信贷工具的环境，但是价格并不总是要对环境做出反应。这就是我们为什么要在等到 9 个月移动平均线和 12 个月移动平均线证实以后才建立晴雨表状态所显示的真实的、大的或者小的债券头寸的原因。

📈 股票晴雨表

　　股票是 3 个市场中唯一纯粹由心理因素驱动的资产。从来没有一个原因说明任何人**必须**得购买股票，就像制造商需要原材料商品或者公司必须出手债券来为长期资本支出融资一样。这就使得建立一个能够正确一致地确定股票市场主要反转趋势的模型变得更加困难。通常来说，宽松的货币状况以及经济和利润逐步改进的预期会提供股票价格上涨所需要的大背景，反之亦然。这意味着，股票晴雨表包括了广泛的货币和经济指标。同样需要注意的是，我们面对的股票环境，还有股票市场的环境。**股票市场**这个短语意味着，股票价格步伐一致地上涨或者下降，但是如我们前面所学习到的那样，事实并不是这样的。当我们考虑**股票市场**的时候，我们试图关注的是像标准普尔综合指数或者美国道琼斯工业指数这样的大部分股票的平均水平。然而，也出现过这些指数没有反映出股票市场真正发生的情况的时候。举例来说，标准普尔综合指数在 2000 年达到高峰，并在随后两年内下降了 40% 以上，但是在那个阶段内，上涨的股票数量超过了下跌的股票数量。标准普尔综合指数下降是因为其包括的技术股的权重较大，这是 20 世纪 90 年代出现的技术泡沫所造成的。结果，当技术部门经历熊市时，标准普尔综合指数就相应地下跌了。这个技术类股票的低价出售的影响超过了其他行业股票的上涨对指数的影响。在 2001 年 1 月和 2002 年中期的这段时间内，股票晴雨表为股票市场描绘出一幅美好的蓝图，但是标准普尔指数却下跌了。在这段时间内，尽管纽约证券交易所上涨／下跌线（NYSE A/D Line）[⊖]确实上扬了，因此反映了更多的股票价格都在上涨。这个阶段如图 7-6 所示，这个图中向上和向下的箭头分别显示了牛市和熊市的晴雨表信号。这么显著的背离是非常少见的，但是这个例子显示这种情况有可能并且有时确实会出现。

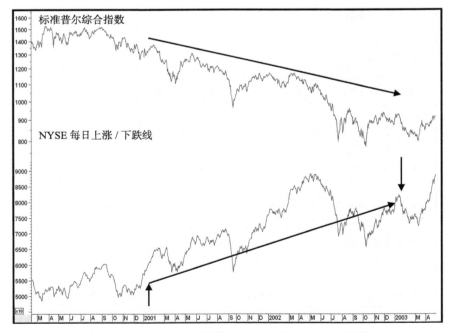

图 7-6　标准普尔综合指数和 NYSE 每日上涨／下跌线

资料来源：pring com。

⊖　也可译作腾落指数。——译者注

因此，晴雨表的目的是显示对于一般意义上的股票，股票的环境什么时候是牛市，什么时候是熊市。1978 ~ 1980 年，晴雨表显示的是熊市，然而市场的总体收益率却上涨了 25%。尽管这看起来很糟糕，但是我们应该注意到这样的环境是非常有选择性的，因为这时候市场正处于通货膨胀长期趋势的末期，对通货膨胀敏感的股票正处于它们的极盛时期。标准普尔指数发生反弹，但是环境对于大多数股票都是不利的。与此同时，利率非常之高，于是持有现金的总体收益率也能达到 25% 左右，但是风险却显著得低。晴雨表的记录如图 7-7 和图 7-8 所示。这里，阴影区域还是代表晴雨表的熊市阶段。

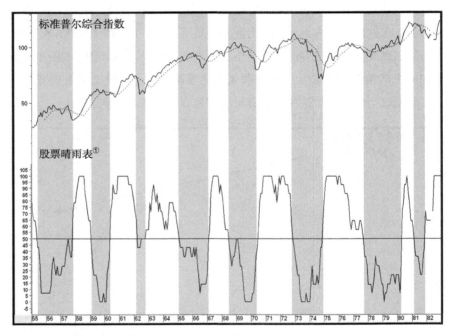

图 7-7　标准普尔综合指数和股票晴雨表（1955 ~ 1982 年）

①阴影部分显示了晴雨表是熊市的时期。

资料来源：Pring Turner Capital。

与其他两个晴雨表一样，这个晴雨表也是利用过去的关系来预测未来的趋势，并辨别重要的转折点。在附带下面所说的条件时，这种方法就是有效的。

每个单个指标的历史都能回溯至多个不同的经济周期，并且这些经济周期都经历了长期通货膨胀趋势和长期通货紧缩趋势。

股票价格对于这些成分指标的敏感度没有发生实质性的改变。

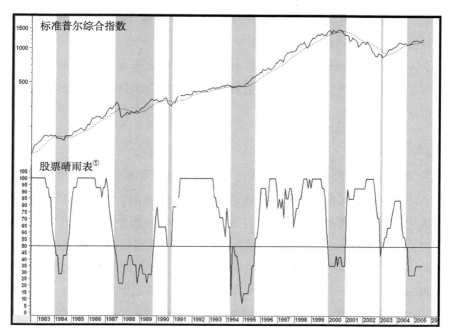

图 7-8　标准普尔综合指数和股票晴雨表（1982 年～ 2005 年）

①阴影部分显示了晴雨表是熊市的时期。

资料来源：Pring Turner Capital。

晴雨表信号是所有指标共同作用的结果，并且不是由单个指标或者某一类指标所决定的。实质性的改变能够经得起将来扭曲经济结果的检验。

使规则尽可能简单，数量尽可能少。通过这种方式，曲线符合规则的危险就较小，从而使数据在过去也能起作用。不管怎么样，我们对过去的数据感兴趣只是因为它们能更好地帮助我们预测未来。

我们还需要记住，晴雨表信号应该被认为是灰色的阴影，而不是黑色或者白色，或者买进和卖出。这是因为股票的波峰通常会摇摆不定，股票价格会经历长期的交易价格区间。在这样的情况下，我们需要逐渐减少股票头寸，而不是突然卖出所有股票。因此当处于交易价格区间时，晴雨表被设计为看跌状态，于是还留有时间重新调整我们的投资组合。

同样的道理，市场底部之前通常是股票最后的急剧出售。这是一个非常令人恐慌的事件，于是晴雨表在市场到达这个最后的低点之后，就确定股票开始了牛市阶段。

如前面讨论过的一样，最基本的投资原则是资本保值和避免过多的风险。结果，晴雨表使投资者免受 1969～1970 年和 1973～1974 年间破坏性的熊市的影响，同样还使投资者免受 1987 年股市崩盘的影响。

总体来说，股票晴雨表有 11 个成分指标。晴雨表开始的分数是 100%。随着每个指标逐步显示股票变为熊市，总数逐步减少直到变成 50%，这个时候模型被认为是熊市。

经济指标

在股票市场价格和公司利润之间存在着良好的长期联系。因为股票市场会对上涨和下降的利润进行贴现，所以晴雨表中包括几个领先于经济的成分指标是有意义的。因此，股票晴雨表中包括 3 个经济指标，其中的两个指标如图 7-9 和图 7-10 所示。经济扩散指标（economic diffusion indicator）度量的是一篮子经济领先指标中高于其 12 个月移动平均的指标所占的百分比。用于绘制图形的数据是一个经过平滑处理的数据序列。在这个数据序列和标准普尔综合指数之间存在一个非常紧密的联系，但不是那么完美。与 20 世纪 90 年代相比，20 世纪 60 年代到 70 年代图形周期性的波动能显示出一个更为接近的关系。

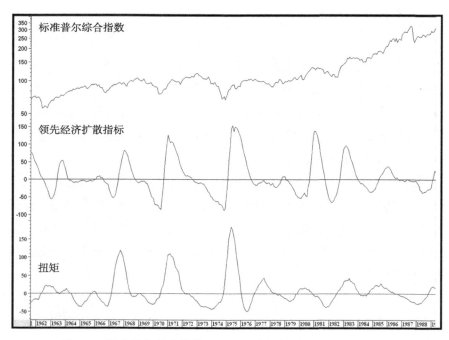

图 7-9　标准普尔综合指数和两个经济指标（1961 ～ 1989 年）

资料来源：pring.com。

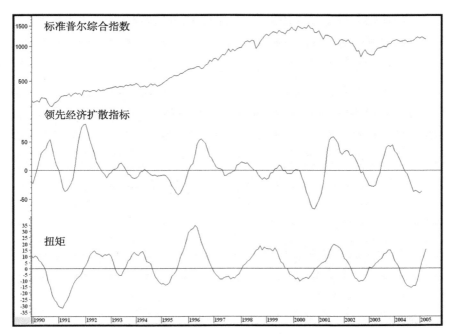

图 7-10　标准普尔综合指数和两个经济指标（1990 ～ 2005 年）

资料来源：pring com。

　　在图形底部的第二个指标是一个领先指标除以另外一个领先指标的比率的平滑数据。第一个领先指标是房屋开工率，第二个领先指标是供货商表现（报告延迟交付的供货商的数量，是由美国供应管理协会发布的，这个协会以前被称作美国采购管理协会）。这个指标工作的前提是，在经济恢复之前，比如房屋开工数这样的长期经济领先指标相对于一个正常的经济领先指标，比如供货商表现，会有一个改进。这个改进就发生在扭矩（Torque）指标超过其为零的平衡水平时。这是个信号，表明经济周期已经经历了经济复苏前必要的启动阶段。向下穿过零线则意味着相反的状况。实际上，我们应该将扭矩指标看作经济周期经过的时间次序指标。扭矩指标偶尔也会与市场的行动完全不一致，就像它在 1976 年年初的表现一样。然而，更正常的情况是，扭矩指标的上升超过零线会伴随着从熊市的超卖区域底部的急剧反弹。这种情况发生在 1970 年、1975 年、1982 年和 2003 年年初，每个例子之前都有非常疲软的经济活动。

　　第三个经济指标，商品价格，也是个时间顺序指标。当商品价格上涨时，迟早会影响到利率，接下来最终会负向反馈到股票市场。从这个意义上来讲，商品价格是一种根据市场状况调整的经济指标。它们不仅是及时的指标，而且还是少数几个不需要修正的指标之一。商品价格同样也是有时间顺序特征的，因为我们看到，在股票价格到达巅峰之前，会出现商品市场的底部。因为领先的时间通常非常长，因此在将其包括进晴雨表的总点数之前，将这个信号向后推迟了10个月。在该例中，信号是正向的9个月移动平均线交叉。我们使用的指标是CRB工业原材料现货价格指数，这个指数是由18种工业商品的价格组成的。这个指数最初是由美国劳工部发布的，但是预算减少使得后来改由美国商品研发局发布。这个特定的数据序列是有用的，因为它有自20世纪40年代以来的较长历史，并且不会受到天气驱动型商品的过多影响。因此，它密切地反映了经济状况的变化。

金融指标

金融指标对于股票晴雨表有着重要的影响，因为经济系统流动性的排出和注入总是发生在经济活动的改变之前。当然，股票市场会提前贴现这些经济活动的变化。

1. 贴现率

货币政策的变化对于股票投资者的心理有着很大的影响，因为紧缩的货币政策几乎总是意味着经济衰退，或者至少是经济增长速度的严重放缓。同样地，每个经济衰退都是以注入流动性，也就是贴现率的降低而结束的。只有经济复苏的领先时间、滞后时间和恢复规模的不同。出于晴雨表的考虑，当利率第1次出现下降时，晴雨表的点数增加两个点。这两个点数一直维持到利率的第1次上涨，那时利率下降的有利效应只保留了一半。在第2次上涨之后，贴现率的影响就只是中性的了，但是如果利率出现第3次上涨，那么就要减去两个点数。贴现率成分指标将保持这个状态直到利率再次出现第1次降低，或者3个月商业票据收益率向下跌过其12个月移动平均线，在这种情况下，就扣除一半的点数。

3个月商业票据收益率自身也是晴雨表的一项成分指标，当其穿过12个月移动平均线时，就会增加或减少晴雨表的点数。

2. 货币流动指标

货币流动指标试图将股价变化与根据利率变化调整的股价变化联系起来。原始的货币流动指标如图7-11中间部分的图形所示，是由标准普尔综合指数除以商业票据收益率得到的。如果标准普尔指数上涨，商业票据收益率同时也在上涨，那么货币流动指标上涨得就没有原始的标准普尔指数上涨得那么快。因为利率通常会领先于股票价格，这意味着货币流动指标通常会在标准普尔指数之前达到波峰。我们看到 1972 年年初就是这样的一个例子。同样的道理，短期利率通常会领先于股票市场底部，这意味着货币流动指标再次在标准普尔综合指数之前出现了反转。底部的图形是用于晴雨表之中的真实的货币流动指标。它是由货币流动指标的平滑动量数据除以标准普尔综合指数的平滑动量数据得到的比率系列数据。当图形中部的货币流动动量指标向上或向下穿越标准普尔指数的类似动量指标时，就出现了正向的零线交叉。这不是个完美的指标，但是垂直线显示自 1966 年以来的买进信号都是非常可靠的。最突出的例外出现在 2001 年年初，如上面曾经提到过的那样，纽约证券交易所上涨 / 下跌线在这个阶段内上升，标准普尔指数大幅下降，这主要是由于 20 世纪 90 年代中后期技术泡沫后技术类股票的崩溃。

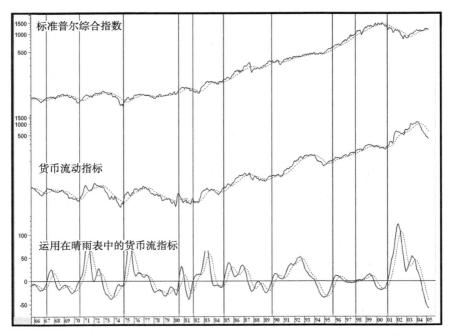

图 7-11　标准普尔综合指数和两个经济指标（1966 ~ 2005 年）

资料来源：pring.com。

　　股票晴雨表还包括了一个经过折算的 M2 指标及其与 24 个月移动平均线之间的关系，如图 7-12 所示。正向的交叉会增加晴雨表的点数，而负向的交叉会减少晴雨表的点数。应用于此例中的折算指数不是消费者价格指数，而是 CRB 工业原材料现货价格指数，这是因为 CRB 工业原材料现货价格指数是一个对流动性变化更为敏感的随市场状况调整的指标。

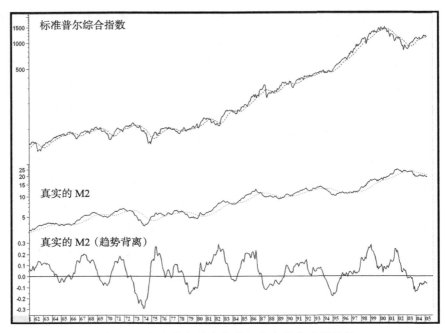

图 7-12　标准普尔综合指数和真实的货币供给量

资料来源：pring.com。

3. 收益率曲线

收益率曲线历史上就被认为是经济状况的预测指标。正常情况下，长期利率是高于货币市场收益率的，这是因为投资者会因为持有的期限较长从而要求更高的风险溢价——几年而不是几个月。然而，当短期利率高于长期利率的时候，通常会被认为是个紧缩货币政策的环境，迟早会导致经济的衰退。当公司债券收益率曲线（3 个月商业票据收益率除以穆迪公司 AAA 级公司债券的收益率）被以一个平滑的变动率（ROC）曲线表示时，与股票市场的转折点相比，它的转折点有着过于长的领先时间。然而，真实的 M2，如上面所描述的那样，显示出一个更为协同一致的关系，但是偶尔不那么可靠。当两个指标结合起来，并赋予 M2 一个特别的权重因素时，我们将得到一个更为精确的结果。关于这个关系的两个表达形式都包括在股票晴雨表之中。第 1 个形式是 18 个月的变动率曲线相对于其 9 个月移动平均线的关系；第 2 个形式是一个 9 个月变动率的平滑曲线相对于其零值参考线之间的关系。

技术指标

股票晴雨表包括两个技术指标。第 1 个技术指标是基于标准普尔综合指数和其

9 个月移动平均线之间的关系。在这种情况下，月底的观测值被计算为 4 周的移动平均线，每月最后一个周五进行计算。

第 2 个技术指标是标准普尔工业指数中超过其 6 个月移动平均线的股票数所占百分比的平滑数据。然后，这个指标再根据反转收益率曲线平滑后的动量指标的关系进行调整。使用收益率曲线是因为它具有领先股票市场的趋势。当这个序列指标向上或者向下穿过其 9 个月移动平均线时，信号就出现了。

通货膨胀晴雨表

通货膨胀晴雨表试图确定的是 CRB 工业原材料现货价格指数的主要反转。这个晴雨表单纯是由经济指标和技术指标构成的，如图 7-13 和图 7-14 所示。经济因素被赋予了很大的权重，因为经济系统中逐渐增长的紧张程度使得商品价格存在上涨的压力，反之亦然。

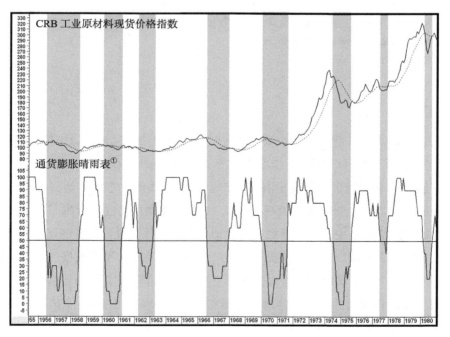

图 7-13　CRB 工业原材料现货价格指数和通货膨胀晴雨表（1955 ～ 1980 年）

①阴影部分显示了晴雨表处于熊市的时期。

资料来源：Pring Turnre Capital。

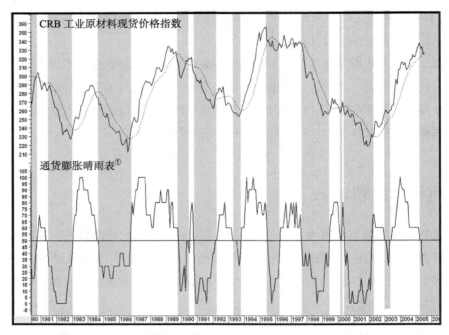

图 7-14　CRB 工业原材料现货价格指数和通货膨胀晴雨表（1980 ～ 2005 年）

①阴影部分显示了晴雨表处于熊市的时期。

资料来源：Pring Turnre Capital。

经济指标

在经济周期的末期，产能约束力最大时，商品价格经受了最急剧的上涨压力。衡量制造业部门紧张程度的几个指标被包括在通货膨胀晴雨表里。

产能利用率度量了制造业中有多少产能在发挥作用。它自然地符合通货膨胀晴雨表的要求，它在晴雨表中表现为对其 12 个月移动平均线的背离。产能利用率也被包括在产能指数中，这个指数是用类似于供货商报告延迟交货的度量方法（在前面股票晴雨表的扭矩指数中所提到的）对 9 个月变动率的平滑数据进行处理得到的。将使用 6 个月移动平均平滑过的两个变动率指标相加，其与领先指标的交叉就可以当作买进和卖出的信号。这两个指标如图 7-15 所示，同时还有第三个成分指标，招聘广告指数。这个指标度量了劳动力市场上的紧张程度，其表现形式是对于趋势的背离的原始数据。

最后，加上一个领先经济扩散指标，通货膨胀晴雨表中的经济指标就凑齐了。这个指标与股票晴雨表计算中使用的扩散指标类似，区别在于该指标度量商品的时间期限是 18 个月，而股票晴雨表中使用的扩散指标度量商品的时间期限是 12 个月。

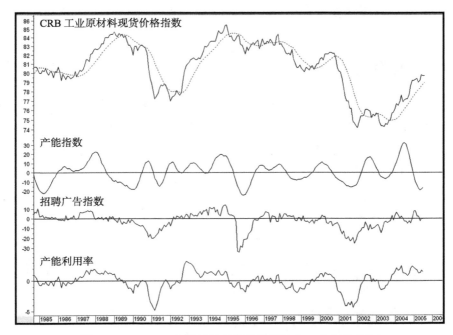

图 7-15　CRB 工业原材料现货价格指数和 3 个经济指标

资料来源：pring.com。

技术指标

CRB 工业原材料现货价格指数和 ECRI JOC 工业产品价格指数是两个技术成本指标，是与它们的 12 个月移动平均线相比较度量出来的。第 3 个技术指标度量的是一篮子商品中价格高于其 12 个月移动平均线的商品所占的百分比。当这个平滑后的振荡指标处于正向的趋势时，它就会增加通货膨胀晴雨表的点数。

最后，当第 11 章中将要讨论的通货膨胀组价格指数（Inflation Group Index）向上穿越其 9 个月的移动平均线时，也将增加晴雨表总数的点数。

还有最后两个技术指标，这最好被归类为顺序指标。它们是标准普尔综合指数和政府债券收益率。这两个指标序列都是与其 12 个月移动平均线相关的。股票应该在商品价格之前走出底部。当标准普尔向上穿越其 12 个月移动平均线时，就出现了信号。这样的市场行为意味着，经济周期已经达到了商品价格的低点，因此一个标准普尔综合指数的正向移动平均线交叉会增加晴雨表的点数。因为上涨的债券收益率反映了通货膨胀的状况，因此当 20 年政府债券的收益率向上穿越其 12 个月移动平均线时，晴雨表总数会增加；反之亦然。

晴雨表的表现

图 7-16 到图 7-24 显示了 1955 ～ 2005 年不同晴雨表的表现。它们的结果是在年度基础上以月收益率的形式表示的，由我的同事 Elio Zammuto(Zammuto.com) 提供。这些计算都是基于价格，并没有考虑股息和利息支付，因此它们的总体收益率的方法提供了更为保守的观点。

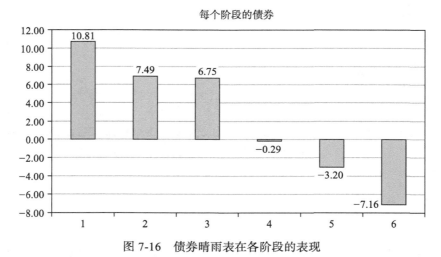

图 7-16　债券晴雨表在各阶段的表现

资料来源：*Intermarket Review*。

一般来说，经济周期阶段之间的相对表现同我们所预期的一样。举例来说，图 7-16 显示债券在阶段 I 到阶段 III 都获得了收益，在其余的阶段有所损失。阶段 V 为股票提供了一个小小的惊喜，因为它们已经能获得一些小的收益，而不是一直遭受损失。商品市场表现得如同预期一样。

当然，我们必须记住，这些收益行业的损失都是平均数据，在预期要遭受损失的阶段还有可能获得收益，反之亦然。关键的一点是，坚持采用这种经济周期的投资方法，达到相对较好的投资表现的可能性就会增加。我们的目标不是获得巨大的收益，而是在最小的风险下实现超过平均水平的投资表现。

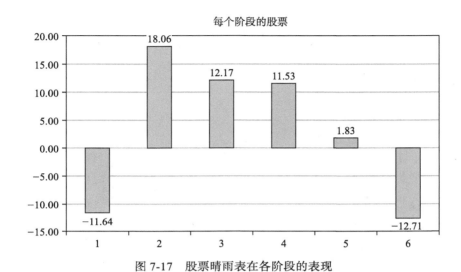

图 7-17   股票晴雨表在各阶段的表现

资料来源:*Intermarket Review*。

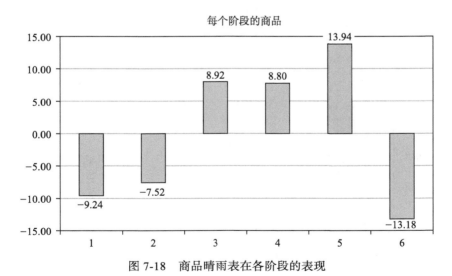

图 7-18   商品晴雨表在各阶段的表现

资料来源:*Intermarket Review*。

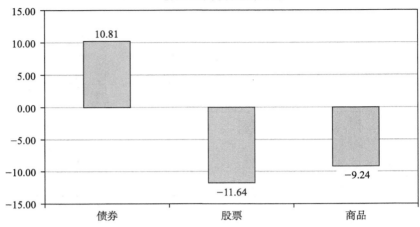

图 7-19   晴雨表在阶段 I 的表现

资料来源：*Intermarket Review*。

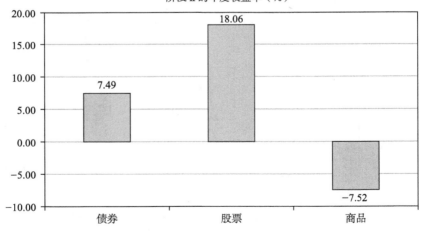

图 7-20   晴雨表在阶段 II 的表现

资料来源：*Intermarket Review*。

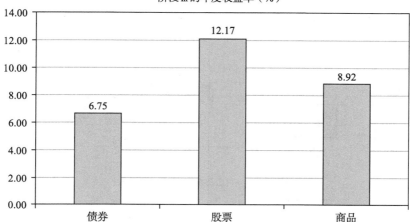

图 7-21　晴雨表在阶段Ⅲ的表现

资料来源：*Intermarket Review*。

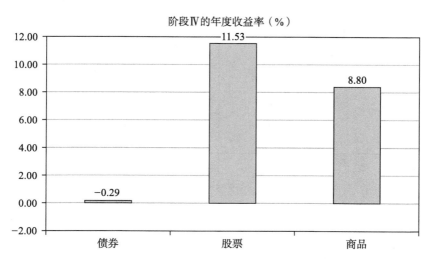

图 7-22　晴雨表在阶段Ⅳ的表现

资料来源：*Intermarket Review*。

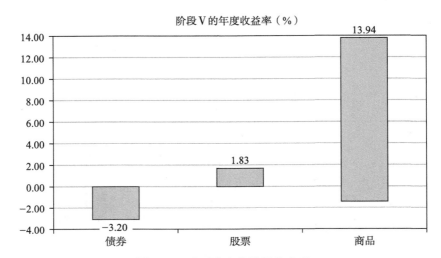

图 7-23　晴雨表在阶段 V 的表现

资料来源：*Intermarket Review*。

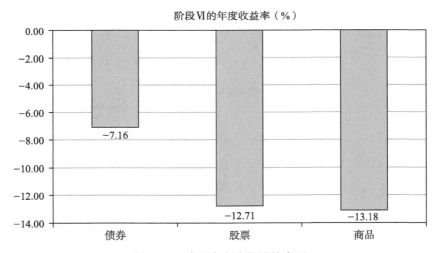

图 7-24　晴雨表在阶段 VI 的表现

资料来源：*Intermarket Review*。

📈 小结

关于晴雨表我们必须记住的最重要的事情就是，它们所能做得最好的事情就是，根据一定的历史表现来告诉我们特定的市场是牛市还是熊市。不幸的是，这些市场，特别是股票市场，并不总是以预期的方式对那些环境做出反应。这就是我们从来不应该将晴雨表简单地认为是黑和白、红和绿，或者买进和卖出的一个原因。计算出来的结果最终只是一个可能出现的结果。举例来说，假定一个晴雨表显示为牛市，然而其所观测的市场已经上涨了 30%。这可能意味着大部分的牛市已经发生过了。因为我们没有办法知道潜在趋势的规模，并且因为环境是牛市，投资信条要求投资组合增持一些头寸，但是所要求增持的头寸不像市场刚开始的牛市时所要求持有的那么多。同样地，当我们看见一个不太可信的买进信号时，也就是几个指标勉强处于牛市状态，那么这个买进信号很容易发生反转。因此，直到一个更具有决定性的信号出现，再进行更为保守性的增持头寸是比较合适的投资行为。

假定我们正处于阶段 VI，并且观测的是债券出现的潜在买进信号。假定 CRB工业原材料现货价格指数低于其 12 个月移动平均线，债券价格高于其 12 个月移动平均线。严格意义上来说，这对于债券来说，是个熊市的阶段，但是市场的表现却正相反。在这样的情况下，试探性地累积长期债券的头寸是有意义的，因为很明显，下个阶段是阶段 I，债券和商品已经处于这样的环境中了。在市场还没有经历一个较大规模的价格反弹的条件下，晴雨表最终走向牛市时，就是增加债券头寸的时机。

第 8 章
Chapter 8

利用市场行为来确定经济周期的阶段

华章经典 · 金融投资
HUAZHANG CLASSIC
Finance&Investing

〽️ 背景因素

　　大多数经济周期都会经历 6 个阶段，就像是市场的波峰和波谷的时间顺序所定义的那样，但是有些经济周期则不然。因此，绝不应该说，这个六阶段的演进过程能够被机械地扩展至每个经济周期，因为所预期的按时间顺序发生的经济周期波峰和波谷偶尔会不按预期发展。有时，经济周期会出现返回上一阶段的情况，举例来说，从阶段Ⅲ返回至阶段Ⅱ，然后再回到阶段Ⅲ。当经济周期发生跳跃时，阶段也往往被跳过，比如从阶段Ⅵ直接到阶段Ⅱ。然而，一般来说，经济周期的演进过程是个非常有序的过程，因为金融市场会以一种可以预测到的方式做出反应。

　　事实上有两种方式可以用于划分经济周期的这 6 个阶段，即按照**环境的**方式和**真实的**方式对其进行划分。**环境**指的是货币和经济背景，举例来说，我们已经知道在滞后之后，紧缩的经济状况会导致信贷需求的缩减，因为公司和消费者都在削减开支。与此同时，短期利率下降，而潜在的信贷供给却在增加，这是因为美联储增加了银行系统的流动性。这样的状况刺激了信贷和股票市场，而这两个市场**通常**也会做出积极的反应，反之亦然。应该强调一下**"通常"**，这是因为市场并不总是以它们应有的方式做出反应。特别对于股票市场来说，更是这样，股票的价格一方面取决于投资者对于新出现的基本面消息的心理态度，另一方面取决于消息面本身，两者比重相当。前面一章从**环境的**视角查看了这个主题；本章我们将查看市场本身，这是由**真实的**市场行为所决定的。将由晴雨表决定的阶段与由市场行为决定的阶段相比较，市场行为所决定的是市场**真实的**周期性**波峰**和**波谷**，我们发现市场行为有时候会和环境发生背离。当真实的和环境的因素相一致时，那么经济周期很有可能已经达到一个特定的阶段，这 3 个市场也很有可能按照预期的方式运行。换句话说，如果市场行为和晴雨表都显示出经济周期处于阶段Ⅴ，这个阶段只有商品市场处于牛市，那么商品价格发生反弹的可能性就比只有市场行为显示是阶段Ⅴ的时候大。

　　如果每个经济周期的时间顺序，阶段之间领先、滞后的时间以及市场变动的规模都准确地不断重复的话，我们的任务就非常简单了，但不幸的是，事情并非如此。这是我们必须缓慢连续并且重复地进行资产配置过程的一个重要原因。有很多时候，指标会提供清楚的迹象，显示已经到了特定的阶段；但是更多的时候却不是这样，通常在迹象能够确定地证明达到某个阶段之前，我们所关注的市场已经发生相当大的变动了。这就是我们必须对投资组合进行逐渐转换的原因。随着我们可以得到更多的消息，资产配置也会随之逐渐增加或者逐渐减少。以这种方式转换资产，可以使你在心理上始终处于为下一步资产转换做准备的状态。只有当你认为一切状况都在控制中，并深信你处在正确的投资路线上，新事件或者条件的出现并挑战你原本的预期时，你才会感到非常吃惊。如果不采取行动克服骄傲自满的情绪，那么它将是你获得投资成功的最大障碍。

期待市场的下一个变化就像进行一次长途的火车旅行一样。举例来说，假定你快接近最终的目的地，并打算在下一站下车。你很可能非常急切地想见到你的东道主。在这样的情况下，你最可能做的就是，当你感觉到火车快要到站的时候，离开座位，抓住你的行李，向车门走去。当然，你不会跳下火车，除非你知道火车已经完全停下来了，但是你仍然从心理上和身体上都做好了火车一到目的地就立刻下车的准备。对于资产转换过程也是一样的道理，除非你有理由相信经济周期已经开始向下一个阶段移动，那么从一小部分的资产配置开始转换通常也是个不错的主意。在有些情况下，**先于**市场进行的部分资产转换是合理的，但是决不能做出当你判断错误时导致你全部资产都遭受损失的投资决策。委婉地说，就是市场可能没有像所预期的那样做出反应。每个经济周期的特征都是不同的，因此，为一个特定的阶段设定的一个投资配置范围，而不是一个确定的数字要更有意义（比如，为阶段 I 设定的投资组合中债券所占比例是 30% ～ 50% 这样的比例范围，而不是 40% 这样确定的数字）。

📈 根据市场行为确定阶段

第 6 章详细地描述了经济周期的 6 个阶段，第 7 章提供了一些模型作为确定不同经济周期的方法。现在是我们从另外一个视角看待这个主题，并根据相对趋势来看市场所处的位置，从而确定经济周期的阶段。因为除非事后分析，否则我们无法确切地知道市场的波峰和波谷，所以我们需要客观的方法来确定这些趋势。为了这个练习的目的，我们使用的是这 3 个市场（债券、股票和商品）相对于其 12 个月移动平均线的表现。价格超过其移动平均线的市场被认为是牛市，如此等等。因此，当债券价格高于其移动平均线，股票价格和商品价格低于其移动平均线的时候，就被确定为阶段 I；同样地，当这 3 个市场的价格都低于其移动平均线时，就被认为是阶段 VI，如此等等。

你可能会提出这样的问题，那就是"为什么是 12 个月移动平均线呢？为什么不是其他的移动平均线呢？"如前面讨论的一样，我们的目标不是追求完美，因为那是不可能的。我相信我们能建立一个模型，这个模型能将各种不同的移动平均线和振荡指标最优化，以使它们能尽可能地吻合。如果这个模型还不够好的话，那么我们还会引入无数的规则，这些规则将使经济系统中的历史数据变得更为显著。然而，我们对于过去的数据感兴趣，只是因为它们能帮助我们去预测未来。引入许多不同的规则，对于长期趋势中的不同经济周期的移动平均线的最优化处理并不一定能符合将来市场的发展变化。最初采用 12 个月移动平均线是因为它包括了日历年度中的每个月，因而不会受到季节性调整的影响。12 个月移动平均线并非完美，但对于大多数证券的价格趋势来说，这个时间期限经过了持续性的检验。

我们还尝试着用长期 KST 指标作为趋势方向的决定因素，但是移动平均线的方法看起来确实为我们提供了一个更好的结果。

利用市场表现来确定阶段：一个正面的例子和一个反面的例子

我们已经注意到，债券、股票和商品市场的转折点之间的时间顺序在绝大多数经济周期内非常一致地重复着。偶尔地，一个市场或其他的市场会脱离这个时间顺序，但是应用这个方法的主要困难在于不同经济周期中的市场之间的领先和滞后时间是不同的。

尽管存在这些缺点，但这个方法有一个主要的优点，那就是能为我们提供一个有用的框架，这个框架能有助于我们确定自己在经济周期中所处的位置。举例来说，一旦知道债券市场已经达到顶峰了，那么就是期待下一个转折点，也就是股票市场的转折点的时候了，依此类推。不仅关于时间顺序的知识可以帮助我们预测市场的转折点，而且其他两个市场的行为也能作为一个交叉参考。举例来说，如果我们相信债券市场已经到达底部了，但是商品市场和股票市场依然在继续着强烈的反弹，这和正常的时间顺序是不一致的。那么债券市场中出现趋势反转的可能性就会非常低。另一方面，股票开始下跌，并且商品价格指数也已经出现了至少 6 周之后，如果债券价格已经反弹了 3 个月甚至更长的时间的话，那么债券价格出现趋势反转的概率就会非常之大。

首先让我们通过几个例子来看一下历史上这个方法是如何发挥作用的。图 8-1 显示了 3 个市场与移动平均线的关系。在这个情况下，债券价格代表的是信贷市场。虚线代表的是 3 个市场的 12 个月移动平均线。这个阶段显示了一个经典的例子，那就是债券市场领先于股票市场，依次股票市场又领先于商品市场。阶段 I 开始于 1982 年 7 月，那时债券价格刚好穿过它们的移动平均线；股票价格紧随其后，没多久就穿过了它的移动平均线，阶段Ⅱ开始。最后，在1983年年初的时候，商品价格的反弹使经济周期步入了阶段Ⅲ，那时所有3个市场都处于牛市的状态。1983年的夏天，随着债券价格负向穿越其移动平均线，经济周期开始改变方向，接下来是股票市场的负向穿越其移动平均线，最后，商品市场的负向穿越其移动均线标志着阶段Ⅵ的到来。

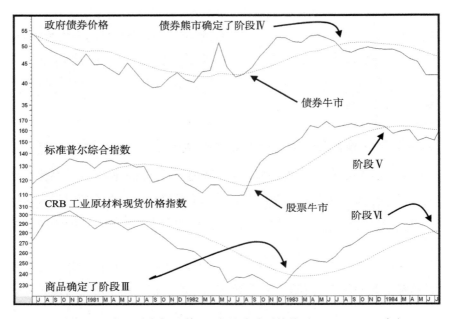

图 8-1　3 个金融市场及其 12 个月移动平均线（1979～1984 年）

资料来源：pring.com。

图 8-2 显示的是同样的 3 个市场，但是这一次货币市场的价格是以反转的商业票据收益率替代债券价格来表示的。在这个图中，阶段Ⅰ出现得较早，在 1981 年年底。负向的移动平均线交叉表示着阶段Ⅳ也较早地出现在 1983 年 5 月，而不是在 1983 年 7 月。事实上，在股票和商品市场的阶段表现上，不管货币市场的价格是由债券价格还是由商业票据收益率来表示，都没有太大的差别。如我们所预测的那样，当债券市场所处阶段由它们自身决定而不是由货币市场决定时，债券表现得更好。

这个 1982～1984 年的例子对于我们的分析来说是很有用的。不幸的是，市场总是让我们在大部分时间内都处于猜测阶段。图 8-3 就显示了这样的一个例子。在 2000 年年底的时候，货币市场的价格显示出了阶段Ⅰ，这个阶段一直持续到 2002 年 4 月，那时商品价格也出现了牛市。不幸的是，这种情况让我们处于疑惑之中，因为债券市场和商品市场的牛市，以及股票市场的熊市不符合 6 个阶段中任何一个阶段的特征。在这个例子中，商品市场领先于股票市场，但是显然这应该颠倒过来。然后，在 2004 年春天的时候，货币市场的卖出信号昭示着阶段Ⅳ的到来；紧跟着是几个月后股票的卖出信号昭示着阶段Ⅴ的到来。然而，这时候出现了数据的锯齿形，又回到了阶段Ⅳ。

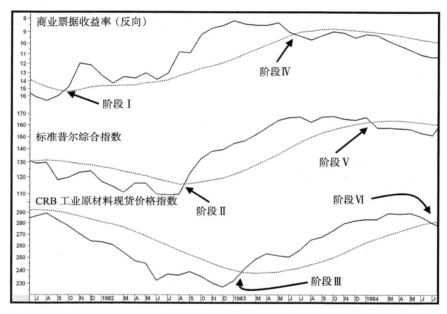

图 8-2　3 个金融市场及其 12 个月移动平均线（1979 ～ 1984 年）

资料来源：pring.com。

利用市场行为去确定经济周期阶段的主要优点在于，它使我们可以将历史回溯至 19 世纪中叶，以使得在许多长期的经济周期中（包括通货膨胀趋势和通货紧缩趋势）检验这个概念变为可能。图 8-4 到图 8-9 显示了 1860 ～ 2005 年这 3 个市场的表现。图中黑色的线段和阴影区域着重显示出来的是依据债券、股票和商品价格与其 12 个月移动平均线的关系确定的牛市阶段。举例来说，阶段Ⅰ、阶段Ⅱ和阶段Ⅲ对于债券是牛市，因而这些阶段我们用黑色的线段强调出来。对于股票市场来说，用黑色线段和阴影区域表现的阶段就是阶段Ⅱ、阶段Ⅲ和阶段Ⅳ，如此等等。熊市和无法判断的阶段用较浅的颜色表示。举例来说，当债券市场和商品市场都是牛市，股票市场是熊市的时候，这就是个无法归类的阶段，就应该用浅色线段来表示。

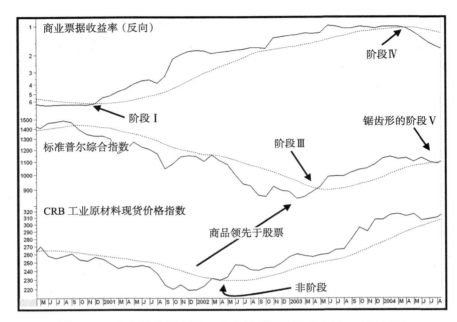

图 8-3　3 个金融市场及其 12 个月移动平均线（1999～2004 年）

资料来源：pring.com。

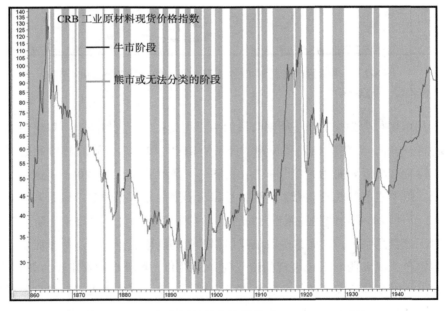

图 8-4　CRB 工业原材料价格指数（1860～1950 年）

注：阴影区域代表牛市阶段 Ⅲ、阶段 Ⅳ 和阶段 Ⅴ。

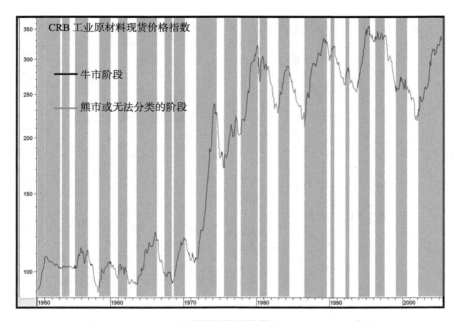

图 8-5　CRB 工业原材料价格指数（1950 ～ 2005 年）

注：阴影区域代表牛市阶段Ⅲ、阶段Ⅳ和阶段Ⅴ。

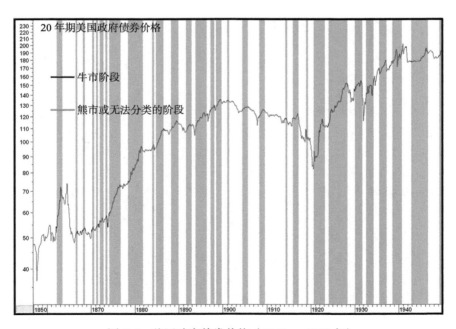

图 8-6　美国政府债券价格（1860 ～ 1950 年）

注：阴影区域代表了牛市阶段Ⅰ、阶段Ⅱ和阶段Ⅲ。

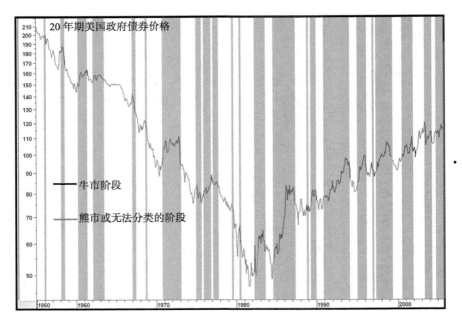

图 8-7 美国政府债券价格（1950～2005 年）

注：阴影区域代表了牛市阶段Ⅰ、阶段Ⅱ和阶段Ⅲ。

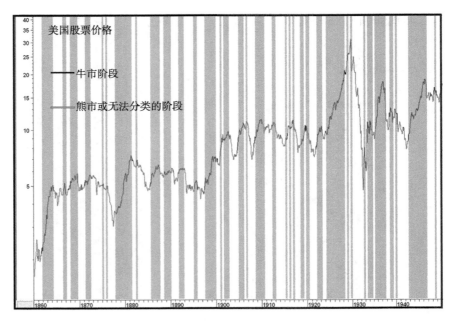

图 8-8 美国股票价格（1860～1950 年）

注：阴影区域代表了牛市阶段Ⅱ、阶段Ⅲ和阶段Ⅵ。

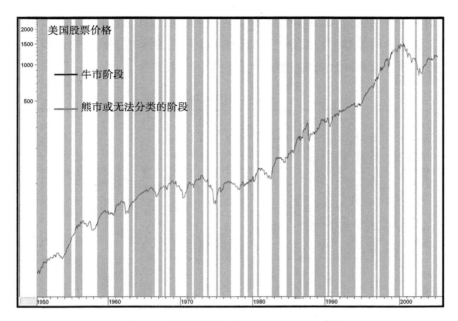

图 8-9　美国股票价格（1950～2005 年）

注：阴影区域代表了牛市阶段Ⅱ、阶段Ⅲ和阶段Ⅵ。

📈 结论

图 8-10 到图 8-15 显示了 3 个市场在不同阶段的表现，这里的阶段是根据市场价格与其 12 个月移动平均线之间的关系来确定的。大多数的结果同我们的预期一致。然而，我们看到股票在阶段Ⅰ有一个积极的表现，情况不应该是这样的。答案在于，正常情况下，当利率升至顶峰时，距离股票下跌也不会太远了。与此同时，熊市筑底之后就会出现爆炸性的增长，这意味着股票价格在穿过其 12 个月移动平均线之前就已经上涨了相当一段距离了。考虑一下由市场上出现的真实的转折点所显示的**真实**阶段。这里的情况就是，在熊市底部和移动平均线交叉之间的股市反弹实际上就是阶段Ⅱ，但是我们所使用的方法直到移动平均线真正发生交叉时才能被辨别出来。换句话说，阶段Ⅰ的获利结果是阶段Ⅰ下降趋势的反应，那时债券价格刚向上穿过其移动平均线，但是在股票到达其价格低点之前，这个下跌幅度是小于在股票低点和移动平均线交叉之间的平均上涨幅度的。

同样的解释可以说明持有债券能在阶段Ⅵ获利的事实。再一次，通过我们的方法，阶段Ⅰ只有在最初的价格从底部反弹之后才能被判断出来。1900～2004 年，在正向的移动平均线交叉之前的债券价格反弹幅度远远大于负向的商品市场移动平均线交叉和最终的债券市场低点之间的债券市场下跌的幅度。而负向的商品市场移动平均线交叉意味着经济周期已经步入阶段Ⅴ。

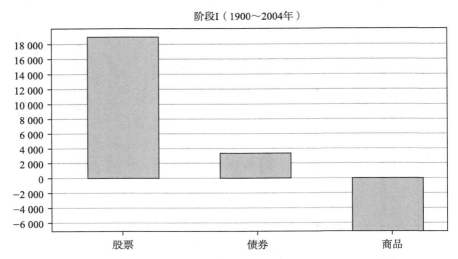

图 8-10　根据市场行为确定的阶段 Ⅰ 的表现（1900 ～ 2004 年）

资料来源：Zammuto.com。

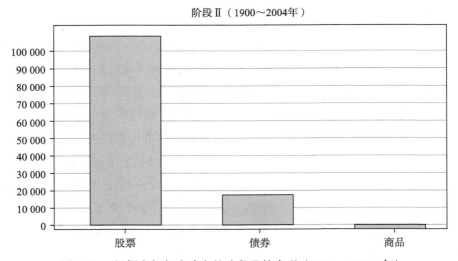

图 8-11　根据市场行为确定的阶段 Ⅱ 的表现（1900 ～ 2004 年）

资料来源：Zammuto.com。

在第 12 章中，我们还会将这些结果与不同的经济部门相联系，进行更多的讨论。此外，你可能有趣知悉，随书附赠的光盘中还有对股票、债券和商品这 3 个市场与其 12 个月的移动平均线在各个阶段的彩色柱形图。我们希望在本书中将它们全部展示出来，但由于黑白印刷格式的限制，这样做是不符合实际的，敬请谅解。

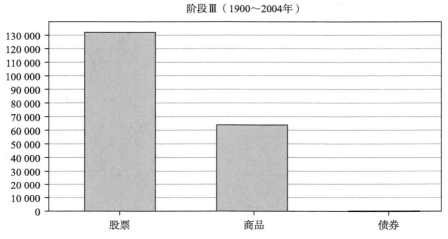

图 8-12　根据市场行为确定的阶段Ⅲ的表现（1900 ～ 2004 年）

资料来源：Zammuto.com。

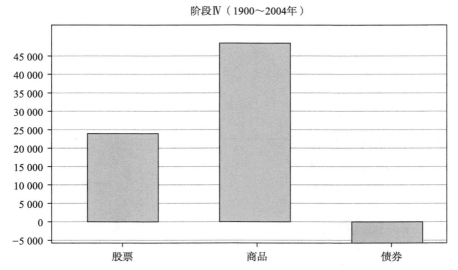

图 8-13　根据市场行为确定的阶段Ⅳ的表现（1900 ～ 2004 年）

资料来源：Zammuto.com。

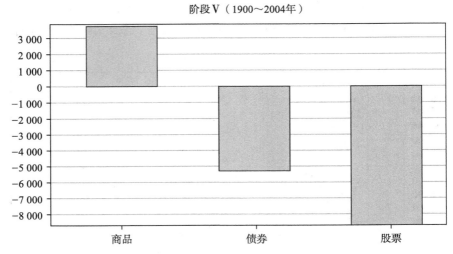

图 8-14　根据市场行为确定的阶段 V 的表现（1900 ～ 2004 年）

资料来源：Zammuto.com。

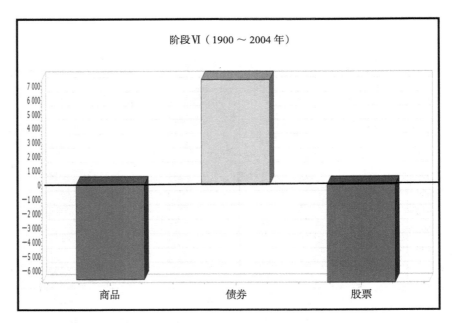

图 8-15　根据市场行为确定的阶段Ⅵ的表现（1900 ～ 2004 年）

资料来源：Zammuto.com。

第 9 章
Chapter 9

如何使用易于遵循的指标
来辨别经济周期中的阶段

根据 12 个月移动平均线来追踪市场运行趋势是非常容易的，但是一直坚持和遵循我们在第 7 章所描述的方法将是一件令人畏惧和厌烦的工作。最简单的方法可能是订阅我们的月度 *Intermarket Review* 在评论中会定期公布并讨论这些方法。充满了商业价值，尽管！本章提供了几个有用且易于遵循的指标，这些指标一定会带你进入识别**环境性**经济阶段的过程。本章所描述的大部分历史数据及 URL 的不同来源都在随书光盘中重新制作过。

我们这里的目标是提供几个指标，这些指标的转折点连续性地发生在我们按照我们的晴雨表所确定的经济周期中的一些特定阶段。只要它们被描述出来了，就有可能使用它们，把它们归纳在一张图表或清单中，在本章结尾我们会这样做。当几个指标都处在特定的位置时，它们相互之间可以当作交叉参考，这样就能更准确地确定经济周期中占主导地位的阶段。

当所有或大多数指标都一致时，可以说，我们能十分自信地认为，经济周期已经到达其发展过程中的一个特定阶段了。在这个时期成功的可能性较大，风险较小。同样的道理，如果证据本身就是自相矛盾的，那么就需要采取更能规避风险的投资方法。

当我们在这一章谈到经济周期的阶段时，这些阶段是根据晴雨表定义的，不是根据市场与其 12 个月移动平均线之间的表现来定义的。请注意本章大部分的图表都在随书光盘中用容易追踪的色彩格式标注出来了。

📈 贴现率

货币政策的改变能以多种方式表现出来，但是最明显的信号来自贴现率的趋势反转。美联储不会对一系列相似贴现率的变动之后出现的贴现率的上涨或下降感到太担心，因为这些改变是现有货币政策的延伸。然而，当其在一系列的利率下降后提高利率或者在一系列的利率上调后降低利率时，这就是件大事，因为这暗示货币政策的转向。如果当局在一系列的利率下降后调高利率，然后一两个月后又削减利率的话，那就会给市场一个令人迷惑的信号，而市场不能承受的一件事情就是不确定性。这就是美联储在决定利率趋势反转前必须仔细考虑的原因。一旦开始了一个新的趋势，那么就得维持一段时间。如果美联储不停地对于这样的事情改变主意，那么市场参与者将会丧失信心，因为他们意识到，市场上最大的参与者不知道他们在干些什么。

出于这个原因，一旦新的利率趋势被建立起来，美联储极少改变货币政策的趋势。这种缓慢、审慎的行为也是经济周期对事实的反应，那就是经济周期就像一个大型邮轮一样，需要时间和努力去改变航行的方向。在船长决定调转船头与真正做到船头调转过来之间存在相当长的时间滞后。同样的事情也发生在美联储身上。理想状态下，如果美联储能够预期到经济周期状况即将到来的变化，那是很好的；但不幸的是，美联储是由特定的人组成的委员会，同其余的人一样获得的是延迟的数据。

　　因此，当美联储在 1 年或者更长时间的利率上涨后突然削减贴现利率，就意味着两件事。第一，货币当局已经开始意识到，经济面临的更大危险是紧缩而不是通货膨胀。第二，它已经用具体的行动来支持这种观点。明显地，美联储不能强迫人们去贷款购买房子和汽车，但是它当然可以通过降低成本使贷款变得更加容易。

　　伟大的艾德森·高尔德（Edson Gould）建立了一个原则，他称之为"三步一大跌"（Three Step and Stumble）法则。简单来说，他认为贴现率的第 1 次调高对于股票价格没有太多损害，但是在贴现率第 3 次调高时，股票市场参与者将会开始预期一个趋于疲软的经济并开始出售股票。因此，股市就开始下跌。图 9-1 显示了当利率第 3 次上调时的主导性阶段的贴现率。如你所见，第 3 次利率上调出现在阶段 Ⅴ。只有在 1981 年出现长期趋势顶峰的时候，第 3 次利率上涨才不是出现在阶段 Ⅴ。第 1 次利率下调也是很重要的，一贯出现在阶段 Ⅱ。这也在图中得到了演示。

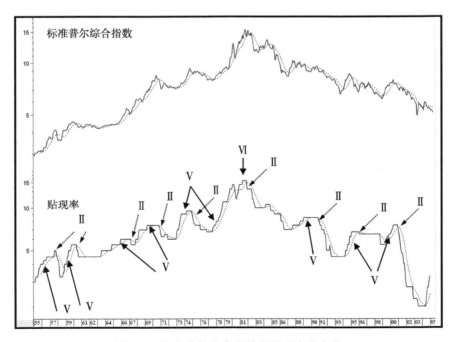

图 9-1　标准普尔综合指数和贴现率的变化

资料来源：pring.com。

　　贴现率也可以与其 12 个月移动平均线结合起来应用。图 9-2 显示了这种情况，同时出现的还有穆迪 AAA 级公司债券的收益率。向上和向下的箭头显示了 2 个例子：一个是 12 个月移动平均线的交叉法则在预测债券市场趋势方面非常奏效的例子；一个是出现在 20 世纪 90 年代通货紧缩时期，12 个月移动平均线在预测债券市场趋势方面不成功的例子。一般来说，向上的交叉出现在阶段Ⅳ，或者就在阶段Ⅳ和阶段Ⅴ的过渡转折点上。向下的交叉典型地就出现在阶段Ⅱ的开始。在 1955 ～ 2005 年的这个阶段内，出现了 12 个这样的信号，每个信号都出现在阶段Ⅱ刚刚开始的时候。

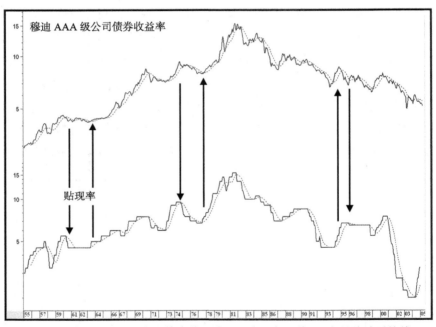

图 9-2　穆迪 AAA 级公司债券收益率 vs. 贴现率及其 12 个月移动平均线
资料来源：pring.com。

📈 领先经济指标

　　美国谘商会领先指标、同步指标和滞后指标也能被用于确定经济周期的阶段。领先指标总是在阶段Ⅴ的开始或中间阶段出现波峰，而波谷总是出现在阶段Ⅱ的初期阶段。当然，问题是如何最好地确定波峰或波谷出现的时间。不幸的是，没有一个完美的答案。然而，一个 9 个月的移动平均线交叉通常非常接近于经济周期的转折点，而且不会碰到过多的锯齿状图形。下降的交叉典型地出现在阶段Ⅴ的中间阶段，上升的交叉出现在阶段Ⅱ刚开始的阶段。在 1987～1993 年，有一段非常糟糕的时期，那时出现了非常多的锯齿状图形，但是图 9-3 和图 9-4 显示这种方法在大多数时间内还是非常奏效的。领先指标与其 9 个月移动平均线一起显示出来。这个位于图形底部的系列数据是一个趋势背离指标，它是将月度的观测值除以 9 个月的移动平均线得出的。当震荡指标向上或者向下穿过零线时，就会出现移动平均线的交叉。图 9-3 的阴影区域显示了根据晴雨表决定的阶段Ⅴ，图 9-4 中的阴影区域显示了阶段Ⅱ。重要的是理解经济周期之后出现的最可靠和最显著的指数反转信号已经持续了更长的一段时间（即一年或者更长时间），因为这种类型变动趋势的反转更可能暗示经济周期重要的变化。移动平均线交叉出现在更接近于真实的转折点附近，因此它们典型地出现在阶段Ⅴ和阶段Ⅱ中。你可以通过对比交叉点和阴影区域看到这一点。它们几乎同时出现在这些区域中。同样的道理，你也可以看到振荡指标出现了几个零线穿越，这与这个情况是不相符的。一般来说，在领先指标经历了 6 个月或更长的延长期限后，移动平均线交叉正确地辨别出了这两个阶段。我们还应该提到，出现在 20 世纪 90 年代后期的一个长时期的阶段Ⅱ，没有通过这种方法将它标示出来。那同样是一个例外。

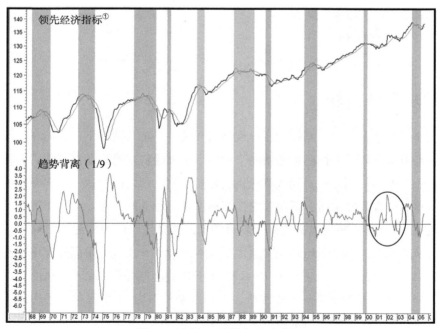

图 9-3 领先经济指标和阶段Ⅴ

①阴影区域代表阶段Ⅴ。

资料来源：pring.com。

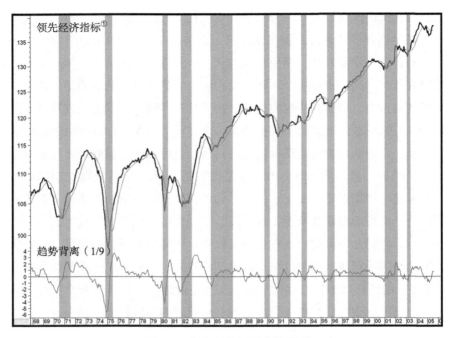

图 9-4 领先经济指标和阶段 II

①阴影区域代表阶段 II。

资料来源：pring.com。

📈 同步经济指标

同步经济指标在领先指标之后出现波峰和波谷。正常情况下，它们在阶段 V 的**末端**达到顶点，而领先指标总是倾向于在这个阶段的**初期**或中期穿过它们的移动平均线（见图 9-5）。偶尔地，同步指标也会在阶段 VI 出现转向。这个趋向底部的过程一直持续到阶段 II 的**末期**，不像领先指标标志着阶段 II 的**开始**。在这个情况下，我们采用 12 个月移动平均线交叉作为趋势转变的确认点。因为实际的波峰通常出现在阶段 V 的末期，移动平均线交叉通常出现在阶段 VI，或者非常偶然地出现在阶段 V 的末期。同样地，一个正向的 12 月移动平均线交叉几乎一成不变地出现在阶段 III 的最初时期，或者最早是出现在阶段 II 的末期。因为 12 个月移动平均线确实经历了锯齿状的交叉，因而通常使用 9 个月变动率的零线交叉作为一个证实是有意义的。当指数和变动率都穿过基线时，通常你就更为确信地认为信号是有效的。这种方法的主要缺点是，变动滞后几个月是常见的。尽管如此，当它们差不多同时交叉时，移动平均线信号被证实为是一个有效的反转信号的概率就大大增加了。变动率相对于平衡性的位置也会有助于显示什么时候指数在向上或者向下的趋势上过于延伸了。

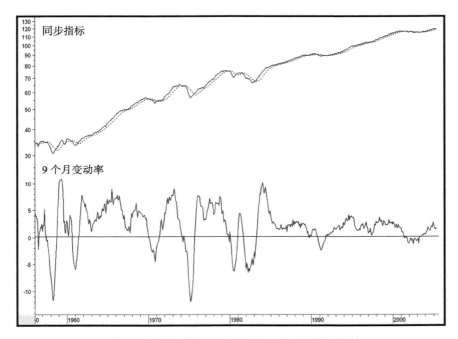

图 9-5 同步指标和一个 9 个月期变动率的曲线

资料来源：pring.com。

最后，凡是变动率曲线向下穿过零线时，几乎就会跟随着一个经济衰退。这是其中的一种方式，通过这种方式能够将经济收缩和增长性放缓区别开来。关于这一点，请注意 1966 年、1984 年和 1994 年的时候，变动率指标没有出现在零线以下，尽管都发生了股票价格的下降，但是没有出现经济衰退。

📈 滞后指标

滞后指标的转折点能让我们进一步地探索经济周期的阶段（见图 9-6）。其结果就是，滞后指标的波峰典型地是出现在阶段 Ⅱ 开始的时期，这时候，这个指标通常向下穿过其 9 个月移动平均线。波谷通常出现在阶段Ⅳ，这就是移动平均线被穿越的时候。

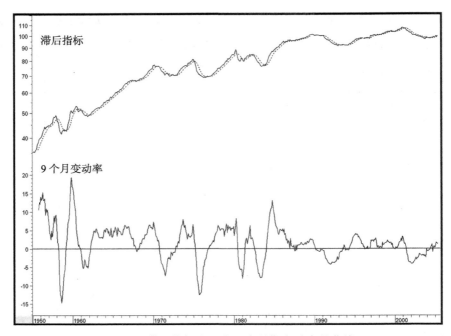

图 9-6　滞后指标和一个 9 个月期变动率的曲线

资料来源：pring.com。

一旦滞后指标向下穿越了移动平均线，下一个期待的事情就是领先指标的向上穿越，这意味着新的经济周期已经开始了。

随书光盘提供了一些颜色标注的阶段性图表，表示所有的 3 个综合经济周期。

收益率曲线

收益率曲线只是短期债券的收益率与更长期限债券的收益率之间的比率。它们之所以有用，是因为它告诉我们货币是紧缩的还是宽松的。图 9-7 显示了公司债券的收益率曲线，这里的比率是将 3 个月期商业票据的收益率除以穆迪 AAA 级公司债券的收益率得到的。当美联储采取紧缩货币政策时，它会通过买进和卖出操作来提高短期（货币市场）证券的收益率。如果美联储抽干银行系统的流动性，那么银行就没有足够的货币去创造信贷，因此信贷的价格（也即利率）就会上升。美联储没有能力直接影响长期债券的收益率，因为它们是由市场压力和预期所决定的。然而，当短期利率升高至比长期利率还高的水平时（即当收益率曲线波动至 1.0 以上时），这就意味着紧缩的货币状况。这个情况被称作"**反转的收益率曲线**"。当收益率曲线出现反转时，通常会紧接着一个经济衰退，尽管不总是这样。

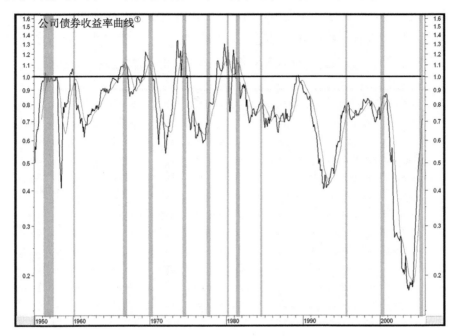

图 9-7　公司债券收益率曲线和阶段 Ⅵ

① 阴影区域代表阶段 Ⅵ。

资料来源：pring.com。

　　几乎在所有的情况下，这个反转的过程都是出现在阶段 Ⅴ。在 1955 ~ 2005 年的 8 个反转例子中，只有 1980 年 10 月是唯一的例外。当收益率曲线反转时，这几乎是一个完全确定的信号，即经济周期处于阶段 Ⅴ。随着收益率曲线再次向下穿过 1.0 的水平时，反转出现在阶段 Ⅵ，或者更有可能出现在阶段 Ⅰ 的开始。同样，在一个长期的反弹之后，当收益率曲线从接近 1.0 的水平向下穿过其 12 个月移动平均线时，反转经常出现在阶段 Ⅰ，或者更有可能出现在阶段 Ⅱ。因此，这是个购买流动性驱动型（liquidity-driven）的经济部门，例如公用事业和金融部门债券的好时机。如果你足够幸运能够发现一个向上反转，这通常会出现在阶段 Ⅲ 的最末端或者阶段 Ⅳ 的开始。

📈 领先指标 / 滞后指标比率

　　美国谘商会发布的领先指标和滞后指标之间比率的转折点，如图 9-8 所示，也

为经济周期阶段的发展提供了好的指示器。负向和正向的 12 个月移动平均线交叉
出现在阶段 V 的最初时期,在大多数情况下,出现在阶段 II 的最初 1/4 或者更小的
部分内。当然,也有一些例外,但是在大多数情况下,交叉发生在这样的阶段内。
图 9-8 中阴影区域重点显示了阶段 V;图 9-9 中阴影区域重点显示了阶段 II。

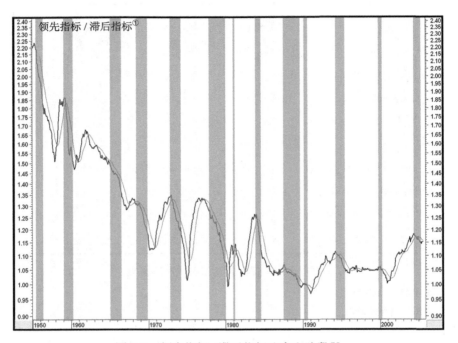

图 9-8 领先指标 / 滞后指标比率和阶段 V

①阴影区域代表阶段 V。
资料来源:pring.com。

真实的波谷典型地落在接近于阶段 I 最末端的时候。你从图 9-9 中难以辨别出
来,因为不是所有的阶段 II 前面都有阶段 I。然而,图 9-10 中垂直的实线显示了
这个政策情况下较短的阶段的实际末端。通常情况下,变动率的转折点是相当显著
的,特别是紧接在延长的移动之后。这意味着震荡指标的反转比观测比率自身的
路径更容易发现。当 9 个月的变动率从一个过于延长的情况步入底部时,这通常
发生在非常接近阶段 I 末端的时候。垂直的虚线指向了阶段 VI 的末端,那时候变
动率进入了严重超卖的区域。在这 4 个例子中,周期演进得很快以致晴雨表根本
没有显示出阶段 I 的信号,因此阶段 VI 和阶段 II 之间的过渡是我们见过的最短的
过渡。

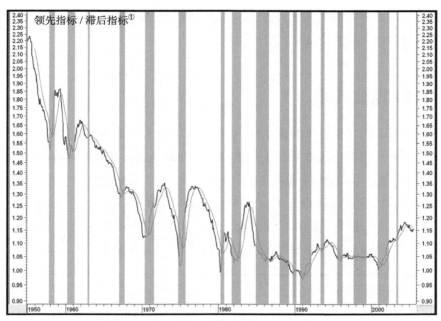

图 9-9　领先指标 / 滞后指标比率和阶段 Ⅱ

①阴影区域代表阶段 Ⅱ。

资料来源：pring.com。

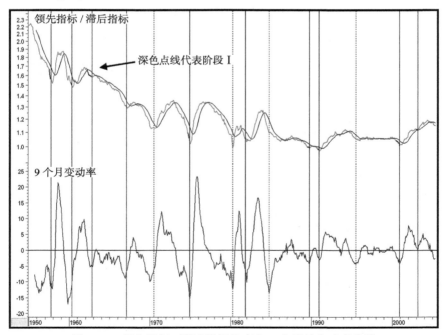

图 9-10　领先指标 / 滞后指标比率和 9 个月的变动率曲线

资料来源：pring.com。

变动率的顶峰稍微出现在比率之前，这意味着在大多数情况下，它在阶段Ⅳ到达顶峰。这种情况发生的概率大约是 2:1。

📈 股票 / 商品比率

股票 / 商品比率是将标准普尔综合指数除以 CRB 工业原材料的现货价格指数得来的，这个比率看上去在阶段 I 的末端到达底部，或者如果没有阶段 I，那就是在阶段Ⅵ的末端，如图 9-11 所示。在其向上穿过 12 个月移动平均线时，经济周期（2:1 的概率）已经移向阶段 II 了。在市场的顶端没有严格的法则。如果有一个图形，那就是比率在阶段Ⅳ的末端或者阶段 V 的开始向下穿过其移动平均线。我们不应该依赖于这些负向的移动平均线交叉，除非能够被其他证实所支持。

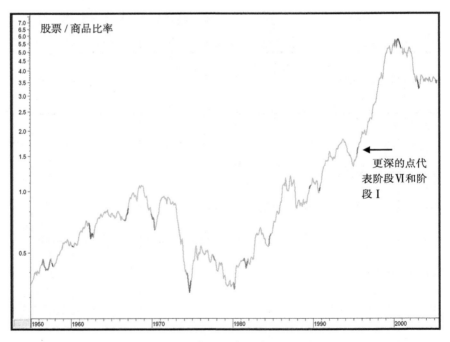

图 9-11 股票 / 商品比率和阶段Ⅵ和阶段 I

资料来源：pring.com。

📈 扭矩指标

在第 7 章，我们曾经简短地介绍过扭矩指标，它是股票晴雨表的一个成分。现在是深入了解扭矩指标的时候了。货币和金融指标提供了经济复苏的第一个信号，这反映在短期利率的首次下降上。这种刺激对真实经济的影响有一个滞后过程。你能切实感受到的第一件事情就是房屋开工数。明显地，所有的房屋购买都是靠抵押贷款融资的，因此利率的下跌会使得更多的人有能力购买房屋。这不是迫使他们买房，但是如果他们愿意买房的话，这确实为他们提供了购买能力。因为大多数抵押贷款，甚至是越来越流行的可调整利率抵押贷款（adjustable rate mortgages，简称 ARMS），都有一个长期的固定利率，所以房屋开工数倾向于对长期利率比对短期利率更为敏感。房屋开工数有时在股票市场之前，有时在其之后触底，所以这种挑选底部（bottom-picking）的方法没有太大用途。然而，当我们将这个领先指标中最领先的指标与其他的领先指标相比时，得到了一些有趣的结果。我称这个指标为**扭矩指标**。《牛津英语大词典》中，扭矩转换器（torque converter）的定义是"将正确的扭矩从引擎传送至机动车辆轮轴的一种装置"。这就是一旦扭矩触底时，经济所发生的情况。

扭矩指标的计算非常简单，只要将房屋的新开工的月度数据除以报告延迟交付的供货商的数量就可以得到了。后一个数据每月由美国供应管理协会（之前称为采购经理人协会）公布。它还被包括在美国谘商会的领先经济指标内，反映了制造业部门的紧张程度。它是由报告交货有没有延迟的采购经理人的调查所得到的。报告延迟交货的数字越大，经济系统就越紧张；反之亦然。

这个指标的原理是，如果经济事件根据预期的房屋开工量来发展的话，在经济步入低谷的时候，我们的长期经济指标将没有供货商表现数据下降得那么快。事实上，当供货商表现数据在经济衰退阶段最后一次下跌时，房屋开工数就已经开始反弹了。扭矩指标本身就是计算该比率的 12 个月变动率，并用 6 个月移动平均线加以平滑化，如图 9-12 中的底部所示。它最好用在市场底部，那时指标有个零线的交叉，同时还有一个处于超卖部位的确然指标，这就给主要牛市市场提供了一个非常可靠的信号。这些在图形中都用垂直线加以表示。在 1966 ～ 2003 年，出现了 7 个信号，每个信号后面都跟着一个显著的市场变动。

同时出现的没有过度延伸的确然指标是极端重要的。因为一个超卖的确然指标意味着市场参与者已经预计到了经济增速放缓或者是经济衰退。换句话说，如市场下降所反映出来的那样，市场心理已经为反转做好了准备，由扭矩指标所反映出来的经济状况也为反转做好了准备。

一个正向的扭矩指标零线交叉通常意味着阶段 Ⅱ 的到来。再一次，如果确然指标的运行趋势与扭矩指标基本一致，那么这种情况出现的可能性就将是非常大的。

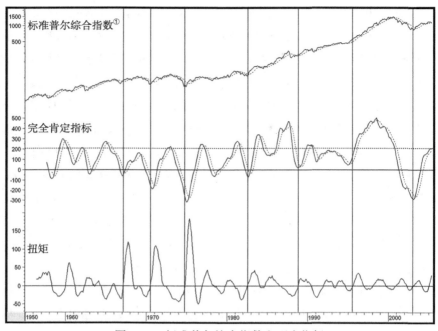

图 9-12　标准普尔综合指数和两个指标

①垂直线显示了扭矩向上穿过零线且完全肯定指标没有过分延伸的时候。

资料来源：pring.com。

波峰更加难以判断，因为扭矩指标看上去似乎没有一个连贯的图形。负向的零线交叉更普遍地出现在阶段Ⅳ，但是这并不意味着我们能将其作为一个可靠的信号。对于股票市场来说，大部分波峰出现之前通常会有一个负向的扭矩零线交叉。不幸的是，领先的时间偶尔会非常长，所以这个指标不能被用作确定波峰的可靠信号。

商品/债券比率

商品/债券比率是最根本的通货膨胀/通货紧缩指标，因此在资产配置过程中也是极度重要的。在这里，它是将连续不断的国库券的每个月底的收盘价格除以CRB工业原材料现货价格指数得到的。如果你没有连续不断的国库券的数据，也可以用 iShare 雷曼⊖20 年以上国债基金来替代。这个数据也可以在随书光盘的数据库中找到。这个比率倾向于在阶段Ⅵ或者阶段Ⅰ中向下穿过其 12 个月移动平均线。如图 9-13 所示，该图中的阴影区域代表了这两个阶段。当该比率向上穿过其 12 个月移动平均线时，经济周期通常是处于阶段Ⅲ，这可以从图 9-14 中看出来。

⊖　2008 年，受次贷危机影响，雷曼兄弟申请破产保护。——译者注

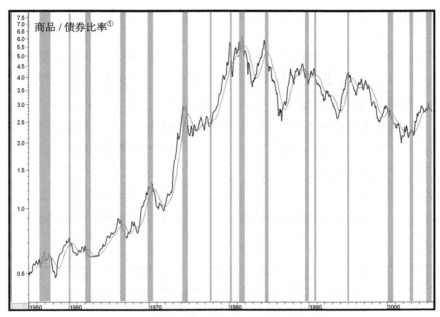

图 9-13   商品 / 债券比率以及阶段Ⅵ和阶段Ⅰ

①阴影区域代表阶段Ⅵ和阶段Ⅰ。

资料来源：pring.com。

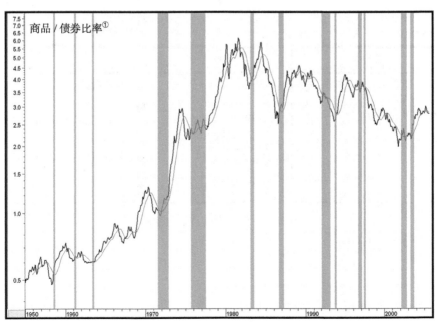

图 9-14   商品 / 债券比率以及阶段Ⅲ

①阴影区域代表阶段Ⅲ。

资料来源：pring.com。

📈 清单

图 9-15 列出了本章所讨论过的许多转折点，还有当它们转向或者穿过其 12 个月移动平均线时经济周期可能出现的位置。向上或者向下的箭头表示真实的周期性转折点。移动平均线用括号里的 MA 表示。箭头的方向显示了交叉是正向的还是负向的。如果这些事件在两个不同的经济周期阶段发展时，另一个备选的阶段就在括号中用罗马字母显示。最后，我们需要认识到，这些指标在它们所显示的阶段内在不同的转折点出现了转折。关于这一点，字母 E 代表 early（早期的），字母 VE 代表 very early（非常早期的），字母 L 代表 late（迟的），还有字母 VL 代表 very late（非常迟的）。一些指标，比如供货商表现和折算后的货币供给量在第 7 章已经描述过了。

阶段 I	阶段 II	阶段 III
商品 / 债券比率移动平均线 ↓ 收益率曲线向下穿过 1.0 水平（VI） 领先 / 滞后指标（VE） ↑	首次削减贴现率（VE） 滞后指标 ↓ 领先 / 滞后指标移动平均线（VE） 领先指标（E） ↑ 供货商表现（I） ↑ 商品 / 债券比率	同步指标（MA） ↑ 商品 / 债券比率移动平均线 ↑ 紧缩的 M2（II） ↓ 收益率曲线（IV） ↑
阶段 IV	阶段 V	阶段 VI
贴现率交叉移动平均线（VL） ↑ 滞后指标（MA） ↑	领先指标（VE） ↓ 商品 / 债券比率 ↑ 第三次上调贴现率 收益率曲线反转 同步指标（VL） ↓ 供货商表现（VI） ↓ 商品 / 债券比率（VI） ↓	同步指标（MA） ↓ 股票 / 商品比率（I） ↑ 紧缩的 M2（V） ↑

图 9-15　经济周期转折点清单

资料来源：pring.com。

第 10 章
Chapter 10

若能管理风险，盈利自然实现

📈 背景

在本章里，我们将试图解释不同种类的资产所面临的不同风险。理解了这些概念，我们能够更好地管理风险。因为市场风险是所有资产类型都面临的普遍风险，所以这个讨论中大部分将主要关注确定风险低且收益相当高的阶段。本书的后面部分，我们将集中讨论交易所交易基金（Exchange Traded Funds，简称 ETFs），这是适合资产配置过程的投资工具。本章中有相当一部分都不是与这个讨论直接相关的。然而，介绍管理风险这个概念是非常重要的，对于继续关注单个股票和债券的读者来说是重要的。其次，对于 ETF 基金的购买者去理解风险管理的基本原理也是重要的，因为市场上有太多这样的投资工具，需要对它们的风险进行单独管理。

在广泛的意义上，风险可以大致分为两大类。第一类是**与特定证券相关的风险**。这类风险与这样的问题相关，例如："我持有的债券可能违约吗？我刚买进的股票会削减其股息吗？"第二类是**市场风险**。当市场上的主要平均指数下跌时，大多数股票也就下跌了。当利率上涨时，债券价格一般会下跌等。本章将讨论这两类风险。首先我们将解释与特定证券相关的风险。这包括证券的质量风险、再投资风险和与波动性相关的风险。

市场风险度量的是单个证券相对于整个市场变化的受影响程度。举例来说，如果我们考虑的是债券，收益率的增加对于长期债券的负面影响将大大超过对于短期（比如说 1 年期）债券的负面影响。因为不管怎么说，短期债券将会在不到 1 年的时间内到期，因此购买短期债券的新投资者的机会收入的损失相对较小。将这个损失与 20 ～ 30 年间的现行收入的损失相比，你将会发现，这些债券的价格将要下跌相当大的程度才能够使它们的总体收益率达到以较高的利率水平发行的新债券所提供的收益率水平。

股票存在市场风险是因为大多数股票都受整体股票市场的上升或者下降的影响，这些市场整体的上升或者下降由标准普尔综合指数或者其他的市场平均水平所表示。本章的目的就是指出这些不同的风险，并指出在不放弃太多投资业绩的情况下，如何更好地管理这些风险。如果在不承担过多风险的前提下，我们的资本能够获得相当好的收益，那么我们就到达了投资的天堂。在我们考虑与股票和信贷工具相关的风险之前，让我们快速地回顾一下在第 1 章中详细讨论过的一个概念。

📈 多元化投资

我们这里讨论多元化投资的目的是提醒大家，不考虑多元化投资的话，任何风险管理程序都是不完备的。这是个普遍的常识，那就是，你把所有的鸡蛋都放在同一个篮子里面，如果篮子破了的话，将会导致所有的鸡蛋都被打碎。因此，从投资的观点出发，必须确保你的投资组合足够多元化，以至于能在特定投资出现失败的情况下，避免陷入财务困境。

通过多元化投资降低风险有两种方式。首先，它能够在具有较好相关程度的几个证券之间分散风险。我们可以进一步地讨论这个话题。举例来说，购买一个医药公司的股票不算多元化投资行为，但是购买一个投资于医药行业股票的共同基金或者 EFT 基金就是多元化的投资行为。

其次，多元化投资还可以通过持有不相关的几类资产的形式表现出来。例如，如果债券投资表现良好，那么通货膨胀对冲资产表现可能就不大好。另一种情况是，股票市场处于下跌阶段，股票持有者遭受损失，而现今持有者则没有受损。同样还存在这样的问题，那就是随着经济周期的发展，领先行业之间也在发生着变化。开始的时候，当经济刚从衰退中走出时，公用事业以及那些由于利率下降从而利润大大增加的行业的投资表现都非常好。随着经济周期步入经济恢复的末端，通货膨胀压力达到最大时，公用事业类的债券或者股票的表现就非常差了。另一方面，这种经济环境适合于采矿和能源类的债券和股票，所以这类资产通常会表现较好。因此，在不同的行业之间取得平衡的资产组合将会很好地避免市场风险。

一般来说，债券和贵重金属与股票不具有相关性。但是在经济周期中确实有几个阶段它们之间有一定的相关性，但是通常股票持有者在承担最大风险的时期没有这种相关性。精确地说，多元化投资的稳定性作用对投资者来说是最有帮助的。

📈 股票

证券风险

1. 质量

具有高波动性的股票短期内通常会拥有超出一般水平的收益，但是乌龟式的投资者通过专注于没有太多波动性的高质量股票，在长期内将胜过兔子式的投资者。出现这样的结果有两个原因。第一，高质量股票在熊市里会表现得更好，因为它们更具有弹性。第二，存在这样的数学事实，那就是价格下跌得越明显，回到下跌之前的价格水平所需要上涨的百分比就越大。例如，如果你的股票从 100 美元下跌至 80 美元，那么 20 美元的下跌意味着下跌了 20%。而重新回到 100 美元则同样需要 20 美元的价格反弹，但是上涨的百分比却变大了，因为 20 美元代表了 80 美元的 25%。想象一下，如果急剧下跌，比如下跌了 40% ~ 50%，再回到盈亏平衡点的价位是多么困难。我们不必更进一步深入去发现哪些股票是高质量股票，哪些不是，因为标准普尔公司根据它们收益的稳定性和质量会对股票进行评级。这个评级系统追踪了公司股票近十年来收益和股息的增长性和稳定性。这个评级在 A+（最高级别）到 C（最低级别）中变化，还有一个级别 D 代表着公司处于重组状态。这个股票评级系统不应该同该公司的另外一个分类混淆，另一个分类是评定公司债券发行者的信用等级。将这个评级的基本观点扩展到相当长的时期的原因是，让评级结果不至于受到短期因素和可能的会计操纵手法的过度影响。

质量对于风险管理有着至关重要的影响。在这方面，值得提起几点。第一，评级为 A- 或者更高等级（即较高质量的股票发行公司）的公司股票通常比那些较低等级的公司股票具有更大的流动性。第二，随着质量恶化，股票在熊市中的表现也将下跌。Patel 和 Santicchia 在 2003 年为标准普尔公司所做的研究显示，当公司利润普遍下降且信贷紧缩时，在盈利能力和投资组合的收益率方面高质量公司的表现都比同类公司要好。这是因为它们销售额增长的稳定性、盈利能力的水平和稳定性、规模以及较低的债务杠杆。该分析同样还显示了，高质量公司股票的投资组合（质量根据评级来判断）提供了更高的收益和更低的投资风险。该研究的作者报告说，高质量投资组合的风险特征对投资者具有吸引力，因为它们能够充分享有市场上涨所带来的收益，同时还降低了市场下降所带来的痛苦。该研究报告同样还揭示了，较高的标准普尔收益和股息评级的公司的收益增长与整体公司的收益和信贷周期不具有相关性。相反地，较低质量评级公司的收益增长则更多地依赖于对整体有利的收益和信贷周期。

不同质量评级的公司之间的会计实践活动看起来也存在着系统性的差别。与低质量的公司相比，那些高质量的公司历来会包括更不可重视的、特殊的且不同寻常的会计项目。该报告确实强调一点，那就是质量评级代表的并不是被评级公司进行会计操纵手法的一个指标。然而，与低质量评级公司相关的更大不确定性必然会增加其股票的波动性，并降低其股票的价值。实际上，该研究得出的结论是："不仅更高质量的股票的表现会超出整个股票市场的表现，而且高收益和股票评级的股票通常会以更高的市盈率（price-to-earnings）和市账率（price-to-book value）进行交易。"

该项研究共涉及了 3 400 多家美国公司，显示出在所监测的 17 年中，具有长期收益和股息增长历史的股票投资组合的表现超过了标准普尔 500 股票指数的表现。该项研究得出结论："股息和收益持续增加的大多数公司确实拥有更好的投资机会，并且在经济衰退的时候为投资者的投资组合提供了更多的缓冲。"

特别值得一提的是，拥有最高级别质量评级（A+）的股票投资组合的投资表现能超过标准普尔 500 指数将近 150 个基点。一个由 A+，A 和 A− 质量评级的股票组成的投资组合（也就是全 A 股票投资组合）的投资表现要超过更低一点的 B 质量评级的股票组成的投资组合的表现将近 400 个基点。

各个经济部门所属股票的质量等级分类大致如下。金融公司的股票占"A−"或者级别更高的股票总数的 45% 左右。下一个比重最高的就是耐用消费品行业，要占到"A−"或者级别更高的股票总数的 14%，工业部门股票占 12%，公用事业类和日常消费品类都占到 8%。2003 年，超过 3400 只拥有质量评级的美国股票中的 13% 获得了 A− 或者级别更高的评级。

这些发现也与乔·特纳（Joe Turner）在 20 世纪 70 年代所发表的一个研究报告的结论基本一致，他是我们资金管理公司——普林格 – 特纳资本（Pring Turner Capital）公司的总裁。这些发现都被概括在图 10-1 至图 10-3 中。首先显示了 1970 年存在的各种不同的种类。图 10-1 显示了 20 世纪 70 年代初，标准普尔观测的股票质量评级分布。图 10-2 显示了每个质量级别的股票在 1969 ～ 1970 年灾难性的熊市中的遭遇。你可以看出，A+ 质量等级的股票损失了大约 25%，而 C 质量等级的股票损失了其全部价值的 83%。图 10-3 进一步指出了投资表现中这个差异所包含的真实意义。在这个例子中，质量评级为 C 的股票需要增长 488% 才能回到熊市前的价格高位。与之相比，质量评级为 A+ 的股票只需要增长 35% 就能回到盈亏平衡点，与 488% 相比，这是相当不显著的增长。从风险管理的观点来看，在熊市市场，投资机会明显地倾向于更好质量评级的股票。但是，这并不是说，在普林格 – 特纳资本公司的投资组合管理者的心中，质量问题是最重要的问题。

2. 波动性

（1）时间期限。

波动性通过两种方式来影响股票。第一个方式考虑了多元化投资组合的持有期限；第二个与单个股票的特征有关。

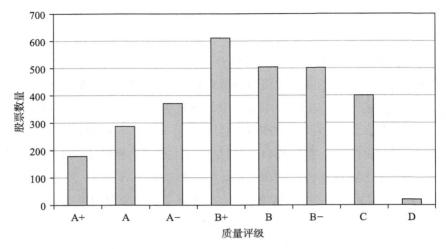

图 10-1　标准普尔质量评级分布

资料来源：Pringturner.com。

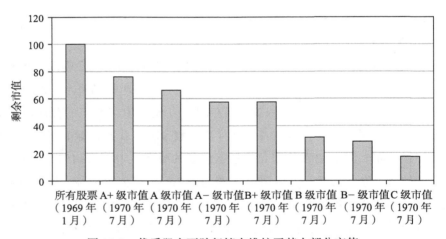

图 10-2　优质股在下跌行情中维护了其大部分市值

资料来源：Pringturner.com。

在长期内，股票的投资表现会超过债券和现金。持有股票的"成本"就是短期内的波动性。这种形式的风险将会随着时间的推移而降低。例如，1926～1991年，以持有期为1年来计算，在60%的时间内，持有股票的投资收益超过了持有1年期国库券的收益。然而，如果持有期限从1年增加到5年，那么股票投资表现超过国债的时间将从60%增加到70%。随着时间期限的增加，股票表现超过国债的时间也会增加，当持有期限达到20年时，在100%的时间内，股票的投资表现都超过了国债的投资表现。

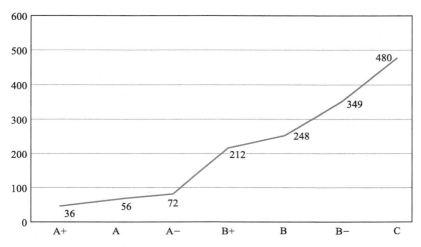

图 10-3　股票价格需要上涨百分之多少才能弥补熊市中的损失

资料来源：Pringturner.com。

有趣的是，即使是在经济大衰退最恶劣的 10 年间，股票也只损失了 1%。明显地，这么长的股票持有期限与根据经济周期演进而进行资产配置的方法是不相吻合的。然而，在本书最后一章中概括出来的所有投资组合中，一直都保持着股票的最小量的资本配置，即使在投资环境不适宜股票投资的情况下也是如此。说明这些目的是要识别出，在风险管理的过程中，时间因素是一个非常重要的因素。

（2）单个股票的特征。

单个股票的波动性以一个被称作**贝塔值**（bet value）的概念来度量。一只股票的贝塔度量其价格对于整体市场价格变动的反应程度。例如，与标准普尔综合指数的变动保持一致的投资组合的贝塔值就等于 1。另一方面，如果你投资组合的单个贝塔平均是 1.25 的话，那么就意味着，在市场整体价格反弹的时候，你的投资组合的反弹将超过市场整体上涨水平的 25%；在市场整体下跌的时候，你的投资组合将遭受超过市场损失程度的 25% 的损失。例如，如果标准普尔指数从 1000 上涨到 1200，增加了 20%，那么一个贝塔值为 1.25 的投资组合将从 1000 增加到 1250（即比市场整体多增长了 25%）。

特定股票或者 ETF 基金的贝塔值可以从 yahoo.finance 网站上获得。只要输入代码，然后点击左边 company 下面的 key statistics，然后在右边的 Trading Information 下面的 Stock Price History 一栏中就会显示该股票的贝塔值。

请注意，贝塔值将使你掌握一个非常有用的风险管理工具。例如，如果你认为市场可能下跌，那么最合适的做法就是降低投资组合的整体贝塔值，反之亦然。但请不要把贝塔值与边际杠杆相混淆。购买 2∶1 的边际杠杆意味着不管上涨还是下降，你的投资组合都会经历 2 倍的波动性。而另一方面，提高贝塔值并不能保证在牛市里能够以比市场整体更快的速度增值或减值。它只是告诉我们，所讨论的一只股票或者投资组合比市场整体具有更大的波动性，因此对于任何潜在的牛市或熊市刺激具有更高的敏感度。

📈 市场风险

股票的市场风险能够通过将股票头寸控制在波动性或受下跌影响最小的阶段得到有效的管理。例如，经济周期中有些时候，股票价格对于短期利率的上涨将会做出逆向的反应，而有些时候股票价格则不会下跌。偶尔地，下降的利率还伴随着一些股票价格的急速下跌，但是在绝大多数情况下，下降的利率对于股票来说是牛市信号。本章节的目的是描述一些技术方法，能够让你分辨出历史上什么时候股票开始出现较好的盈利，且股票下跌的风险较小。在一些情况下，识别股票风险非常高的时期也是可能的，并且这些时期明显是股票头寸应该被减少甚至全部放弃的时候。

贴现率

考察市场风险的一种可能就是观测贴现率的变动。在一系列的贴现率下降或者贴现率稳定了数月之后，若出现第 3 次贴现率上调，这时候通常就进入了熊市阶段。这被称为**三步一大跌**（three step and stumble）法则，因为在 3 次贴现率上涨或者第 3 步之后，预期市场将会出现下跌。这个方法在前面一章里曾经被当作确定一些经济周期阶段的一种方式介绍过。这个负面的经济环境一直持续到贴现率下调才会停止，这时候股票市场开始转向牛市。表 10-1 显示了自 20 世纪中期以来，这种方法的风险 / 收益还是非常有利的。图 10-4 中的箭头显示了牛市和熊市信号给出的时机。例如，1994 年卖出信号后紧跟着的是一个极好的价格反弹，而 2001 年买入信号形成在股票市场熊市的中期。然而，我们可以说，经济环境没有像标准普尔综合指数中所表现出来的那么不利。这是因为 20 世纪 90 年代的技术泡沫使得标准普尔综合指数中的技术类行业公司所占的比重过大。可以与之相比较的事实就是，纽约证券交易所（NYSE）2001 ～ 2002 年的上涨 / 下跌线事实上是上升的。

表 10-1　应用于股票市场的贴现率法则

		熊市时期		
第 3 次上调日期	第 3 次上调时的标准普尔指数	第 3 次上调后的首次调低时期	第 3 次上调后首次调低时的标准普尔指数	收益 / 损失
1955 年 9 月	44.34	1957 年 11 月	40.35	−9
1959 年 3 月	56.1	1960 年 6 月	57.26	1.98
1965 年 12 月	91.73	1967 年 4 月	90.96	−0.84
1968 年 4 月	95.67	1970 年 11 月	84.28	−11.91
1973 年 5 月	107.22	1974 年 12 月	67.07	−37.45
1978 年 1 月	90.25	1980 年 5 月	107.69	19.32
1980 年 12 月	133.48	1981 年 12 月	123.79	−7.26
1989 年 2 月	293.4	1990 年 12 月	328.33	11.91
1994 年 11 月	454	1996 年 2 月	467	2.9
1999 年 11 月	1 389	2001 年 1 月	1 366	−1.7
2004 年 9 月	115			

		牛市时期		
首次调低的日期	首次调低的标准普尔指数	首次调低后的第 3 次上调的日期	首次调低后的第 3 次上调时的标准普尔指数	收益 / 损失
1954 年 2 月	26.02	1955 年 9 月	44.34	70.4
1957 年 11 月	40.35	1959 年 3 月	56.1	39.16
1960 年 6 月	57.26	1965 年 12 月	91.73	60.2
1967 年 4 月	90.96	1968 年 4 月	95.67	5.15
1970 年 11 月	84.28	1973 年 5 月	107.22	27.22
1974 年 12 月	67.07	1978 年 1 月	90.25	34.56
1980 年 5 月	107.69	1980 年 12 月	133.48	23.95
1981 年 12 月	123.79	1989 年 2 月	293.4	137.01
1990 年 12 月	328.33	1994 年 11 月	454	38.4
1996 年 2 月	467	1999 年 11 月	1 389	197.4
2001 年 1 月	1 366	2004 年 9 月	1 115	−18.4

　　但总的来说，一旦美联储第 3 次调高贴现率，就应该采取一个谨慎的态度；而当一系列的贴现率上涨之后调低贴现率时，从技术的角度来看，买进股票也是比较合理的。

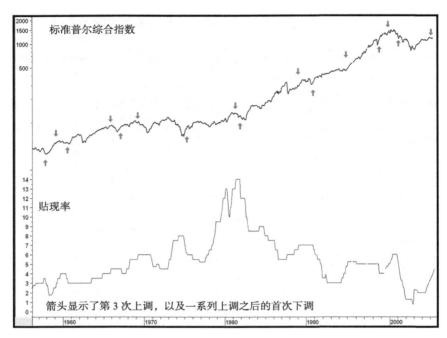

图 10-4   标准普尔综合指数和贴现率

资料来源：pring.com。

商业票据收益率

　　将技术与金融联系起来的一种方法是考虑 3 个月商业票据的收益率曲线低于其 12 个月移动平均线的时期。当商业票据收益率处于下降趋势时，这意味着经济正在受到刺激，迟早公司利润将增长。那么我们如何判断这个**迟早**会发生的利润增长会在什么时候出现呢？答案就是等待，直到股票市场自身向上突破其 12 个月移动平均线从而予以证实。在这里我们试图确定的情况就是，收益率下降，股票价格做出积极反应的时期。当然，没有任何事情是能够确保的，但是这个双向的环境已经提供了一些极好的获利机会，同时风险非常低。图 10-5 和图 10-6 中的浅色线段标出了这种方法所确定的积极阶段，第 1 个图形是 1900 ~ 1950 年的情况；第 2 个图形是从 1950 年到目前的阶段。同样存在一些亏损情况。最坏的情况出现在 1929 年后期，这时利率下降至其移动平均线之下，但是却出现在标准普尔综合指数向下穿越其移动平均线之前。这是个非典型的情况，因为这种方法旨在利率已经增长了一段时间，然后由于经济活动的下降开始下跌之后才发生作用的。然后，因为预期经济恢复，股票价格开始反弹。在 1929 年的例子中，美联储在经济滑入严重的经济衰退之前就调低了利率，而那时股票仍然贴现了**原先的**经济恢复。股票市场很快就意识到它们的错误，并迅速下跌至它们价格的 12 个月移动平均线之下，因此就消除了买进信号。另外一个出现较少亏损的阶段是在 20 世纪 30 年代后期和 40 年代初期，但是这些损失同其他信号所能获取的收益相比是非常微不足道的。在普林格 – 特纳资本公司，我们称之为 120% 法则。明显地，它确实不能提供 120% 的盈利机会，但是它告诉我们股票盈利的机会远远超出平均水平，我们应该在顾客的投资组合中更多地配置股票资产。因为审慎的资金管理需要使用多个指标，因此这不是进入决策过程的唯一方法，就像 1929 年的经历所证明的那样，但是不管怎么说这也是个非常重要的方法。图 10-7 显示了完全相反的一种情况，这时商业票据收益率高于其移动平均线，股价的反应是在其移动平均线之下交易。结果没有那么显著，但是它们确实显示出这是容易遭受损失的时期。正常情况下，这不是个该持有更多股票头寸的时期。

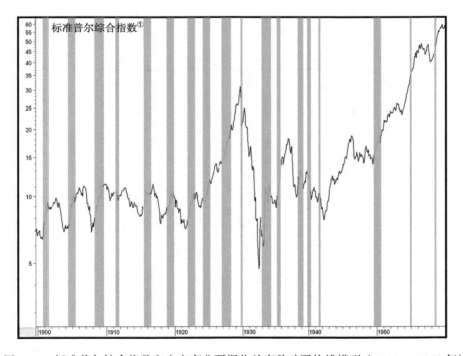

图 10-5　标准普尔综合指数和牛市商业票据收益率移动平均线模型（1900 ～ 1960 年）
　① 阴影部分代表标准普尔高于其 12 个月移动平均线和 3 个月商业票据收益率低于其 12 个月移动均线的时期。
　　资料来源：pring.com。

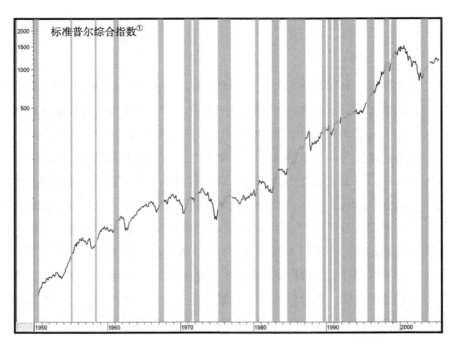

图 10-6 标准普尔综合指数和牛市商业票据收益率移动平均线模型（1948～2005 年）

① 阴影部分代表标准普尔高于其 12 个月移动平均线和 3 个月商业票据收益率低于其 12 个月移动均
线的时期。

资料来源：pring.com。

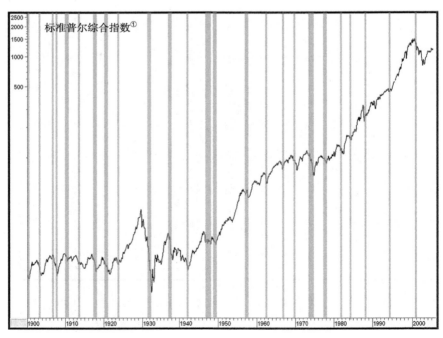

图 10-7 标准普尔综合指数和熊市商业票据收益率移动平均线模型（1900～2005 年）

① 浅色线段和阴影部分代表标准普尔低于其 12 个月移动平均线和 3 个月商业票据收益率高于其 12
个月移动均线的时期。

资料来源：pring.com。

　　图 10-8 显示了 120% 法则奏效时的风险／收益情况。*y* 轴度量收益，*x* 轴度量风险。牛市阶段明显地比熊市阶段表现得要好，因为牛市具有更高的收益和更低风险的环境。该图以及本章中大多数其他图中的收益率是在牛市阶段中平均的月度收益率，以年度百分率的形式表现的。计算结果低估了真实的收益率，因为股息没有计算在内。风险是按照每个信号的最大降低量平均得到的。

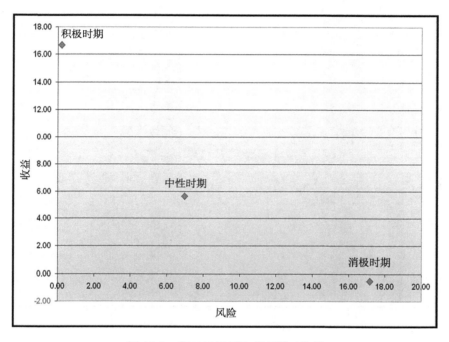

图 10-8　"120% 法则"的风险／收益
资料来源：Zammuto.com。

股票收益率

　　一个传统的定价工具就是股票收益率。当当前收益率高的时候，假定超过 5%，它就为股票价格的降低提供了缓冲，因为在股息没有减少的情况下，价格降得越低，收益率就会变得越高。当然，这主要取决于利率的一般水平，因为利率水平越高，来自债券的竞争就会越大。尽管如此，在标准普尔的收益率是 5% 或者更高的时候，都提供了一个长期的买进机会。我说**长期**，是因为这不是个精确确定时机的方法，因为在达成 5% 的基准利率之后价格通常下跌更多。然而，高的收益率使得投资者不再有耐心等待。图 10-9 中的浅色线段和阴影区域显示了这种情况。紧随其阶段之后的深色线段只是告诉我们，收益率已经下跌至 5% 以下。这仍然是个根据历史标准得来的较高的当前收益率水平，但是 5% 的基准收益率确实代表了一个长期的买进机会，因为在收益率降至 5% 以下后，价格通常会升至更高水平。

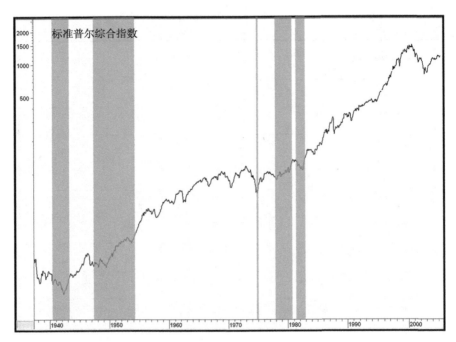

图 10-9　标准普尔综合指数和高于 5% 的股息收益率

资料来源：pring.com。

当收益率降至 3% 以下时，就意味着出现了熊市市场，如图 10-10 浅色线段和阴影区域所示。这个熊市信号在 1987 年之前一直都非常奏效，但是自 20 世纪 90 年代中期以来，创纪录的低股息收益率对于投资表现没有什么补偿作用。在利率高于 5% 的时期，两年持有期的年收益率为 15.76% 左右。图 10-11 显示了月度风险 / 收益情况。

股票市场和商品市场之间的关系

股票市场和商品市场之间的关系在前面已经讨论过了，因此没有必要再自我重复，但还要说的一个问题就是股票与缓慢上涨的商品价格没有关系。然而，当商

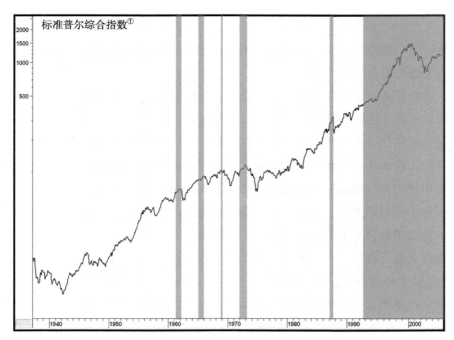

图 10-10　标准普尔综合指数和低于 3% 的股息收益率

①浅色线段和阴影部分代表低于 3% 的股息收益率。

资料来源：pring.com。

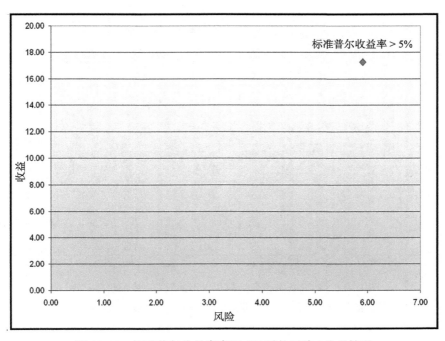

图 10-11　标准普尔收益率高于 5% 时的风险／收益情况

资料来源：Zammuto.com。

品价格以一个极快的速度增长时，股票市场也会出现麻烦。这是因为，市场参与者预期到上涨的商品价格最终将会导致利率上涨，这反过来将会给整体经济带来负面影响。确定什么时候商品价格过度上涨的一种方法就是计算股票指数（标准普尔综合指数）和商品价格指数（CRB 工业原材料现货价格指数）之间的比率。当该比率下降时，商品价格处于上风，这是股票熊市的标志。图 10-12 中用浅色线段显示了牛市阶段。这些阶段开始于该比率高于其 12 个月移动平均线的时候，这意味着股票市场的表现好于商品市场。更暗一些的区域显示了模型处于熊市的阶段。你能看见，这个信号表现得非常好，但问题是存在一些阶段，如 2002 ～ 2005 年这个阶段，有很多参差不齐的锯齿状图形。也许最大的失败出现在 1987 年，那时股票市场突然出现下跌以至于在 10 月份大幅下跌期间，模型还保持着牛市的信号。图 10-13 显示了与图 10-12 同样的情况，但这次是熊市阶段，这时股票市场和股票／商品价格比率都低于其移动平均线。风险／收益情况如图 10-14 所示。中性类别是指市场既不是牛市，也不是熊市的阶段。

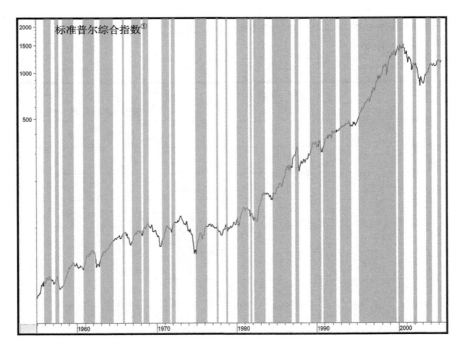

图 10-12　标准普尔综合指数和牛市的股票／商品价格比率

①浅色线段和阴影区域显示了股票／商品价格比率高于其 12 个月移动平均线的时期。

资料来源：pring.com。

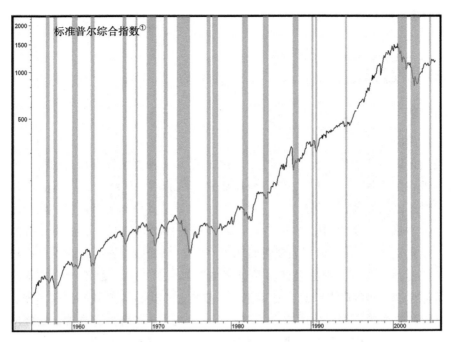

图 10-13 标准普尔综合指数和熊市的股票/商品价格比率

① 浅色线段和阴影区域显示了标准普尔低于 12 个月移动平均线和股票/商品价格比率低于其 12 个
月移动平均线的时期。

资料来源：pring.com。

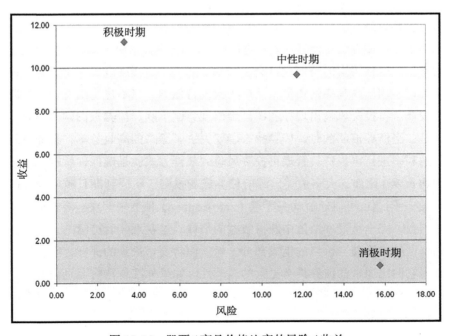

图 10-14 股票/商品价格比率的风险/收益

资料来源：Zammuto.com。

固定收益证券

证券风险

1. 信用质量

信用评级服务机构，比如标准普尔和穆迪公司，根据债券发行公司的财务状况对债券进行信用评级。AAA 是最高质量级别，然后质量评级依次降低。当债券发行公司财务比较健康，但仍然存在一些疑问，那就是其债券是否代表一定程度的投机时，其质量评级是 BBB。当来自收益的利息备付率较低时，该公司发行的债券质量评级就是 BB。如果债券质量评级为 B 的话，那么该债券的实际支付在经济疲软时期就会存在问题。而如果债券质量评级为 C 或 D 的话，那么就意味着债券发行公司存在进一步的财务问题。在本书中，我们主要讨论政府债券，这些债券通常都具有较高的质量，因此信用质量并不是个大问题。**一般意义上来说，在经济放缓或者处在衰退之中时，信用风险是最大的**。因此，在这样的时期内，审慎的风险管理活动应该将投资组合中非常大的部分配置于 AAA 质量评级的债券。而牺牲质量追求高收益率的时期应该是在经济恢复期，这时债券违约风险是非常低的。风险管理的另一个选择就是将你的投资组合分散于不同公司发行的债券，这样在一个公司不能履约的情况下，你的风险头寸就得到了控制。

2. 再投资风险

大多数公司债券附有能够使发行者回购（call）或者赎回（retire）部分甚至全部债券的条款。这种买卖的特权通常会在利率下降了一定程度以后采用，因为债券发行者能够偿还相当高利率的负债，然后再次发行债券，只不过这次发行债券所附的利率比较低。再投资风险出现在利率已经出现急剧下跌，债券被**回购**的时候。这个问题就是，当债券被回购时，债券持有者就失去了原来的高收益率，只能以新的普遍较低的利率进行再投资。管理再投资风险的最佳方式就是确保你所购买的债券不附有回购条款（比如，大多数美国政府债券或者投资于不同到期日政府债券的 ETF 基金）。这个问题也可以通过购买零息（zero-coupon）债券来解决。零息债券就是没有债券利息，完全从资本增值中获得收益的债券。这就意味着持续的、可预测的再投资利率已经成为债券价格的组成部分。像后面将要讨论到的那样，零息债券的缺点就是，它们比通常的债券具有更大的波动性。如果你准备持有零息债券一直到到期日，这不是个问题；但是如果你定期进行交易，波动性可能就是主要的问题所在。

3. 波动性风险

为了了解波动性和债券价格之间的关系，有必要快速解释一下债券价格和利率变动之间的联动机制。固定收益证券代表了借款者和贷款者之间的一个协议。借款者同意一定时期后归还双方协定的金额，通常附有利息。这个协定金额被称为**票面金额**（face value），几乎总是等于借款时的初始数额。大多数债券的发行票面金额都是 1000 美元。债券利率被称为**债息率**（coupon rate）。债券价格通常被表示为票面金额的百分比。债券术语中，票面金额被称为"par"。与单个固定收益证券相关的基本风险是债券和到期日的函数。一般来说，到期日越长，波动性越大。假定我以票面金额购买了债息率为 6% 的固定收益证券。几个月后，利率上升，现在是 7%。我的初始反应可能会是卖出该债券，然后购买拥有较高债息率 7% 的另外一种债券。对我来说，不幸的是，其他所有的人都愿意购买较高收益率 7% 的债券。为我的债券寻找一个买家的唯一途径就是直接出售，使其能够补偿买家债券利息与**当前**收益率之间 1% 的差价。如果该债券 1 年内到期，那么每张债券的差价就是 10 美元。我持有的债券每年就会支付 60 美元的债息（即 1000 美元的 6%），然而新的债券的收益率是 7%，每年支付的债息就是 70 美元。因为债券价格都以票面金额的百分比来表示，在给定当前普遍的利率为 7% 的情况下，我的 1 年期的债券的当前价格是99。换句话说，票面金额的全额 100% 减去 1%，就是 99%；或者每张利率为 6% 的固定收益证券与利率为 7% 的固定收益证券之间的价格差是 10 美元。事实上，我的债券被定价了，以至于新的投资者就拥有两个完全一样的选择。这就是以票面金额的全额（100%）购买年债息率 7%，每年支付 70 美元的固定收益证券；或者以票面金额的 99% 购买年债息率 6%，每年支付 60 美元的固定收益证券，而这个债券将在1 年内到期，价格是票面金额的 100%，比支付给我的金额要高出 1% 或者 10 美元。

　　如果我持有的债券期限不是 1 年，而是 20 年的话，那么进行利息补偿所需要的贴现率将更大。在债券的整个存续期限内，利息支付的差别将达到 10 美元的 20 倍，或者是 200 美元。不仅上升的利率会降低债券的价格，而且债券的到期日越长，为潜在购买者所做的补偿金额就越大，因此对于债券价格降低的影响也就越大。

　　如果利率下降，就会出现完全相反的情况。在这种情况下，我所持有的债券价格将会上升，以补偿我放弃当前较高收益率的损失。那么债券将被称为以**溢价**（premium）出售（相对于其票面价值）。市场上存在溢价和贴现的现实意味着真实的收益将包括资本增值和损失的一些因素，因此与当前收益率有所不同。这个当前收益率的结合（即债券票面利率加上贴现率或者减去溢价）被称为**到期收益率**（yield to maturity，YTM）。

　　除了到期日的长度之外，还有另外两个因素也会影响债券价格的波动性。这两个因素分别是真实的利率水平和债券票面利率。利率水平越高，给定百分比的利率变动对于债券价格的影响就越大。例如，让我们比较一下在 5% 和 10% 的利率水平上上涨 10% 的情况。1 年期债券的年收入分别是 50 美元和 100 美元。现在利率上涨 10%，于是收入分别是 5.5%（55 美元）和 11%（110 美元）。因此结果就是，债券票面利率为 5% 的债券价格不得不降低以补偿收入的差别，即是 5（=55-50）美元；但是具有较高（10%）票面利率的债券不得不降低 10（=110-100）美元才能为新的债券购买者提供足够的补偿。

债券票面利率本身也会对波动性产生影响。债券的票面利率越低，债券价格对于给定利率变动的敏感性也就越大。让我们假定存在两个债券，期限都是 1 年。第 1 个债券的票面利率是 10%；第 2 个债券的票面利率是 5%。这就意味着，如果当前利率水平是 10%，第 1 个债券的价格会是 100，而第 2 个债券的价格是 95。这是因为，第 1 个债券每年的利息是 100 美元；第 2 个债券每年的收入也是 100 美元，其中包括 50 美元的债券利息和 5%（50 美元）的资本增值。现在让我们假定利率水平上升至 12%，这意味着，当前的到期收入要从 100 美元上涨到 120 美元。具有较高票面利率（10%）的债券价格要下降 2% 才能补偿 20 美元的价差；但是较低票面利率（5%）的债券价格下降 4% 就能弥补价差。换句话说，高收益率的债券每年带来 120 美元的收入，由 100 美元的债券利息和 20 美元的资本增值组成；而低收益率的债券每年带来的 120 美元的收入，是由 50 美元的债券利息和 70 美元的资本增值组成的。

再次重申一下，债券的存续期限（到期期限）越长，债券的票面利率越低，债券价格的波动性也将增加。因此，增加投资组合的平均到期期限将提高投资组合的波动性水平。而购买非常低的票面利率的债券也会出现同样的情况，那就是提高了投资组合的波动性。在极端的情况下，零息债券是所有债券中波动最大的，这是因为该债券不支付任何利息。如果你打算持有零息债券到到期日，波动性不是个问题。然而，在本书里，我们讨论随着经济周期的演进，要进行资产之间的转换，因此波动性是个非常值得关注的问题。

与市场风险不同，与特定债券相关的波动性风险也是所讨论的特定债券的信用质量和规模的函数。较低信用质量的债券价格比较高信用质量的债券价格具有更大的波动性。这是因为低信用质量的债券对于不确定性更为敏感，因此稍微违约的迹象或者甚至一个延迟的债息支付等都会影响其价格水平。

影响波动性的另一个因素是债券发行的规模。一般来说，债券发行的规模越大，可进行交易的债券数量也就越大，因此流动性就越大。在很多方面来说，流动性是个自我供给式的过程，因为投资者会倾向于购买具有流动性的投资工具，这类投资工具具有较低的交易费用（也即买卖价格之间的价差）。

市场风险

市场风险基本上是利率一般水平变动的函数。如我们后面将要学到的那样，在利率下降的经济周期的转折点处，将投资组合集中于固定收益证券，能够极大地降低市场风险。随着利率上涨的风险增加，可以通过降低债券的资产配置或者/和极大地缩短债券的期限来控制市场风险。同样也可以介绍一些单个的指标，这些指标能显示引人关注的市场风险管理能力。本章稍后将介绍 3 个这样的指标。

1. 机会风险

通常，我们是根据其能够产生的盈利额来判断一项投资的。而备选投资的收益率也同样重要。例如，你总是可以从现金或类似现金的证券（如货币市场基金）中获得正的回报。这些也许都是安全的投资，但重要的是要记住，持有现金的行为意味着从债券或者股票中获得更大潜在收益的机会就丢失了。例如，经济状况鼓励我们将大多数资产以现金的形式保存，因为我们感觉到利率将继续上涨并对债券价格产生下跌压力。如果我们预期错误，利率出现下跌，就像它们在基本利率顶峰所表现的那样，那么如此诱人的收益率将下跌到不具有吸引力的位置。实际上，保持高收益的货币市场工具，就是冒着不能在债券市场上锁定高收益率的风险。一个更好的方法就是逐步实现从现金到债券的资产配置转换。这种方式将降低较低的债券价格的风险，而且也降低了无法锁定一些长期债券高收益率的风险。

可能持有现金的最大机会成本出现在股票市场处于牛市的时期。例如，在 1982 年至 1987 年夏季之间，完全由现金构成的投资组合获得的收益率大概是 50%，但是定位于股票（加上股息再投资的收益）的投资组合获得了超过 250% 的收益率。在这种情况下，仅仅持有现金的机会成本将非常大。很明显，这是个极端的例子，因为现金类投资工具的收益率从来都没有 21 世纪开始时的收益率那么大过。然而，该例子说明同样的投资原则还是成立的，那就是在经济周期的状况已经进入适合于更为积极的投资工具的一个低风险、高收益的位置时，我们更适于选择温和但安全的投资工具。

2. 使用商品价格趋势控制债券风险

除了潜在的违约风险，债券持有者最担心的一件事情就是通货膨胀。例如，如果我今天买进价值 10000 美元的债券，持有 20 年直至到期的话，我肯定能够获得一

些债券利息，但是本金怎么样呢？如果由于通货膨胀，10000 美元货币的购买力在
20 年的期限内下跌了 30%，实际意义上，我损失了相当一部分的本金。投资者不是
傻子，而且他们会意识到通货膨胀会导致本金实际购买力的下降。他们当然希望能
够得到补偿，并且通过获得更高的收益率来得到这个补偿。这个高的收益率可以通
过更高的票面利率和非常低的债券价格来获得。在上面所述的假设的例子中，这就
意味着，如果债券持有者在购买债券的时候意识到他们将损失本金的 30%，那他们
就会要求在价格上进行等额的贴现。现实生活中，没有人可能知道在 20 年的期限内
资金的实际价值会下跌 30%。但是，在经济周期过程中随着经济活动的加速，投资
者肯定会因潜在的通货膨胀将侵蚀其债券投资组合的购买力价值而感到焦虑。这就
意味着，他们将不大愿意持有债券，除非能够通过更低的价格得到适当的补偿。

　　商品价格领先于但也不总是与消费者价格指数相关，重要的问题是，债券市场
参与者对它们密切关注。因此，将两者结合起来，可以导出一个有用的风险管理工
具。我们使用的模型是 CRB 工业原材料现货价格指数的趋势与债券价格趋势之间
的关系。请注意，商品价格的趋势被颠倒过来以适应债券价格的变动。我们知道，
下降的商品价格对于债券的价格来说是牛市（对于债券收益率来说是熊市）。因此，
当这个信贷市场的经济领先指标向下穿越其移动平均线时，模型显示出对于债券价
格是牛市。为了触发一个真正的卖出信号，债券价格必须出现一个其自身正向穿越
12 个月移动平均线的确认信号。当两个指标都穿越其移动平均线时，模型将不
再是牛市，模型显示债券市场是中性的或者是熊市。图 10-15 显示了这两个经济指
标，还有它们分别的移动均线。因为 CRB 工业原材料现货价格指数领先于债券价
格，因此它首先会步入牛市。几个月过后，债券价格趋势予以确认，系统移向一个
积极的模式。后来，在 1986 年的 9 月，CRB 工业原材料现货价格指数向下移动，
并且因为模型显示两个移动平均线的交叉都导致了一个非牛市的环境，因此债券价
格不再是个积极的状态。在这个例子中，等待债券价格穿越其移动平均线将是更为
有利的策略，但我们这里是寻找一个风险管理技术，并且随着商品价格上升，风险
也已经增加了。也许一个好的妥协方法就是当商品价格向上穿越其移动平均线（对
于债券价格是熊市信号）时卖出一半的债券头寸，因为风险增加了，当风险确实已
经逐步升高并且债券已经对于这个不利的环境做出反应，也即债券价格向下穿过其
移动平均线时，卖出另外一半的债券头寸。

　　图 10-16 用浅色线段和阴影区域突出显示了自 1955 年以来的牛市时期。图
10-17 显示了熊市阶段（即当债券价格低于其移动平均线并且商品价格高于其 12 个

月移动平均线时）。你能看到，这种方法在 20 世纪 40 年代至 70 年代出现的长期债券熊市市场上发生的许多严重债券价格下跌中保护了债券投资者。尽管不是那么完美，但它也能够在 1981 年年末开始的长期上升趋势中，使债券投资者在大多数债券价格反弹中保持债券的头寸。

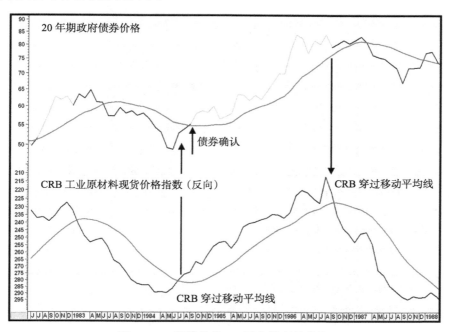

图 10-15　债券价格 vs. 反向的商品价格

资料来源：pring.com。

　　图 10-18 显示的是牛市和熊市的各个阶段中的风险 / 收益状况。在一个积极的环境中，持有债券将使风险 / 收益向西北象限移动；而在消极的阶段中，持有债券的风险增加，收益却是减少的。应该牢记的是，这些收益的结果不包括从当期收入中获得的收益，只是资本增值的收益。另一方面，需要注意的是这些收益的数据都是平均数字，有些周期中，收益率还是负值。然而，毫无疑问的是，这个技术确实显示了一个简单的方法如何能够极大地改进保证金的风险 / 收益状况。在 1 年的时间内，**保证金**可能并不意味着什么，但是在 10 年或者 20 年的时间期限内，它将使投资的表现大有不同。

3. 产能利用率

　　债券价格对于经济体系的紧张或松散状况非常敏感。可以观测到这一点的一种方法是利用制造业的产能，因为它提供了债券市场的牛市和熊市的合理相关关系。

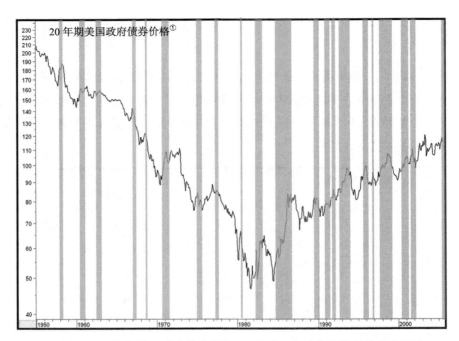

图 10-16　20 年期美国政府债券价格 vs. 债券 / 商品价格模型的牛市阶段

① 浅色线段和阴影区域代表了当 CRB 工业原材料现货价格指数低于其 12 个月移动平均线和债券价格高于其 12 个月移动平均线的时期。

资料来源：pring.com。

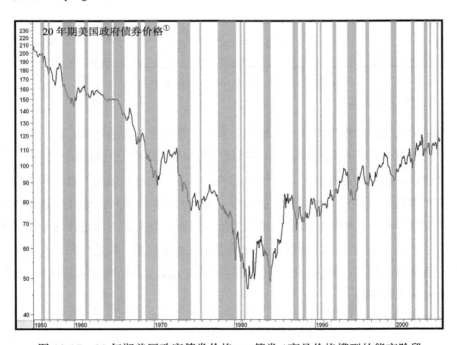

图 10-17　20 年期美国政府债券价格 vs. 债券 / 商品价格模型的熊市阶段

① 浅色线段和阴影区域代表了当 CRB 工业原材料现货价格指数高于其 12 个月移动平均线和债券价格低于其 12 个月移动平均线的时期。

资料来源：pring.com。

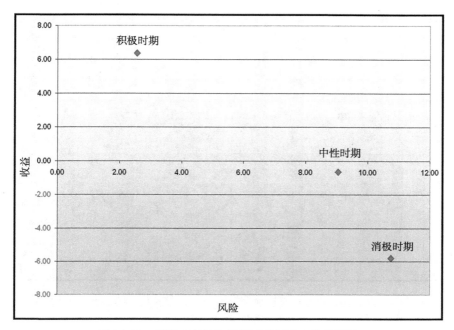

图 10-18 债券 / 商品价格模型的风险 / 收益状况

资料来源：Zammuto.com。

高的产能利用率水平意味着经济系统中存在压力；反之，低的产能水平意味着经济系统没有压力。这些压力与更高的商品价格和更大的信贷需求是相关的，这两者对于债券价格来说都是负面因素。我们这里所采用的方法就是说，当产能利用率超过82% 时，这代表着对于债券来说是个熊市的环境；当产能利用率低于 82% 时，经济系统中存在着与上涨的债券价格相一致的闲散生产能力。图 10-19 中的阴影区域显示了债券市场的牛市阶段；而图 10-20 标明了熊市阶段。

在长期的下降趋势中，该方法将保护投资者免受大多数债券价格严重下跌的损失；而又能使投资者在 20 世纪 70 年代初期和中期的两个最大反弹中持有债券。随着长期趋势出现反转，模型将使投资者暴露于大的价格波动风险中，然而整个阶段以一个净的正投资结果作为结束。当考虑到这个阶段的大多数时期内，债券利息率都是超过 10% 时，实际的整体收益率将更好。这个风险 / 收益情况如图 10-21 所示。这里我们能看到，最高的收益和最低的风险的这种情况出现在这些债券的牛市阶段内。

4. 贴现率

最后，我们考虑美国信用市场上的最大参与者，那就是美联储。另一个在债券市场上管理风险的简单但是非常有效的技术，就是当贴现率低于其 12 个月移动平均线

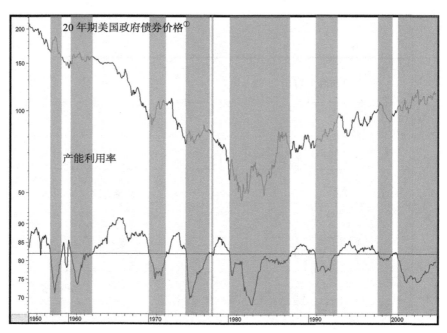

图 10-19　20 年期美国政府债券价格 vs. 产能利用率模型（牛市阶段）

①浅色线段和阴影区域代表产能利用率低于 82% 的时期。

资料来源：pring.com。

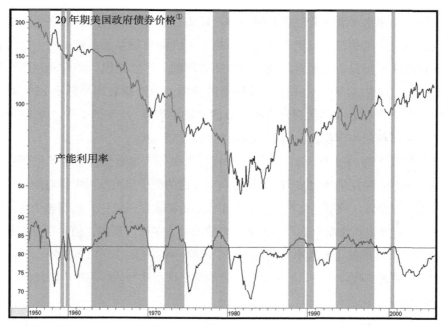

图 10-20　20 年期美国政府债券价格 vs. 产能利用率模型（熊市阶段）

①浅色线段和阴影区域代表产能利用率高于 82% 的时期。

资料来源：pring.com。

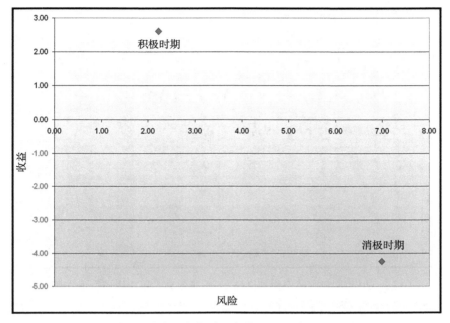

图 10-21　债券 / 产能利用率模型的风险 / 收益状况

资料来源：Zammuto.com。

时只投资于长期债券。这种方法的牛市和熊市阶段如图 10-22 和图 10-23 所示。这种方法非常有效，因为贴现率反映了美联储的货币政策，而货币政策不会经常变化。如果美联储的货币政策经常改变的话，它将导致投资界丧失信心，因此美联储在进行货币政策转向之前通常会进行长期、艰难的思考。这就意味着，贴现率的趋势反转能够非常容易地被识别出来。图 10-24 的风险 / 收益状况再次显示了这个风险管理技术能够使得在模型处于牛市阶段时投资比其处于熊市阶段时投资获得更好的收益，同时具有较低的风险。

　　这些例子只考虑了债券的价格，但非常明显的是，大多数投资者持有债券并不单单是出于资本升值的目的，因为债券同时还提供了一个高的当期债券利息回报，通常这个债券利息会比股票派息高出很多。因此，图 10-25 显示了使用 20 年期美国政府债券指数的整体收益率显示了这 3 个模型。这里，牛市阶段仍然用浅色的线段表示。对于所有这 3 个指标的仔细观测显示，50 年的历史中，政府债券指数的整体收益率的 3 次最大幅度的下跌都出现在 3 个指标显示出熊市模式的时期。该图中的阴影区域显示了这 3 个阶段，同时还有其他时期，这些时期都是这 3 个指标同时显示出一个延伸的熊市阶段的时期。

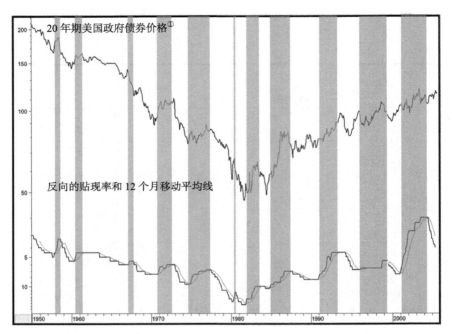

图 10-22　20 年期美国政府债券价格 vs. 贴现率移动平均线模型（牛市阶段）

①阴影区域代表反转贴现率曲线高于其 12 个月移动平均线的时期。

资料来源：pring.com。

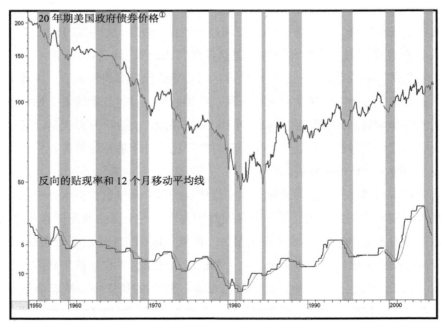

图 10-23　20 年期美国政府债券价格 vs. 贴现率移动平均线模型（熊市阶段）

①阴影区域代表反转贴现率曲线低于其 12 个月移动平均线的时期。

资料来源：pring.com。

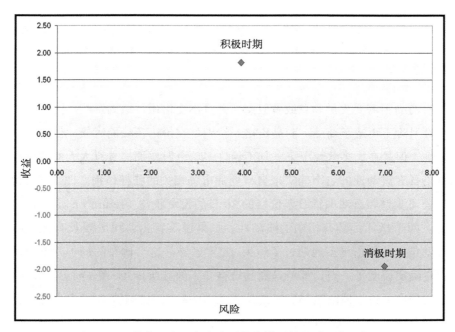

图 10-24　债券／贴现率移动平均线模型的风险／收益状况

资料来源：Zammuto.com。

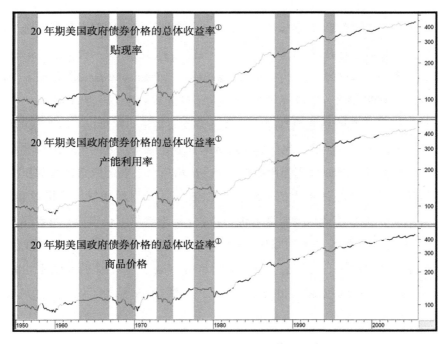

图 10-25　20 年期美国政府债券价格的总体收益率以及 3 个模型

①阴影区域代表当这 3 个模型都同时显示出一个延长的熊市阶段的时期。

资料来源：pring.com。

📈 商品

持有商品不需要支付利息或者股息，并且不受信用评级的影响。因此前面所描述的证券风险不再适于商品。商品价格，特别是在价格顶峰的时候，偶尔会非常具有波动性，但是在大多数情况下，都不像许多单个股票那样具有太大的波动性。它们的价格具有波动性的名声确实来自与期货市场相关的**杠杆作用**。图 10-26 比较了英特尔公司股票和石油现货股票价格的 30 日的投资收益（return on capital，ROC）的情况。两个指标都具有相同的波动性。如果说英特尔公司股票具有更大的波动性，那就是它的价格更多地超过了超买 / 超卖区域。这个比较的例子并不能说明问题，但它确实说明了一点，那就是商品价格并不像其所传闻的那样具有波动性。这里所描述的商品价格风险被局限于商品驱动型的股票和试图复制特定商品价格指数的共同基金或者 ETF 基金的风险。CRB 综合指数和高盛商品指数（Goldman Sachs Commodity Index，GSCI）适用于期货和期权领域，但直到 2004 年，这时 PIMCO（太平洋投资管理公司）依据道琼斯 –AIG 商品指数（Dow Jones AIG Commodity Index）发行了实际收益（Real Return）商品基金，对于投入更少现金的投资者来说，这是一个可利用的单纯商品证券。最近，Rydex 发行了一个无佣金共同基金，用来追踪高盛商品指数。请在第 11 章和第 12 章阅读关于这些以及与商品相关的证券的更多信息。最后，在 2006 年的春季，德意志银行（Deutsche Bank）基于 6 个流动的商品发行了 ETF 基金。它在美国证券交易所（Amex）的代码为 DBC。

想要发展出控制商品领域风险的技术已经被证实是非常难以有效完成的任务。我们已经尝试了很多可能性，包括多个经济指标和金融市场之间的关系。看起来运行得最好的方法的基本原理同使用股票 / 商品价格模型去确定股票价格的积极阶段和消极阶段一样。商品的牛市信号出现在 CRB 工业原材料现货价格指数和商品 / 股票价格比率（CRB 工业原材料现货价格指数 / 标准普尔综合指数）**两者**都分别处在其 12 个月移动平均线之上的时候。这种状况如图 10-27 所示。浅色的线段显示了牛市阶段。熊市阶段，也就是当两个指标都分别处于其 12 个月移动平均线之下时，在图 10-28 中用浅色线段和阴影区域所示。图 10-29 显示了该方法的风险 / 收益状况。

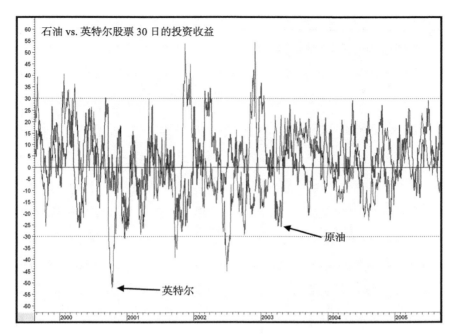

图 10-26　石油 vs. 英特尔股票价格的波动性

资料来源：pring.com。

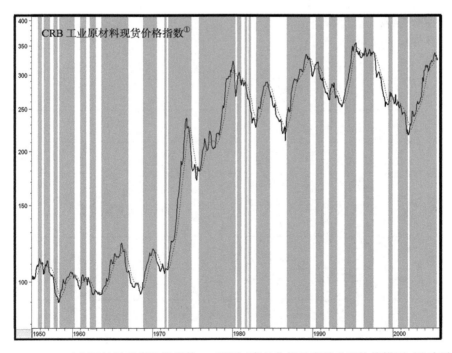

图 10-27　CRB 工业原材料现货价格指数 vs. 股票 / 商品价格比率移动平均线模型（牛市阶段）

① 浅色线段和阴影区域代表商品 / 股票价格比率和 CRB 工业原材料现货价格指数均低于其 12 个月
移动平均线。

资料来源：pring.com。

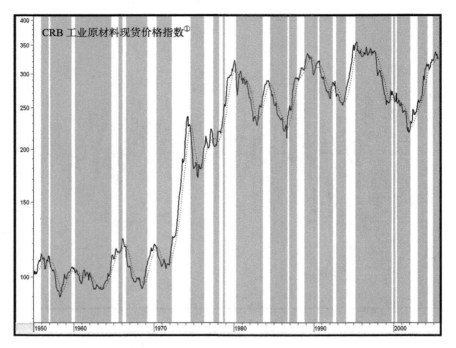

图 10-28　CRB 工业原材料现货价格指数 vs. 股票 / 商品价格比率移动平均线模型（熊市阶段）

① 浅色线段和阴影区域代表商品 / 股票价格比率和 CRB 工业原材料现货价格指数均低于其 12 个月
移动平均线。

资料来源：pring.com。

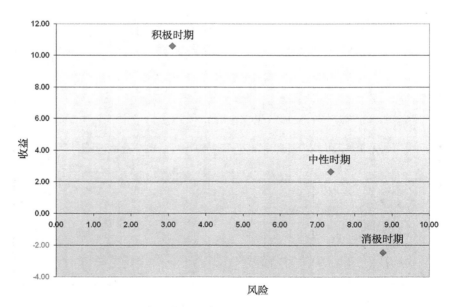

图 10-29　股票 / 商品价格比率移动平均线模型的风险 / 收益状况

资料来源：Zammuto.com。

第 11 章
Chapter 11

10 个经济部门如何适应转换过程

📈 股市体现行业前景

在前面的章节里我们说到，经济周期会经过一系列按时间顺序发展的经济事件，而在不同的经济周期阶段总有适合于在该阶段投资的不同资产类型。这个过程能够通过将股票市场划分为 10 个左右这样的板块而得到延伸，每个板块都能从经济周期的特定阶段受益。举例来说，当经济周期已经成熟，产能紧迫压力最大时，像能源和原材料这样的商品驱动型股票会发现它们终端产品的价格增长远远超过其成本的增长速度。不出意外，它们的股票价格也会上涨。这不是个随着经济事件发生而出现的过程，而是市场参与者如何消化或者预期这些部门的过程。换句话说，市场参与者通过经济衰退的波谷预期下一个将会出现的经济复苏阶段。对于股票市场的其他板块来说，也是如此。图 11-1 显示了几个理论上的例子。简单地说，我们预期房屋建造业股票会领先于它们所属的经济板块，即房地产业。这应该出现在经济周期的初期，因为这两个行业都是对利率敏感的行业。在例子中，我们发现房屋建造公司的股票在房屋开工数之前筑底，这是因为股票总是提前对其经济消息予以了消化。第 2 个例子使用了资本开支这个指标，而资本品类的股票也领先于资本开支。因为资本开支一贯是个滞后指标，它出现在经济周期的后期。当然，还有很多其他的经济板块和行业组适合于这个过程，这都解释了随着经济周期的演进，行业组之间的转换过程。图 11-2 显示了真实的经济数据，因为我们比较了标准普尔房屋建造业指数和全美的房屋开工数。如你所见，从这样的原始数据比较中，难以发现很多有价值的信息。然而，图 11-3 显示了这两个指标的 KST 指标：虚线反映了房屋建造业指数，实线反映了房屋开工数。毫无疑问，虚线代表的标准普尔建造业指数的动量指标领先于实际的房屋开工数振荡指标。这个关系不是太准确，并且其规模和领先的时间也会随着经济周期的不同而不同。不管怎么说，股票领先于行业是明显的事情。同样的原则可以应用于其他的股票组及其对应的经济板块。不幸的是，这不是精确的科学，就像从这些图中可以看到的那样。然而，它们确实显示出在股票和它们所代表的经济板块之间所存在的联系，从而也为经济板块之间的转换过程提供了一个合理的解释。

图 11-4 显示了一个主要的市场关系，那就是经纪商和股票市场之间的关系。这个关系的原理就是，从事证券经纪业务的公司的利润会随着股票市场的上涨而增长，反之亦然。这种情况之所以会发生，是因为上涨的股票价格使得客户利润增长，而当客户赚钱的时候，他们会倾向于进行更多笔的交易，从而产生了更多的交易

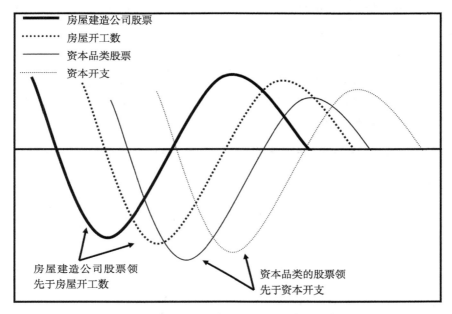

图 11-1   股票市场板块消化经济消息

资料来源：pring.com。

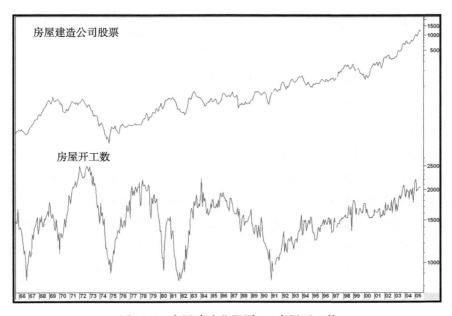

图 11-2   房屋建造业股票 vs. 房屋开工数

资料来源：pring.com。

佣金。对于投资者来说，更容易的是获取利润并进行另外的交易，而不是遭受损失后再去重新配置资金。更高的股票价格也吸引了准备上市的公司。因此，承销量增加，由承销所产生的发行费用也随之增加了，如此等等。券商股预期会产生券商利润，因为它们通常会随着股票市场价格的升降而升降，因此我们可以得出结论，即券商股有领先于整体股票市场的趋势。图形中的阴影区域显示了美国证券经纪人指数的顶峰领先于标准普尔综合指数的顶峰的时间。

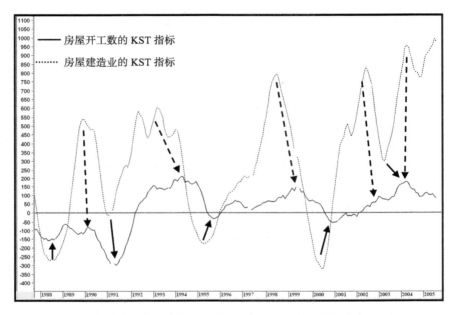

图 11-3　房屋建造业股票 vs. 房屋开工数的动量指标

资料来源：pring.com。

通过这一系列说明，我们准备引入的关键问题就是，如果经济经历了始于房屋建造业，止于资本支出行业的一个合理的演进过程的话，不同的股票板块也会经历同样的一个过程，每个股票板块也会消化经济整体中自己所代表的那个板块，因此这就是股票板块的转换过程。通过查看不同的股票板块，两件事情是清楚的。首先，随着经济周期的演进，经济事件以能够预期的确定顺序发展。其次，尽管大多数时间内，这都是事实，然而市场上却有足够的例外使得我们必须保持警惕。这些例外情况通常会出现，这是因为一个特定的经济板块会遇到不同寻常的环境，而不同的环境会导致超过或低于平均水平的收益表现。如果政治环境暂时对医药行业不利，医药行业就会遇到这样的问题。另一个情况可能出现在通货膨胀的长期上升趋势中，此时能源类的股票正经历一个大的长期性的牛市，而经济周期的消极方面基本上感觉不到。举例来说，在 20 世纪 80 年代，通货膨胀驱动型的农业机械类股票经历着一个长期的生产能力过剩的状况。在这个阶段，该行业的牛市低于预期水平，这是因为股票市场在经济周期的通货膨胀阶段不能做出完全的反应。

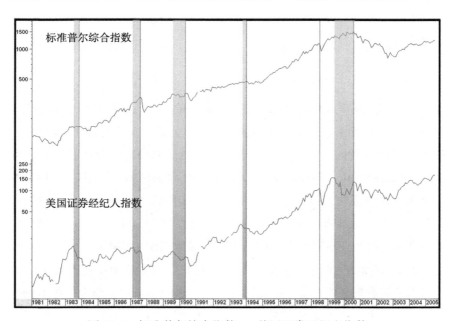

图 11-4　标准普尔综合指数 vs. 美国证券经纪人指数

注：阴影区域代表经纪人指数领先于标准普尔综合指数的时期。

资料来源：pring.com。

什么是经济板块和行业组

当我们讨论经济板块的时候，我们是指股票的一个广泛分类，这个分类包括许多单个的行业组。依次地，每个板块可以分为多个行业组。一般来说，有 10 个或者 11 个被广泛接受的经济板块（这取决于你自己的看法）和 80 多个行业组。下面所展示出来的经济板块列表就是大致根据其在经济周期中的表现排列的，开始于公用事业板块，这是经济周期初期的领导行业，最后是能源板块。

公用事业板块

金融板块

运输板块

电信板块

日常消费品（非耐用消费品）板块

可选消费品（耐用消费品）板块

医疗保健板块

技术板块

工业板块

原材料板块

能源板块

如果我们以公用事业板块为例，组成该板块的单个行业组包括电力、燃气和水等公用事业。技术板块包括半导体制造商、软件公司、互联网公司、电力元件等。经济板块和行业指数的两个主要发布者分别是道琼斯公司以及摩根士丹利资本国际公司（Morgan Stanley Capital International，简称 MSCI）/ 标准普尔和穆迪公司。道琼斯公司的经济板块和行业组分类可以追溯到 1982 年。标准普尔公司发布的经济板块和行业分类标准可以往前追溯更久，但是这取决于每个行业组的成熟程度。因而，很多技术类行业没有太久远的历史，但是像汽车、零售业、食品行业等通常都可以追溯到 20 世纪 40 年代以前。本书里我们广泛地使用了标准普尔的行业分组，是因为其拥有悠久的历史，但是这并不是说道琼斯公司的行业分组有任何的不好。事实上，这两者之间难分伯仲。本书当中，我们主要讨论的是美国的行业组。然而，我们必须知道的是，随着大公司之间的合并，全球不同地方从事同一行业的公司之间的相互作用越来越紧密，世界变得越来越小。因此，当美国的化学行业表现得好时，欧洲的化学行业同样也会表现良好。这两个不同地区的相同行业表现会有所不同的原因，就是汇率变化、地方法律、货币政策、财政政策或者成本之间的差异。

网站 Bigcharts.marketwatch.com/industry/ 中就有一个链接，它提供了所有的道琼斯经济板块和行业组的列表，以及其各个行业组的组成部分。随书附赠的光盘中有对该网站的直接链接。

Msci.com/equity/ 是一个对摩根士丹利资本国际公司 / 标普全球行业分类标准（S&P global industry classification standard，简称 GICS）的链接。

早些时候我谈到，存在 10 个或者 11 个经济板块（这取决于你自己的观点）。标准普尔公司和道琼斯公司都在建立经济板块分类的基础上，又以相似的方式划分了每个经济板块中占主要地位的行业组。当然，单个行业组的表现会有所不同，但是基本上，如果银行表现得好，那么我们就会期望保险公司、经纪公司以及其他的金融行业组也会繁荣。事实上，几乎每个板块都存在这样的情况，但是有一个例外，那就是工业板块。这是因为，道琼斯公司和标准普尔公司分类中的工业指数中都包括了运输行业类的股票。然而，工业是个收益驱动型的行业或者经济周期中的后期领导行业，但是运输业在经济周期的开始阶段就会有最佳表现。在下一章中反映经济板块和行业表现的数据支持了运输业领先于经济周期，工业滞后于经济周期的观点。在我们的部门分类中，我们选择将运输业单独列出来作为一个经济板块。现在是时候深入查看一下经济板块通常以什么顺序进行转换了。

📈 经济板块转换过程：概述

当我们以最简单的形式将经济周期分解时，事实上它可以被划分为两个部分，那就是通货膨胀阶段和通货紧缩阶段，这如第 6 章中的图 6-5 所示。通货紧缩阶段出现在经济已经开始收缩并持续到经济扩张的最初阶段的这个时期内。然后，通货膨胀的压力占了上风，直到经济已经开始衰退。正如我们在第 4 章中所讨论的一样，每个阶段的规模和持续时间由长期趋势的方向和成熟程度决定。

我们知道，经济周期就是经济依次经历一系列按时间顺序发生的经济事件的过程，在这个过程中不同的经济板块依次复苏和收缩。股票市场同样也包括许多板块。实际上，股票市场就是经济整体的一个缩影。通过构建两个指数，一个指数由通货膨胀驱动型的行业组构成；另一个指数由通货紧缩驱动型的行业组构成，这两个指数的图形格式就能反映出经济周期由两部分构成的概念。这两个指数还能以比率的方式表现出股票市场跟踪通货膨胀和通货紧缩趋势的方式。这种方法还提供了确定经济周期当前阶段的一个捷径，或者更准确地说，确定当前经济环境的捷径。这个比率的趋势还能告诉我们，在投资组合中是否应该关注通货膨胀敏感或者通货紧缩敏感的股票，但是信号出现得比较滞后。

现在我们查看一下，经济已经步入紧缩阶段几个月后会发生什么情况。我们已经在前面说到，债券价格处于底部，利率开始下降（见图 5-1）。此外，在利率下降阶段，确实有一些股票板块会表现得比较好，这些股票被称为**经济周期的早期领导者**或者**流动性驱动型的行业组**，因为它们都受益于利率较低的新趋势。公用事业板块、银行以及其他的金融板块就属于这一类。举例来说，公用事业板块通常都是资本密集型的，因此需要借贷大量的货币资金。下降的利率将会降低它们的成本，增加其利润，公用事业板块的股票也支付大量的股息。当利率降低时，这些高收益率的股票与支付较低股息的股票相比，就具有更大的竞争力，因此它们的股票价格将会上涨，或者在股票熊市的末端下降得不至于那么快。这里同样也存在一个心理因素，因为公用事业类公司的收益相对来说比较容易预测，而高股息使得它们的股票在其股票处于严重下跌时，成为投资者安全的避风港。电话公用事业通常是归类于公用事业板块的，但是随着技术的飞速进步，这些公司已经成为电信板块的一部分。可能它们也会被归入经济周期初期领导行业的这一类，但我们还没有足够的周期性数据区证实这一点。这个部门只有自1989年以来的历史数据，但是这些数据还包括了2000～2002年的后技术泡沫阶段，在这个阶段里这个行业的股票遭受了严重的创伤，也因此严重扭曲了数据的记录。

在利率筑顶的时候，比如银行、保险公司和经纪公司这样的金融行业公司的股票也开始筑底。银行表现得不错，这是因为它们的贷款对于降低利率的反应相对于它们自身的借款数额对于降低利率的反应来说，比较缓慢。换句话说，贷款比存款更具黏性。这意味着这些金融机构的利润率得到了改进。在一些经济周期中，比如出现在1990年的股票熊市，对于发生金融危机的恐惧比较显著。这将会有着重清算银行类股票的影响，因此将使此类股票下降到不合理的水平。随着市场参与者都意识到美联储已经很好地控制了金融危机，银行类股票的价格迅速反弹，通常与其下跌的速度一样快。保险公司拥有大量的债券投资组合。当利率下跌时，这就增加了这些投资组合的价值，使这些公司的股票更具有吸引力。最后，我们已经提到，经纪行业公司在牛市里能赚取更多的钱，因为交易佣金增加，并且来自首次公开募股（IPO）的发行费用也在增长。房屋开工数是个对于利率非常敏感的数据，因此以住宅建造业形式表现出来的房地产板块也是如此。当利率下降时，人民购买房屋将会变得更加容易。住宅建造业公司预期到了这一点，并通过建造房屋来满足这个需求。

运输业股票也有着作为经济周期初期领导行业的纪录。查尔斯·道建立他的道氏理论的基础就是，他认为工业类股票价格的任何上涨都应该被运输它们公司产品的企业所证实。在那个时代，就是铁路运输业。运输业平均指数通常会在工业指数之前出现底部，或者更可能的就是在主要的平均指数出现底部之前会在相对强度指标上得到改进。一个原因就是，在经济扩张的最后阶段，能源成本急剧上涨，这对于这些公司的账面底线有着不利的影响。其结果就是，股价承受力下降。相反，到经济开始收缩的时候，能源成本已经开始下降，因此这对于运输业利润有个有利的预期。它们的利润将会进一步上涨，这是因为这些公司都是资本密集型的公司，因此会从利率的下降中获益。

　　在经济周期的这个阶段，最后走出底部的板块就是非耐用消费品行业板块。这个经济板块，也被称作**日常消费品板块**，包括烟草、饮料、个人护理用品、超市以及食品生产等行业。这些公司的收益相对来说比较容易预测，因此就比那些对经济状况敏感的企业更不容易受到经济衰退的影响。因此，日常消费品行业是神经质的投资者的天然避风港。

　　基础行业、技术、工业以及基于资源的股票在经济周期的另一端做得最好。这些经济板块被称为**经济周期的后期领导板块**或者**收益驱动型的板块**，一旦商品价格走出低谷，它们就有超过市场整体表现的趋势。这种情况的合理性在于，大多数这些公司的终端产品的价格取决于经济中产能紧张的程度。不管这些公司是生产石油、工业金属、钢材、纸张还是化学用品等，这都是事实。如果经济系统产能处于紧张状态，产品价格就会急剧上涨，利润空间随之扩张。关于这一点，图 11-5 显示了运输板块和能源板块之间的相对表现。与这个关系相应的细的浅色线段代表的是石油价格，但是这个石油价格图形是反转过来的。这两个板块都依赖于能源的价格。能源公司希望能源价格高，而运输业公司所希望的则恰恰相反，那就是能源价格尽可能低。如你所见，当石油价格上涨（反转的图形显示出来是下降）时，相对强度线下降，这是因为运输业股票没有能源类股票表现得好；反之亦然。重要的是要注意到，这是个相对的关系。一个下降的线只能告诉我们，运输业股票的表现被能源类股票的表现超过了，并不是说运输类股票的价格出现了绝对意义上的下跌。

　　重要的是要注意到，经济板块的转换过程并不是精确的科学，并且经济周期后期的领导板块的真正底部会出现相当大的变化。一个好消息就是，它们的**相对表现总是**能更容易地被预测出来。随着经济周期走向成熟，产能紧张，这些公司将发现，客户更愿意为产品支付更高的价格，这意味着提高产品的价格变得非常容易。价格的上涨马上会被反映在会计报表的底线上，增长的利润使得这些公司对于投资者来说更具有吸引力。同样地，随着产能变得紧张，公司会执行更具有野心的资本装备扩张工程。这也随之增加了对于基础行业和技术行业生产产品的需求。

　　你会注意到在这个两阶段的经济周期模型中，我们没有提到耐用消费品板块和医疗保健板块。认为**每个**股票板块能被归结为一个早期的领导板块或者后期的领导板块的想法，事实上是不正确的。实际上，半导体行业在经济周期后期的表现和更具有消费性质的一些软件和互联网零售公司的表现存在着显著的差异，而后者同样也属于"技术"板块。耐用消费品板块和医疗保健板块**倾向**于以一种**相关的**方式出现在经济周期的中间阶段，因此并不适合于我们的通货膨胀／通货紧缩的滞后／领先的情况。对于其他经济板块中所包括的一些单个行业来说，也是如此。值得再一次重点强调的是，我们这里展示的经济板块转换过程是一个一般化的情况，特定板块的发展情况以及其他因素能够扰乱预期的发展进程。然而。通过查看30年或者40年经济周期的经历，我们发现，**平均的**表现会比预期的表现要好得多。

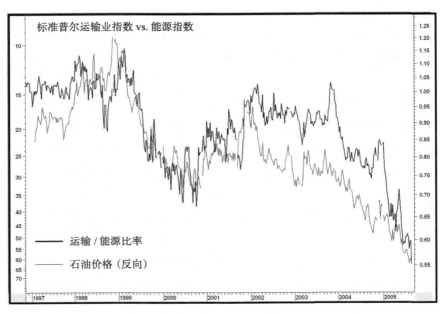

图 11-5　标准普尔运输业指数 vs. 能源指数的相对表现

资料来源：pring.com。

通货膨胀敏感行业组与通货紧缩敏感行业组

前面我提到，能够构建两个指数作为领先和滞后经济板块的代替指标。它们如图 11-6 所示。通货紧缩行业组指数如图上方的线条所示，通货膨胀行业组指数如图下方的线条所示。通货紧缩行业组指数是由流动性驱动的股票构成，比如公用事业板块、财产与意外保险公司、储蓄和贷款机构等。通货膨胀行业组指数由标准普尔铝业公司（S&P Aluminums）、美国国内石油公司（Domestic Oils）、其他矿业公司（Miscellaneous Mines）和黄金公司（Gold）的股票构成。关于这个图形没有任何值得关注的地方，但是当这两个指标被表示为一个比率，即将通货膨胀行业组指数

除以通货紧缩行业组指数时，就产生了一个非常有用的指标，如图 11-7 所示。当
这个比率上升时，就意味着通货膨胀敏感行业的表现将超过通货紧缩敏感行业的表
现。当这个比率下降时，就意味着通货紧缩敏感的行业组的表现超过了通货膨胀敏
感行业组的表现。

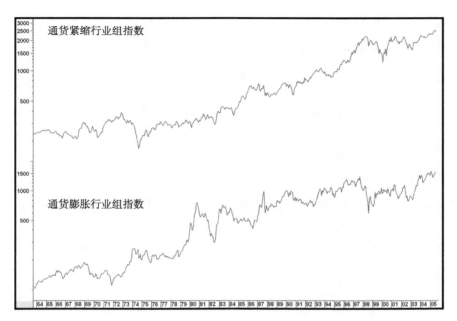

图 11-6   通货膨胀行业组指数 vs. 通货紧缩行业组指数

资料来源：pring.com。

　　这个指标基本趋势的方向对于资产配置和**单个股票的购买和选择**都具有重要的
意义。一个上升的比率意味着滞后股票板块的表现超过了领先股票板块的表现。然
而，由于这是个**相对的**关系，因此并不能保证这两个指标中的一个是上升或者下
降，只能说明，一个指标比另一个指标表现得要好。（我们可以使用 MetaStock 技
术分析软件实时版本中的计算公式来算出该比率，也可以在 pring.com 网站上找到
Martin Pring How to Select Stocks MetaStock Companion CD-ROM Tutorial。）对于多
数没有 MetaStock 技术分析软件的交易者，我们在第 14 章中提供了一些 ETF 板块
基金，可以作为这两个指数的替代物。

　　从揭示经济周期由通货紧缩阶段转向通货膨胀阶段的观点来看，该比率所表达
的反转信号是非常重要的。方向的改变同样对于债券收益率和工业商品价格的变化
过程具有重要的暗示意义。

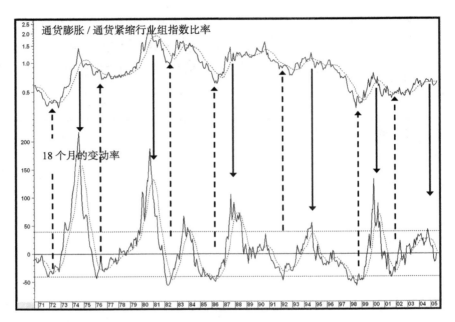

图 11-7　通货膨胀／通货紧缩行业指数的比率和其 18 个月的变动率曲线

资料来源：pring.com。

　　这就是图 11-7 下方显示出来的 18 个月变动率曲线的意义所在。图中的箭头标出了当变动率在穿过或者触及超买／超卖区域 ±40% 后，穿过了代表其变动率的 9 个月移动平均线的虚线。明显地，这些信号近似对应于通货膨胀／通货紧缩行业组指数比率的顶峰部位。这种方法非常奏效，这是因为通货膨胀和通货紧缩敏感行业组会随着经济周期的演进过程，连续不断地转换彼此的位置。这个关系极少会形成一个线性或者长期的趋势，因为这个比率是非常具有周期性的。

　　这个比率不仅能够为我们提供股票市场参与者对于这两个宽泛分类的股票板块未来前景的看法，而且还提供了与债券收益率和工业商品价格相关的主要趋势反转的信号。

股票市场如何预测债券收益率和商品价格的趋势

　　股票市场通过通货膨胀指数／通货紧缩指数这个比率来预测债券收益率和商品价格的趋势。这个比率的波动幅度与图 11-8 中间部分 CRB 工业原材料现货价格指数和图底部的美国政府债券收益率的波动幅度相似。长期的通货膨胀趋势用实线表示，长期的通货紧缩趋势用虚线表示。请注意，在 1980 ～ 2005 年，商品价格在交易区间内以横向延伸的方式运行，而那时债券收益率继续下滑。在 20 世纪 30 年代和 40 年代的通货紧缩 / 通货膨胀趋势反转期间，商品价格在 30 年代初出现了底部；然而债券收益率在它们达到低点之前还继续下跌了 10 年之久。当本书出版的时候，说长期通货紧缩趋势已经出现了反转还为时过早。然而，一个正常的过渡阶段通常包括几个经济周期，在这个阶段中我们预期能够看到某些市场交易区间以及其他一些令人迷惑的技术上的反转趋势。尽管 2004 ～ 2005 年的价格走势并没有证实已经出现了长期趋势的反转，但是它与可能出现趋势反转的情况并不矛盾。

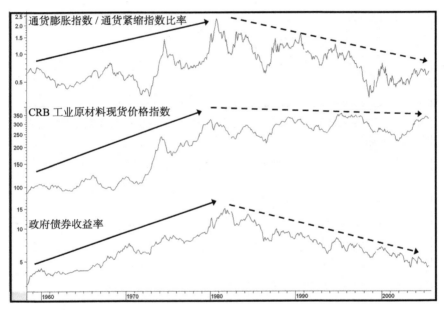

图 11-8　通货膨胀指数 / 通货紧缩指数比率 vs. 商品价格指数和债券收益率
资料来源：pring.com。

图 11-9 显示了经济周期的演进过程，同时还有通货膨胀指数 / 通货紧缩指数的比率。其他两个指标系列之间出现了精确的吻合。它们非常接近，但很明显，它们不是，也不应该是完全相同的图形。请记住，商品价格的周期性转折点通常会领先于债券收益率的周期性转折点，因此应该为这个领先事先留有余地。最后，图 11-10 以这 3 个指标各自的 KST 指标的形式比较了这 3 个指标的变化节奏。在这里，我们将再次看到，在实线的通货膨胀指数 / 通货紧缩指数比率的波动和其他两个指标的波动之间存在一个确定的关系。

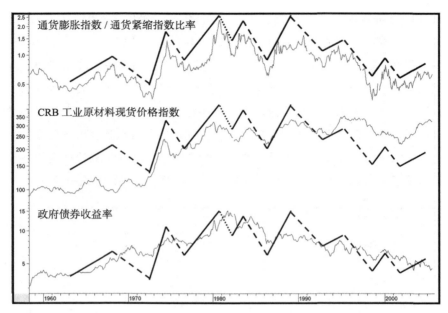

图 11-9　通货膨胀指数 / 通货紧缩指数比率 vs. 商品价格指数和债券收益率

资料来源：pring.com。

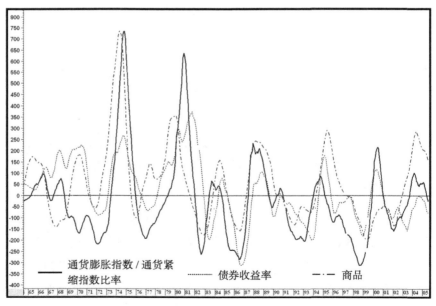

图 11-10　通货膨胀指数 / 通货紧缩指数比率 vs. 商品价格指数和债券收益率的动量指标

资料来源：pring.com。

图 11-11 再次比较了这 3 个指标的表现，不过这一次的箭头是与通货膨胀指数 /

通货紧缩指数比率的 18 个月变动率的超买交叉相联系的。这样做的目的在于，该比率的动量指标反转可以被用于确定债券收益率和商品价格的主要趋势的反转。当然，各种各样的箭头不会适合于每个经济周期的每个市场。然而，它们确实提供了一些有趣的，偶尔还是非常及时的信号。市场上真正发生的事情是，股票市场参与者通过买进和卖出通货膨胀敏感和通货紧缩敏感的股票，就能确定利率和商品价格的顶峰。因为收益率和商品价格都是整体经济中不可或缺的部分，所有领先经济板块的股票与滞后经济板块的股票的**相对价格**表现之间存在一个直接的联系。

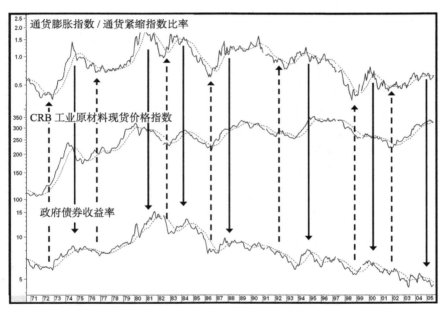

图 11-11　通货膨胀指数 / 通货紧缩指数比率 vs. 商品价格指数和债券收益率

资料来源：pring.com。

图 11-12 显示了通货膨胀指数 / 通货紧缩指数比率，并将其与根本的通货膨胀 / 通货紧缩的关系进行了比较，这个根本的通货膨胀 / 通货紧缩的关系就是商品和债券之间的关系。除了 20 世纪 60 年代后期的顶峰和 20 世纪 90 年代初期的底部出现了错位外，这些指标在方向上的变动都非常一致。不同市场变动的规模是另外一个问题。

领先 / 滞后行业组之间的关系

我意识到大多数读者都不能构建一个通货膨胀指数 / 通货紧缩指数的比率。尽管它只证明了随着股票市场周期的演进，市场上存在着一个连续的通货膨胀 / 通货紧缩之间的争夺战，但我认为这个解释是具有教育性的。在第 14 章中，我们将使用几个 ETF 板块基金当作通货膨胀敏感和通货紧缩敏感的股票的替代物，但是对于本章的后续部分，我们将讨论局限于两个行业组，一个是领先经济板块的替代，另外一个是滞后经济板块的替代。这种分析方法非常简单，可以在大多数流行的绘图软件中应用，比如 End of Day MetaStock，TC2000 等。同样也可以应用到几个在线金融网站上，比如雅虎所提供的相对强度分析工具，以非振荡指标的方式来分析这样的一些关系。偶尔也可以与其他的指标使用市场领导行业的转换区确定主要市场转折点出现的时机。图 11-13 在上方显示了标准普尔银行业指数、在中间显示了其相对强度线（relative strength line，简称 RS 线）。当相对强度线上升的时候，这意味着标准普尔银行指数超过了标准普尔指数的表现；反之亦然。在图 11-14 中，将该振荡指标系列与由标准普尔石油综合指数（S&P Intergrated Oil Index）的相对强度线得来的类似的 KST 指标进行了重叠比较。

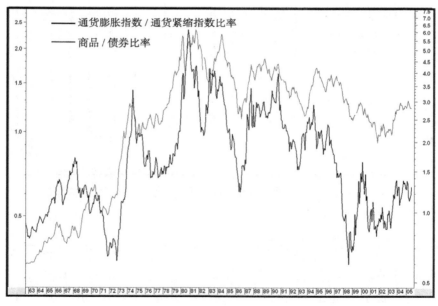

图 11-12　通货膨胀指数 / 通货紧缩指数比率 vs. 商品 / 债券比率

资料来源：pring.com。

　　银行相对强度线的 KST 指标通过实线反映出来，而美国石油指数相对强度线的 KST 指标由粗的虚线反映出来。可以非常明显地看出，这两条线通常是向着相反的方向移动的。这些箭头被置于并列的位置，以更形象地显示这个特征。在像

2000 ～ 2001 年这样极少出现的例子中，它们的移动是一致的，但是大多数时间内它们的轨迹都是背离的，因此揭示了市场上存在的行业组转换的过程。

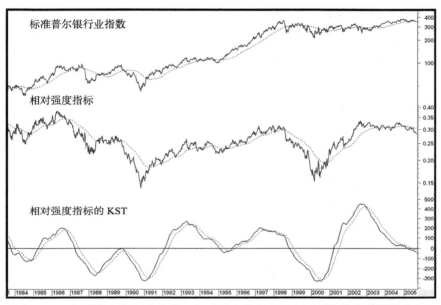

图 11-13　标准普尔银行业指数、相对强度指标以及相对强度指标的动量指标
资料来源：pring.com。

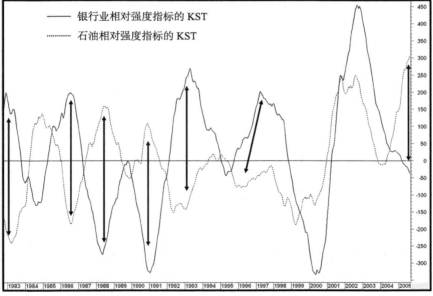

图 11-14　标准普尔银行业指数 vs. 标准普尔石油综合指数的相对动量指标
资料来源：pring.com。

　　另一个有用的关系就是金融板块和技术板块之间的关系。当然，金融是个领先的板块。技术板块从整体来说，倾向于是个中后期的领导板块。图 11-15 显示了这两个板块相对强度线的 KST 指标，构造的方法如图 11-14 中构造标准普尔银行业指数 / 标准普尔综合石油指数之间的关系一样。最后，图 11-16 显示了同样的两个相对强度指标的 KST 指标，同时还有标准普尔综合指数。请注意，在 1997 ～ 1999 年的这段时间内，在非常强大的相对动量指标的带动下，技术板块出现了巨大的牛市；与此同时，金融板块的股票却在下跌（顺便说一句，它们在绝对意义上也出现了下跌）。完全相反的情况出现在纳斯达克泡沫破裂的时候，因为，在 2000 年后半段和 2001 年前半段，是金融板块的股票占了优势。同样有趣的是，注意到标准普尔金融指数的相对 KST 指标出现底部后，对于股票来说，通常后面跟随的都是一个积极的环境。这如图 11-16 中垂直的箭头所示。有一个主要的例外情况出现在 2001 年，在这个例子中，相当数量的股票出现了价格反弹。然而，市场的平均水平却受到了滞后的技术板块股票的不好表现的拖累，滞后板块不好表现抵消了领先板块的良好表现，从而出现了下降。

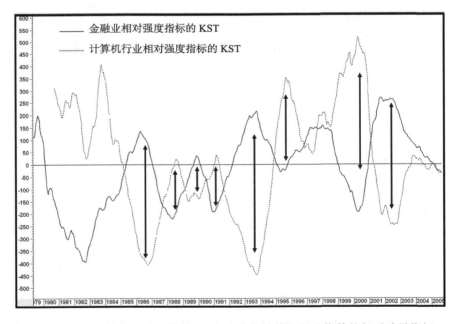

图 11-15　标准普尔金融业指数 vs. 标准普尔计算机行业指数的相对动量指标
资料来源：pring.com。

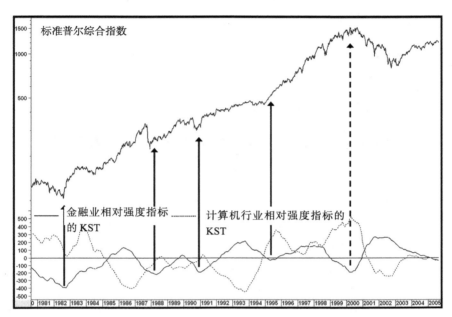

图 11-16   标准普尔综合指数 vs. 标准普尔金融业指数和标准普尔计算机行业指数的相对动
量指标

资料来源：pring.com。

第 12 章
Chapter 12

经济周期 6 个阶段中经济板块的表现

✓ 简介

在本章里，我们将根据经济晴雨表，查看经济板块在每个经济周期阶段中的表现。不幸的是，关于标准普尔 10 个经济板块（公用事业板块、电信板块、金融板块、运输板块、日常消费品板块、可选消费品板块、医疗保健板块、技术板块、工业板块、原材料板块和能源板块）的历史数据只能回溯到 1989 年。乍一看，这好像是个比较长的时期，但是这个时期只包括了两个经济衰退期和长期通货紧缩趋势的最末端。从我们的观点来看，这个时期不够长，还无法判断出真实的成功或者失败，因为我们需要知道在长期通货膨胀和长期通货紧缩的环境下这些经济板块的表现如何。然而，我们也是足够幸运的，因为有几个行业组的数据能够有 50 年或者更长时间的历史。因此，在我们的分析中，我们把它们当作这些经济板块的替代。

本章中第一部分的图表显示了所有这些行业组在 6 个单独阶段中的表现。Y 轴上的数字代表了按年计算的月度收益率。这些行业组根据它们所属的经济板块排序。每个经济板块都以深色和浅色显示。经济板块是按照随着经济周期演进的大致转换过程来排列的。因此，经济周期早期的利率敏感型和防御型的领导行业位于图形的左手边，并逐步过渡到像可选消费品板块、医疗保健板块和技术板块这样的经济周期中期的领导行业。像工业板块、原材料板块和能源板块这样的收益驱动型的经济板块出现在图形的最后。一些经济板块，比如耐用消费品板块，由于有较长历史的数据，所以由许多的行业组所代表。其他的经济板块，比如医疗保健板块和技术板块，每个只有一个行业来代表，分别是医药行业和计算机硬件行业。每个经济板块中行业组的数量对于经济板块当前的重要意义没有任何影响，只是因为它们历史数据的可得性不同。每个阶段中各经济板块的行业组是按照它们的表现来排列的，表现最好的行业组在前面，表现最差的行业组在最后。

这些图中水平的虚线代表了特定阶段内标准普尔综合指数的表现。你可能会感到困惑，为什么在图 12-1 中，绝大多数行业的表现都位于标准普尔综合指数的表现之上，因为比较合理的情况应该是，处于标准普尔指数之上和处于标准普尔指数之下的行业应该差不多。不管怎么说，标准普尔综合指数代表了市场整体的平均水平。这是因为，这些数据并不能涵盖所有构成标准普尔综合指数的行业。同样地，不同的行业还具有不同的权重。举例来说，2005 年的时候，金融板块和技术板块的公司几乎占了标准普尔综合指数 40% 的权重。因此，在阶段 I 出现大多数行业组的表现超过标准普尔综合指数的表现的这样一个情况与事实是一致的。

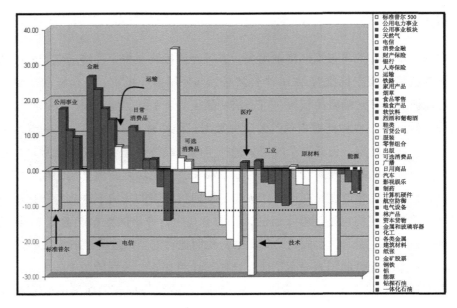

图 12-1　各个经济板块在阶段 I 的表现

资料来源：pring.com。

　　同样重要的是要知道，**这些数据都只是历史数据，而不是对于未来预测的保证**。因此，它们应该被当作指导你进行投资组合计划的一个大致的原则。举例来说，在阶段 I 表现最好的行业之一就是鞋类行业。毫无疑问，这是因为该行业的显著增长造成的，这有可能重复出现，也有可能不会重复出现。因此，本章中的图表提供了在经济周期转换过程中特定的时间点上，我们应该如何预期每个行业的表现，并加以大致确认的方法，但这更多是从一个**相对的**视角，而不是从一个**绝对的**视角出发的。

阶段 I

　　图 12-1 最左边的柱状线代表了标准普尔综合指数的表现，这意味着在阶段 I 股票整体上是处于亏损的阶段。阶段 I 发生于经济周期开端的时候，那时利率和股票价格都在下跌。然而，并不是所有经济板块的股票都在下跌，因为利率敏感型和其他防御型经济板块的股票会表现出与趋势不同的走势。图 12-1 显示出，绝大多数的经济周期早期领导板块，在标准普尔综合指数下滑的时候，流动性驱动的经济

板块的股票实际上出现了上涨。唯一遭受最大损失的经济板块是电信板块，其表现非常差的原因部分来自 20 世纪 90 年代后期的技术泡沫，因而在接下来的 2000 年的阶段Ⅰ中表现得更是极为差。由于电信板块的历史只能往前回溯相当短的一段时期，因此，用于该计算的指标结合了老的标准普尔电话指数，而这曾经属于流动性驱动型的、经济周期早期领导行业的公用事业部门。可能在将来要对这个行业进行重新分类，因为这个行业的模式现在看起来更像是经济周期中后期的领导行业的技术行业组，而不是公用事业板块的形式。这是因为这个行业在阶段Ⅴ的表现略为积极，正如你能在图 12-5（见本章的后面部分）中所看到的那样。

标准普尔公司将运输行业归类为工业板块，但是随着我们查看代表经济周期各个阶段的图表，非常明显的就是，运输行业其实是经济周期早期的领导行业。图 12-1 显示，运输行业在阶段Ⅰ显示出一个积极的表现。

鞋类行业被标准普尔公司正式分类为可选消费品板块，出于我们分析的目的，鞋类行业也应该属于这个板块。然而，其表现从很多方面来说，都更接近于反映了一个早期领导行业日常消费品板块的特征。历史数据显示，这个行业在阶段Ⅰ有着最好的表现，也是在阶段Ⅵ赚钱的少数行业之一。

向图 12-1 的右边看，可以明显地发现，对于大多数像工业板块、原材料板块和能源板块这样的经济周期中后期的领导行业来说，这个阶段就不是个适宜的时机。除了鞋类行业、服装行业和百货公司行业，在这个阶段都应该避免投资于可选消费品板块。

📈 阶段Ⅱ

阶段Ⅱ是个黄金阶段。不仅每个行业都会赚钱，而且从纯粹的收益规模来说，阶段Ⅱ也超过了阶段Ⅲ这个广泛获利的阶段。图 12-2 所展示的模式看起来像是个经济周期中期领导行业占主导地位的形式，几乎可以根据柱状图绘制出一个伞形的半圆，因为经济周期早期的领导行业和后期的领导行业表现不太好，而经济周期中期的领导行业比其他的行业表现得都更为出色。

从很多方面来说，这个图代表了这些图表中预期经济板块表现最完美的一种情形。有趣的是，大多数可选消费品行业从阶段Ⅰ的最大损失者完全转变为阶段Ⅱ的最大受益者。明显地，交易者应该对该板块予以更多的关注，在阶段Ⅰ的时候就开始着手准备在该板块上投入高于平均水平的头寸，直至阶段Ⅱ最终到来。

华章经典

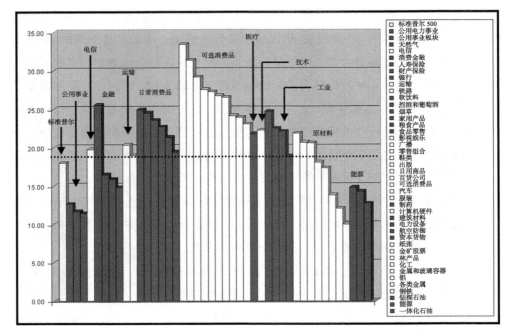

图 12-2　各个经济板块在阶段 II 的表现

资料来源：pring.com。

阶段 III

图 12-3 显示，阶段 III 对于所有行业来说，也是个获利的阶段，但是开始呈现出收益驱动型板块的表现逐步增强的趋势。在这个方面，我们注意到公用事业板块的表现较为不积极，原材料和能源板块在收益上更接近于工业板块。同样值得关注的是，金融板块的表现超过了运输板块和日常消费品板块。这三者总体的表现都稍低于它们在阶段 II 的表现，但是金融板块在阶段 III 获得的收益率相对较高，这是因为其他两个板块的收益率在这个阶段出现了显著的下降。

阶段 IV

阶段 IV 实际上显示了一个对于经济周期中后期领导行业的倾斜，因为医疗保健板块和技术板块是继日常消费品软饮料和家用产品之后的最好的表现者。请记住，这两个板块在 2005 年都在标准普尔综合指数中占有相对较高的权重（分别是 14%

和 15%），但是图 12-4 并没有反映出这一点，这是因为它们每个都只有一个行业所代表。令人感到奇怪的是，原材料和能源板块在该阶段出现了**相对**下滑，而我们本来期望这两个板块在经济周期中后期阶段会有更好的表现。

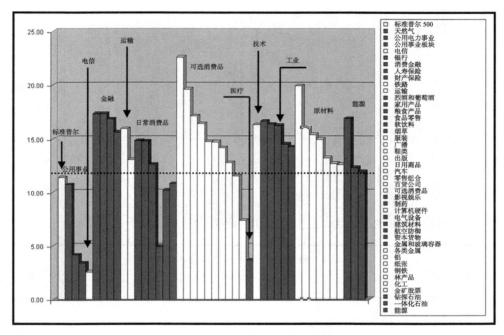

图 12-3　各个经济部门在阶段Ⅲ的表现

资料来源：pring.com。

阶段 V

我们可以从图 12-5 中看出，除了日常消费品板块之外，对于大多数经济周期早期的领导行业来说，阶段 V 都是个遭受损失的阶段。在过了经济周期中后期的时候，医疗保健板块开始出现盈利。广泛来说，原材料板块是比较清楚的领导行业。

阶段 VI

正如我们所预期的那样，阶段 VI 几乎都是熊市。在这个阶段整体上损失最小的经济板块看起来是处在图两端的板块。在经济周期早期领导行业中，有公用事业板块和电信板块；在经济周期后期的领导行业中，有能源板块。然而，除了能源板块

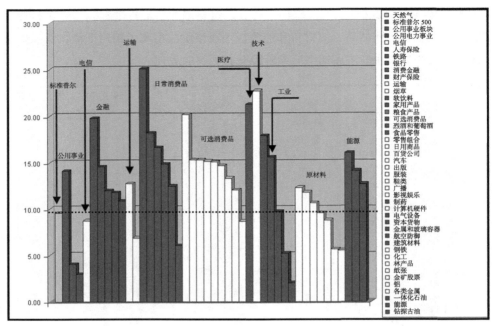

图 12-4 各个经济板块在阶段Ⅳ的表现

资料来源：pring.com。

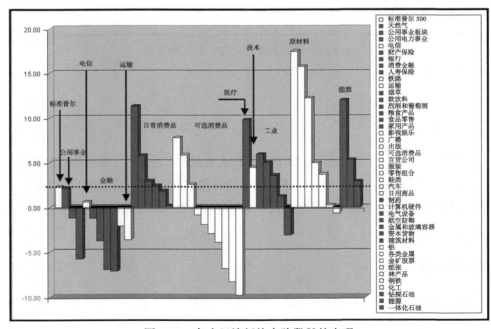

图 12-5 各个经济板块在阶段Ⅴ的表现

资料来源：pring.com。

的表现，我们可以从左到右在图表上绘出一条向下倾斜的线，这意味着在阶段Ⅵ，随着经济领导板块从流动性驱动型板块、经济周期中期领导板块，直到收益驱动型板块，各个经济板块的表现日益变差。这一点可以从图 12-6 中看出来。

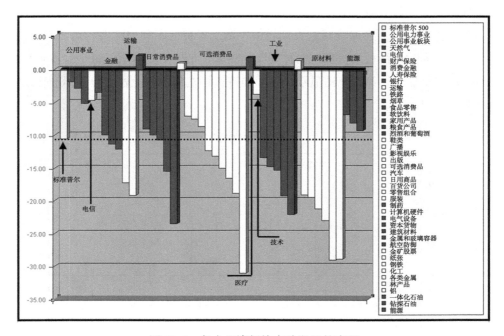

图 12-6　各个经济板块在阶段Ⅵ的表现

资料来源：pring.com。

随着经济阶段演进经济板块的表现

上一部分完善了我们对于单个经济阶段各个经济板块表现特征的一般看法。那么现在就该是我们看看随着经济周期的演进，单个经济板块表现的时候了。对于那些从 1955 年之后才有可用数据的经济板块，我们用单个行业组来代替经济板块。举例来说，这意味着，金融板块由银行业代表；日常消费品板块由食品行业代表；技术板块由计算机硬件行业代表，如此等等。如图 12-7 所示，我们以标准普尔综合指数在 6 个经济周期阶段中的表现开始。正如我们所预期的，该指数表现得很好，它在阶段Ⅰ和阶段Ⅵ遭受了损失，而在阶段Ⅱ到阶段Ⅳ都获得了很高的收益。与预期所不同的就是阶段Ⅴ，它在该阶段获得了小额收益，而这个阶段被公认为是股票价格的消极阶段。然而，应该注意到，以预期方式出现的相对表现是在阶段Ⅱ

取得最好的收益，然后收益逐步减少直到阶段Ⅵ。同样重要的是记住，这个图以及后面的所有图中的情况都只是**平均水平的表现；真实的表现会随着周期的不同而不同**。此外，通货膨胀和通货紧缩的长期趋势也将对每个阶段的牛市和熊市特征有着实质性的影响。从一般意义上来讲，我们发现阶段Ⅵ在通货膨胀长期趋势中时是非常不利于投资的；而在通货紧缩长期趋势中对于投资的不利程度要相对温和一些。对于每个不同的经济板块，都有两种类型的图表。第1个图显示了每个阶段各个经济板块的绝对表现。第2个图显示了各个经济板块在每个阶段相对应于标准普尔综合指数的相对表现。

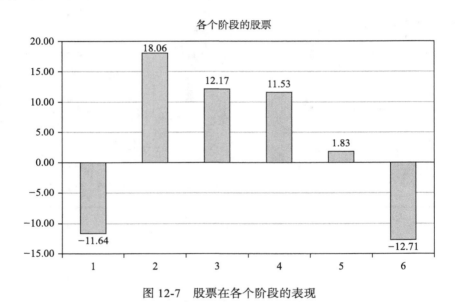

图 12-7　股票在各个阶段的表现

资料来源：pring.com。

图 12-8 显示了公用事业板块。这些利率敏感型股票的表现如我们所预期的那样，它们只在阶段Ⅰ有积极的表现，而在整个市场呈现出消极的表现。随着经济周期演进，公用事业板块的收益越来越少，实际上在经济周期的最后两个阶段走向了熊市。我们本来期望该板块在阶段Ⅳ会出现损失，因为那时利率开始再次上升，但事实并非如此。图 12-9 显示，从相对意义上来讲，公用事业板块在阶段Ⅰ表现最好。该板块的表现呈现出 U 形，因为它们的相对表现开始很好，然后在阶段Ⅱ、阶段Ⅲ、阶段Ⅳ逐步下降。最后，在阶段Ⅵ，该板块又再次比市场表现得要好，不过这次不是赚取了更多的利润，而是损失得较少。

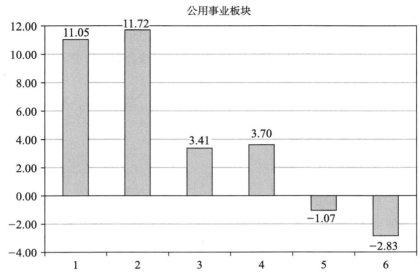

图 12-8 公用事业板块在各个阶段的表现

资料来源：pring.com。

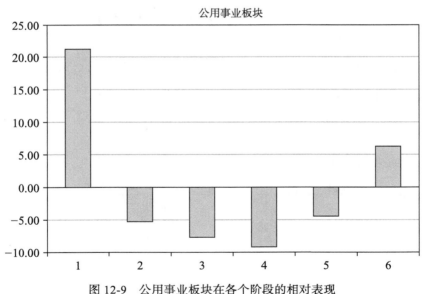

图 12-9 公用事业板块在各个阶段的相对表现

资料来源：pring.com。

可能没有哪个行业可以比房屋建造业在阶段 I 拥有一个更好的顶峰记录，然后在经济周期的其他阶段却又日益下降的行业了（见图 12-10 和图 12-11）。这是个对利率非常敏感的行业，并且拥有非常强烈的领先倾向。从过去来看（尽管这不能保证将来有同样的表现），交易者可以在阶段Ⅰ买进这个行业的股票，然后在阶段Ⅲ的末期卖出，因为这么做能为交易者提供一个超过标准普尔综合指数的正向的收益率。

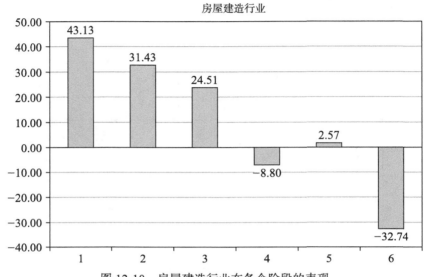

图 12-10　房屋建造行业在各个阶段的表现

资料来源：pring.com。

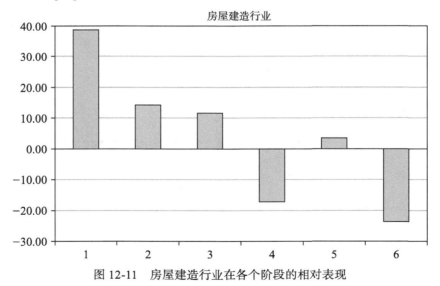

图 12-11　房屋建造行业在各个阶段的相对表现

资料来源：pring.com。

电信板块与标准普尔综合指数拥有一样的收益 / 损失状况（见图 12-12），但收益率更低。它们唯一一次真正超过市场表现的阶段就是阶段Ⅵ（见图 12-13），尽管这个阶段从绝对意义上来说，对于电信板块还是个遭受损失的阶段。

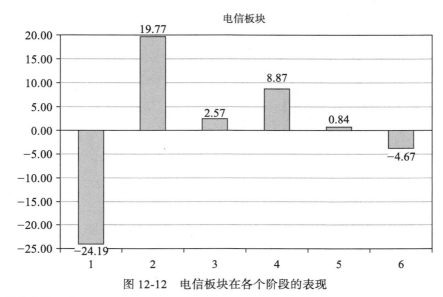

图 12-12　电信板块在各个阶段的表现

资料来源：pring.com。

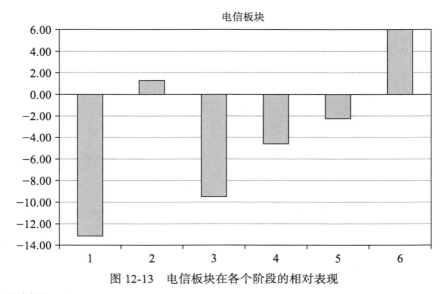

图 12-13　电信板块在各个阶段的相对表现

资料来源：pring.com。

银行业（见图 12-14）是金融板块的替代物，其表现看起来类似于保险业或者消费金融业。该行业在阶段Ⅰ到阶段Ⅳ获得了正向的收益率，却在最后两个阶段遭受了损失。从相对意义上来说（见图 12-15），它在阶段 I 的表现非常突出，但是没有清晰的模式显示这个行业在经济周期的其他阶段同市场的表现或多或少相一致。在这方面，银行业的表现类似于其他的金融行业。

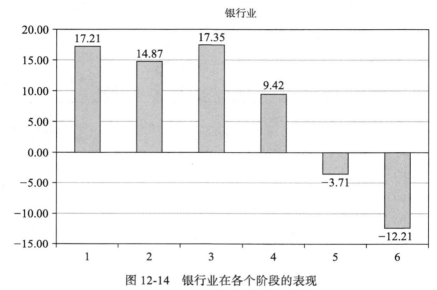

图 12-14　银行业在各个阶段的表现

资料来源：pring.com。

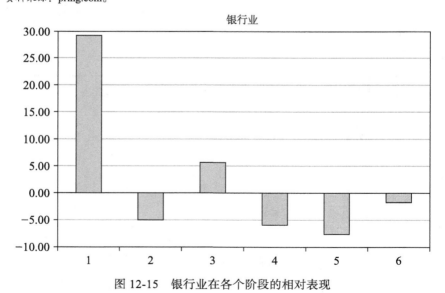

图 12-15　银行业在各个阶段的相对表现

资料来源：pring.com。

日常消费品（非周期性板块）以食品业为代表（见图 12-16）。除了阶段 VI，该行业在其他经济阶段都获得了绝对的收益。然而，这个行业看起来却在阶段Ⅰ表现得最好。那时该行业的相对表现（见图 12-17）呈现出超过其他阶段的头肩形。在除了阶段Ⅵ的其他阶段，该行业都稍微超过了市场整体的表现。

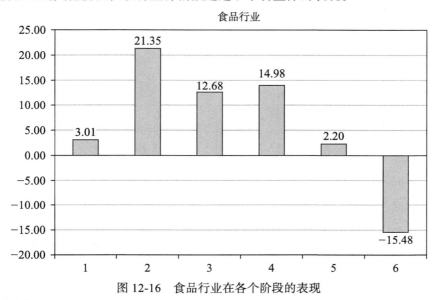

图 12-16　食品行业在各个阶段的表现

资料来源：pring.com。

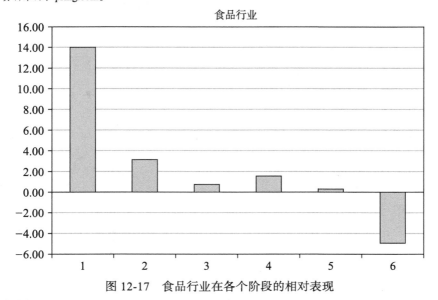

图 12-17　食品行业在各个阶段的相对表现

资料来源：pring.com。

运输部门最好的绝对表现出现在阶段Ⅱ、阶段Ⅲ和阶段Ⅳ（见图 12-18）。然而，该板块在阶段Ⅰ也获得了收益，那是燃料价格和融资成本下跌的时候，而这是对于这个板块影响最大的两个因素。因此，我们在相对强度指标的表现上看到了一个完美的领先板块的情况（见图12-19）。在阶段Ⅰ，该板块确实表现得非常好，并继续呈现出相对优越的表现，直到在阶段Ⅴ出现了与更高商品价格相关的成本压力。

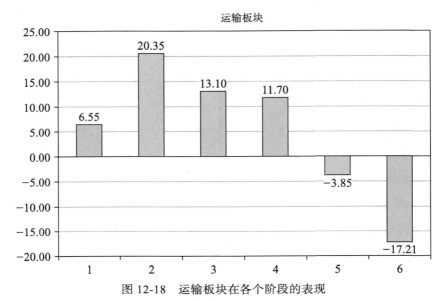

图 12-18　运输板块在各个阶段的表现

资料来源：pring.com。

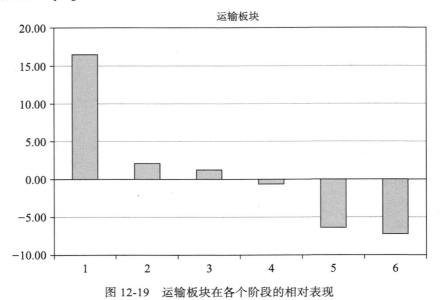

图 12-19　运输板块在各个阶段的相对表现

资料来源：pring.com。

百货公司业是我们用于替代经济周期中前期的可选消费品板块的行业（见图 12-20）。该行业在阶段 Ⅰ 勉强获得了小额的收益，但到阶段 Ⅴ，这个行业通常就会出现损失。该行业在阶段 Ⅰ 获得的小规模的收益意味着，相对意义上说（见图 12-21），阶段 Ⅰ 到目前为止是该行业表现最好的阶段，因为在经济周期的其余阶段内该行业的表现将日益下降。

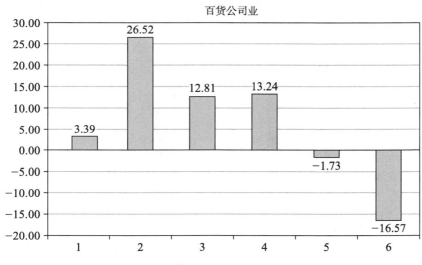

图 12-20　百货公司业在各个阶段的表现

资料来源：pring.com。

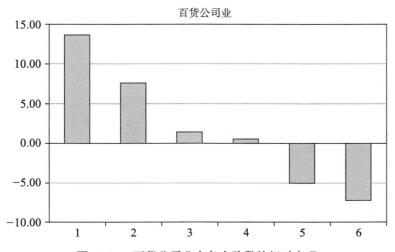

图 12-21　百货公司业在各个阶段的相对表现

资料来源：pring.com。

医药行业（见图 12-22）是我们为经济周期中期的领导板块医疗保健板块所找的替代行业，这在晴雨表所揭示的经济周期阶段中没有清楚的表现模式。该行业在每个阶段都表现得不错，如果我们不考虑阶段Ⅲ微弱收益的情况，那么它们的绝对收益情况就呈现出翻转过来的 U 形。将其图表与该行业的相对表现（见图 12-23）相比较来说，相对表现更接近于像一个实际的 U 形或者 V 形，其中，阶段Ⅲ的较弱相对表现的两侧都有改进的相对表现。这证实了，医药行业在阶段 Ⅰ 和阶段Ⅵ都是安全的避风港。

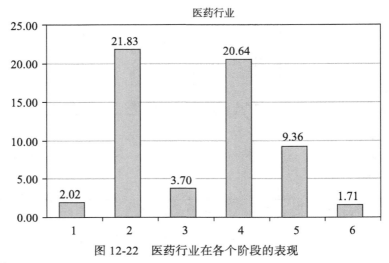

图 12-22　医药行业在各个阶段的表现

资料来源：pring.com。

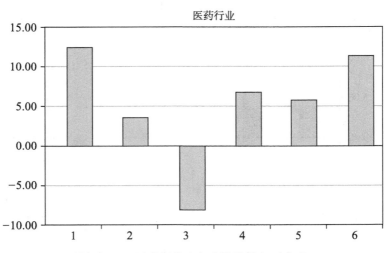

图 12-23　医药行业在各个阶段的相对表现

资料来源：pring.com。

技术板块由计算机硬件行业代表（见图 12-24 和图 12-25）。这个经济周期中期领导行业标记着标准普尔综合指数的表现，因为该行业在阶段 I 和阶段 VI 遭受损失，而在其他阶段获得收益。我们所期望的经济周期中期领导行业的表现就是这样。在图 12-26 中，我们也看到了同样的情况出现在半导体行业上。我将这个行业包括在分析里面，是因为交易者对这个行业比较熟悉，并可以当作计算机硬件行业的支撑性证实。它们最好的相对表现出现在阶段 IV（见图 12-27），这再次是我们所预期到的情况。然而，令人感到惊奇的是，该行业在阶段 VI 出现了上涨的相对表现。对于半导体行业来说，却不是这样，因为该行业的相对表现呈现出倒 U 形。

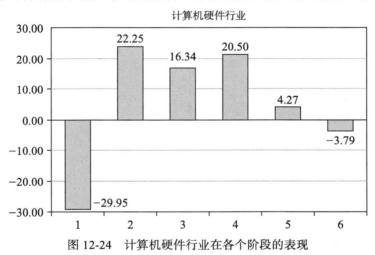

图 12-24　计算机硬件行业在各个阶段的表现

资料来源：pring.com。

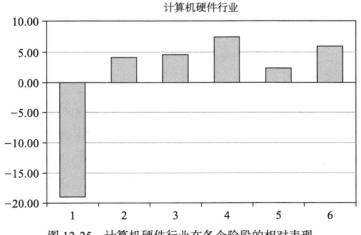

图 12-25　计算机硬件行业在各个阶段的相对表现

资料来源：pring.com。

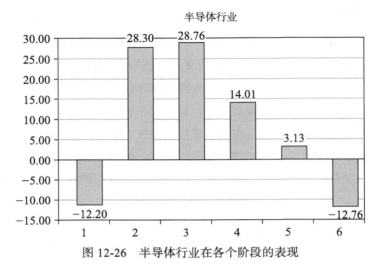

图 12-26　半导体行业在各个阶段的表现

资料来源：pring.com。

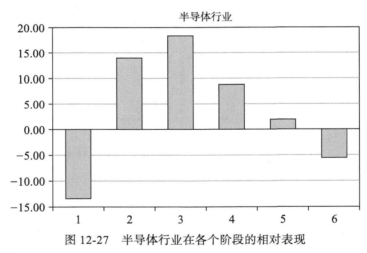

图 12-27　半导体行业在各个阶段的相对表现

资料来源：pring.com。

　　生产资料行业是经济周期中后期的领导板块——工业部门的代表行业。我们非常吃惊于图 12-28 和图 12-29 所显示出来的结果。图 12-28 显示了该行业的绝对表现，我们本来期望该行业在阶段 Ⅱ、阶段 Ⅲ 和阶段 Ⅳ 会获得比图中显示出来的更强的表现。真正令人吃惊的事情出现在该行业的相对表现上，该行业在阶段 Ⅰ 取得了超过平均水平的相对表现，而在阶段 Ⅴ 出现了低于平均水平的相对表现。你也可以参考水平的点状线所显示出来的标准普尔综合指数的表现，从图 12-1 中可以看出这一点。这里代表的所有的工业行业的表现都超过了这个平均线，因此这意味着该

行业有较强的相对表现。另一方面，生产资料行业在阶段 V 的较差表现并不是这个
经济板块的典型情况，就像你从图 12-1 中所看到的，绝大多数工业行业的表现都
超过了水平虚线，也即标准普尔综合指数的表现。

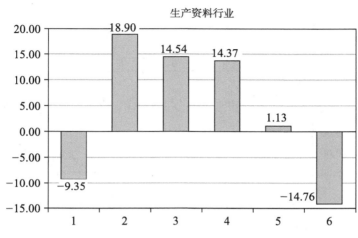

图 12-28　生产资料行业在各个阶段的表现

资料来源：pring.com。

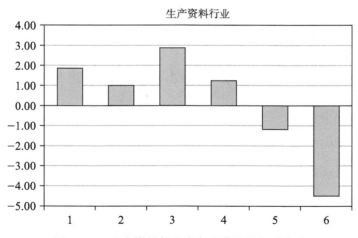

图 12-29　生产资料行业在各个阶段的相对表现

资料来源：pring.com。

原材料部门显示了与标准普尔综合指数一样的收益 / 损失情况。然而，我们本
来预期图 12-30 会显示出在阶段 V 的强烈表现。在这个阶段，该部门确实显示了一
个相当强的相对表现（见图 12-31），但是相对表现的总体模式是不存在的，因为它

事实上是阶段相互交替地从表现不好转向表现良好。

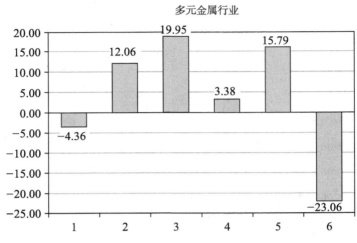

图 12-30   多元金属行业在各个阶段的表现

资料来源：pring.com。

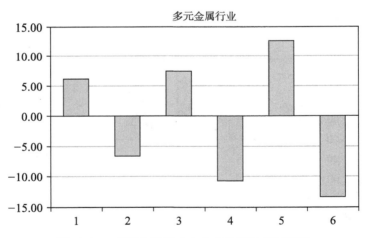

图 12-31   多元金属行业在各个阶段的相对表现

资料来源：pring.com。

黄金股票看起来有其自身的价格运行轨迹，并在阶段Ⅵ显示出最好的表现（见图 12-32）。如你所期望的那样，这个行业不喜欢通货紧缩，在阶段Ⅰ损失严重。如果我们将阶段Ⅳ排除在外，随着经济周期的演进，相对表现看上去有一个逐渐上升的趋势（见图 12-33）。这与房屋建造业的表现形成了鲜明的对比，房屋建造业与黄金股票的表现完全相反，但该行业与黄金在阶段Ⅳ内都表现不好。

最后，能源板块拥有与标准普尔综合指数相同的收益 / 损失情况（见图 12-34）。有趣的是，该行业在阶段Ⅰ的相对表现胜过了市场整体的表现（见图 12-35）。在经济周期的末端，该板块的表现如我们所预期的那样，在阶段Ⅳ、阶段Ⅴ和阶段Ⅵ内都有优越的相对表现。

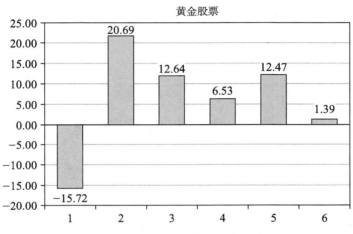

图 12-32　黄金股票在各个阶段的表现

资料来源：pring.com。

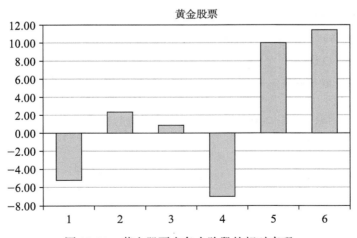

图 12-33　黄金股票在各个阶段的相对表现

资料来源：pring.com。

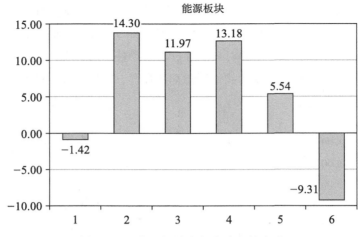

图 12-34 能源板块在各个阶段的表现

资料来源: pring.com。

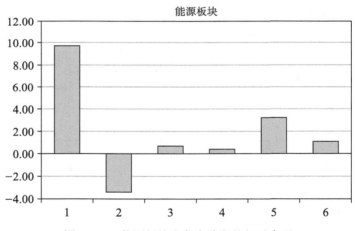

图 12-35 能源板块在各个阶段的相对表现

资料来源: pring.com。

第 13 章
Chapter 13

ETF 基金是什么？它们具有什么优点

ETF 基金是什么

如果你将要随着经济周期的演变进行资产配置，ETF 基金将帮助你找到执行这个策略的合适的投资工具。这就是 ETF 基金发挥作用的时候，尽管 ETF 基金主要都是投资于股票的，但近年来也有投资于债券、单个商品和流动基金。

明显地，可以通过购买单个股票以满足股票资产配置的要求，或者购买单个债券以满足固定收益资产配置的要求。然而，谨慎的股票选择需要进行大量的研究。有趣的是，由学界研究者完成的某些研究已经显示出，超过 90% 的资金经理的表现取决于他们**资产类别的选择**，而不是单个股票的选择。在现实生活中，投资者花费大量的时间和金钱试图去挑选股票，却花费相对较少的时间和金钱来判定购买什么**类型**的股票或者债券。大多数经济学家认为，挑选股票是相当徒劳的行为，因为太多的专家在分析单个公司，而这些公司只有极少或者根本没有任何公开的信息是其他人没有看到或者据此做出反应的。只是详细过滤单个公司的信息所产生的纯粹成本也将使股票精选基金的表现好过整个市场变得更为困难。事实上，历史记录显示，精选股票基金的一般表现从来就没有超过市场的表现。一个关键的问题就是，当一只股票表现得好时，来自同一资产类别的股票也会表现得好。因此，最好的方法就是花时间去挑选合适的资产类别，资产类别的范围是非常小的，而股票个数有可能达到数千只。这就是该 ETF 基金发挥作用的时候了。简单来说，ETF 基金像任何其他的股票一样，也是个挂牌交易的股票实体。区别在于，ETF 基金是由一揽子股票所构成的，其管理目标是复制一个特定的指数。最流行的 ETF 基金就是 SPDRS 和 QQQs。SPDRS 复制的是标准普尔综合指数，而 QQQs 复制的是纳斯达克 100 指数。任何购买 SPDRS 的投资者的股票构成就是那些包括在标准普尔综合指数中的 500 个公司的股票。如果标准普尔综合指数上涨了 1%，那么 SPDRS 也就上涨了 1%。QQQs 所跟踪的是在纳斯达克股票市场挂牌交易的增长最快的 100 只技术公司和非金融服务公司的股票。这个 ETF 基金是全球交易最活跃的交易所交易基金，2005 年的时候每天交易份额超过 9100 万股。

绝大多数情况下，一揽子股票试图反应的是一个特定的市场平均指数、部门指数、国际市场指数甚至是单个市场部门的指数，比如金融部门或者技术部门。当投资者希望购买时，它们就被创造出来；当供给超过需求时，它们就会被取消。

ETF 基金的交易价值是依赖于它所代表的标的股票的净资产价值和买卖之间的价差。可以认为它是个指数共同基金，你可以以全天不断变动的价格实时地买进或者卖出。因为 ETF 基金具有的便利性和相对较低的管理费用，使得这些基金在最近 10 年内日益流行。

    ETF 基金并不总是以基金内持有资产的净资产价值进行交易，折价和溢价也会出现。然而，这些区别与封闭式共同基金相比，是相当小的。封闭式共同基金的折价或者溢价超过 10% 或者更多都是司空见惯的。原因在于，任何显著的价格差别很快就被套利出去了。现在一共有超过 160 种这样的投资工具，包括跟踪市场经济部门和复制单个国家指数的基金。每年挂牌交易的 ETF 基金都会有所增加。

    现在市场上可供交易的主要基金家族包括：

大盘股

中盘股

小盘股

成长股

价值股

部门股

国际股

国家股

新兴市场股

长期债券

黄金

中期债券

短期债券

房地产投资信托

外汇

    自 20 世纪 90 年代早期以来，ETF 基金已经开始出现了大幅度增长。流通的 ETF 基金资产总额已经从 1993 年的不到 10 亿美元增长至 2002 年的超过 1050 亿美元。

ETF 基金与通常的共同基金的比较

    在我们比较 ETF 基金和共同基金的差别之前，有必要快速地概括一下不同种类同基金的特征。一个**开放式**共同基金是由一个共同基金发起人发行的，比如富达基金或者先锋投资公司。它是以反映基金目标的一种方式进行管理的。在一些例子中，比如先锋 500 指数基金（Vanguard 500 Index Fund）的目标就是复制标准普尔综合指数的表现，就像 SPDR 一样。其他基金可能试图复制一个特定的部门，比如富达中盘成长股票基金，顾名思义，这个基金主要投资于那些中等规模的成长型公司。还有一些基金的目标是通过投资于特定的领域以获得收益，比如"技术"部门或者"成长和收益类"公司。这里，共同基金的表现主要依赖于基金的管理方式和管理层的能力，同时还取决于其所跟踪的部门的表现。基金通常会因为其专业性而收取较高的管理费用，同样还有买卖的价差，这个价差被称为**佣金**。近年来，免佣金（no-load）的概念变得更加普及，但是问题在于，尽管佣金是免费的，基金的净资产价值却是每天固定一次，即在交易日结束的时候。那么，从实践的观点来看，ETF 基金和开放式共同基金之间主要的差别在于 ETF 基金在交易日能够全天进行交易。ETF 基金的主要缺点就是，它在交易所挂牌交易，因此在买卖的时候都要支付佣金。然而，近年来，佣金的成本下降了很多，以至于人们通过在线折扣经济商购买这些基金变得没有什么意义了。如今连 8 美元的定额收费都已经不常见了，而且将来很可能还会下降。

ETF 基金的其他一些优点包括如下方面。

（1）ETF 基金的收费率一贯就比积极管理的共同基金要低，而共同基金收取高的费率是合理的。一些共同基金可能还会涉及一些佣金或者手续费用。长期以来，这些费用使得积极管理的共同基金的表现显著滞后于一个类似的指数化投资工具。ETF 基金的管理费用通常非常低，这是因为该基金主要是复制一个指数。因此几乎不需要任何的研究和积极的管理。

交易费用通常也较低，这是因为只有当新的投资者加入，目前的投资者退出，或者所跟踪的指数重新构建时，才会发生 ETF 基金的交易。积极管理的共同基金每日都买进和卖出那些将产生较多交易费用的证券。

一些费用，比如 12b-1 费用和股东服务费用，通常是不收取指数基金的。

（2）ETF 基金有着非常低的投资组合营业额。因为出售股票通常需要纳税，因此 ETF 基金份额的持有者通常会比持有共同基金份额的持有者缴纳更少的税收。因为 ETF 基金独特的创造和回购方式，它们允许投资者在 ETF 基金最后出售时才支付其资本增值，也就是延迟至最后期限。在没有办法避免资本增值的情况下，推迟资本增值的支付也是有价值的，因为本来用于支付税收的金额能够继续积累财富。

（3）因为 ETF 基金能够像股票一样交易，所以我们可以应用某些复杂的策略，比如抛空，以使用 ETF 基金来对冲亏损，或者以保证金买入来获得杠杆效应。许多 ETF 基金也有挂牌交易的期权产品，还能够进行有保护的看涨期权等投资战略。

（4）挂牌交易更大的优点就是，使潜在的购买者能够在价格高于市场水平的时候设置买入止损点，在价格低于市场水平时设定卖出止损点。止损点的设置能够允许我们提前确定价格趋势出现反转信号的时点。因为经纪商的电脑时刻为客户"关注"着价格变动，因此买进卖出的交易能够自动进行。

（5）标准的 ETF 基金（即那些试图反映给定指数的基金）不会因为管理者和其他因素的改变而改变它们的投资策略。这样的风格改变将会导致它变成一个积极管理的基金，而不能适合其在投资组合中的预期角色。

（6）你看到的就是你得到的。严格来说，共同基金不是这样的，共同基金通常会持有一定的现金以防止可能出现或者可能没出现的份额赎回。而 ETF 基金并没有这种问题，它通常是全部投资进去。这意味着，持有现金的共同基金在普遍上涨的市场中的表现将会较差，因为其持有的"现金部分"使得整体收益率下降。

许多人认为，一只 ETF 基金的流动性取决于每天交易的 ETF 基金份额数。然而，对于 ETF 基金流动性的一个更好的度量方式就是，**看该指数所代表的标的股票的流动性**。这是因为做市商是根据投资者的需求来制造和赎回 ETF 基金的份额的。他们根据一个指数中所包括的那些公司的股票来设定出一个 ETF 基金份额。如果指数中包括的那些股票具有较大的流动性，那么 ETF 基金也会有较大的流动性；反之，如果指数中包括的那些股票数具流动性较差，那么 ETF 基金的流动性会较差。

📈 互联网上的 ETF 基金

在网上有大量关于 ETF 基金的信息。许多有用的实时链接都在随书所附光盘里，包括所有基金类型和以下所提及的内容。因此，以下几个网站可以为你提供一个很好的开端，因为它们对各种各样的基金家族和基金都进行了全面的描述。在许多情况下，可以帮你比较它们的表现，找出大小、管理费用、设定的目标等。这些网站还包含大量的有教育意义的文章，可以让你看到最新的挂牌量。要记住，它们提供的基金数量和类型一直在持续增加，所以查阅以下链接会让你随时看到最新的东西。

（1）雅虎金融 http://finance.yahoo.com//etf

（2）由纽文投资公司发起的 ETF 连接 http://www.etfconnect.com/

（3）晨星 http://www.morningstart.com/Cover/ETF.html

基金家族

ETF 基金是依赖于它们的发起者成组上市的，在这种方法里，价格公开，比如可以在《华尔街日报》上找到。确实，该报纸上有一个特定的版块专讲 ETF 基金。基金的主要类型是那些由市值（举个例子，大盘股、小盘股等）行业、国家指数和固定收益所表现的。以下是主要的基金家族。

巴克莱银行

（ishares.com）

安硕基金（iShares）是由巴克莱资本（Barclays Global Capital）发起的，是最大的 ETF 基金。从广泛意义上来说真正存在两种股票型 ETF 基金，即行业基金和国际基金。行业基金（sector funds）试图反应由道琼斯以 11 个指标的形式公布的行业部门。还有一种基金是跟踪高盛投资公司（Goldman Sachs）自然资源指数的高盛自然资源基金。另外还有很多债券基金。

主要的巴克莱基金分类如下。

1. 股票

（1）安硕（iShare Broad Market Funds）。

以下的基金代表基础更为广泛的市场领域，并且试图复制特定的标有名字的罗素指数（Russell indexes）。显然，从广泛意义上来说，它们有助于我们把基金配置到股票市场上。但是它们并不像很多行业基金那样适合经济周期方法。

基金	符号
安硕罗素 1000 指数（iShares Russell 1000®）	WB
安硕罗素 1000 增长指数（iShares Russell 1000®Growth）	IWF
安硕罗素 1000 价值指数（iShares Russell 1000®Value）	IWD
安硕罗素 2000 指数（iShares Russell 2000®）	IWM
安硕罗素 2000 增长指数（iShares Russell 2000®Growth）	IWO
安硕罗素 2000 价值指数（iShares Russell 2000®Value）	IWN

安硕罗素 3000 指数（iShares Russell 3000®）	IWV
安硕罗素 3000 增长指数（iShares Russell 3000®Growth）	IWZ
安硕罗素 3000 价值指数（iShares Russell 3000®Value）	IWW
安硕罗素中型股指数（iShares Russell Midcap®）	IWR
安硕罗素中型增长股指数（iShares Russell Midcap®Growth）	IWP
安硕罗素中型价值股指数（iShares Russell Midcap®Value）	IWS

（2）行业基金。

这些基金试图跟踪道琼斯行业指数，分类如下。

1）消费性服务（IYC）包括：食品和药品零售、一般零售业、媒体和旅游休闲服务。

2）日用消费品（IYK）包括：汽车以及零部件、饮料类、食品制造、家庭用品、休闲用品、个人用品和烟草制品。

3）基础行业（IYM）包括：化学制品、造纸业、工业原材料和采矿业。

4）能源（IYE）包括：石油和天然气生产商，石油设备、服务和配送。

5）金融部门（IYF）包括：银行、非人寿保险、人寿保险、房地产和一般融资。还有一些金融服务基金（IYG），包括房地产和一般融资。

6）医疗保健（IYH）包括：医疗保健设备和服务，药品和生物技术。

7）工业（IYJ）包括：建筑和原材料、航空航天和国防、一般工业、电子电力设备、工业工程、工业运输和供应服务。

8）自然资源（IGE）这类基金没有跟踪道琼斯指数，但是它能复制高盛自然资源指数。它包括：采掘行业、能源企业、大量木材的所有者和经营者、林业服务、纸浆与造纸生产商，还有种植园主。

9）科技（IYW）包括：软件和计算机服务、技术硬件和设备。

10）通信（IYC）包括：固网通信和移动通信。

11）交通运输（IYI）包括：航空业、工业运输企业和一般工业服务企业。

12）公用事业（IDU）包括：电力和天然气、水和多元公用事业。

（3）全球性行业。

在行业家族中还有一些其他的基金以在标准普尔全球 1200 指数 (S&P Global 1200 Index) 之内的行业为基础。这些基金确实是全球性的，因为它们包括美国以及非美国的企业，即使在大多数情况下美国占据了最大的权重。这些基金具体如下。

1）全球金融业（IXG）包括各大银行、多元化金融公司、保险公司、房地产公司、存贷公司和证券经纪商。

2）**全球医疗保健**（IXJ）包括医疗服务人员、生物技术公司，还有医疗用品制造商和先进医疗设备及药品。

3）**全球科技**（IXN）包括那些科技产品的研制生产、计算机硬件和软件、通信设备、微型计算机组件、计算机集成电路和运用技术的办公设备。

4）**全球通信**（IXP）包括多元化通信载体和无线通信企业。

5）**全球能源**（IXC）包括石油设备与服务、石油勘探与开发、石油精炼。

（4）其他行业。

另外，安硕基金家族包括一些个体行业组织，它们的名字、符号及所反映的指数如下所示。

1）**科恩 & 斯蒂尔斯地产指数基金**（ICF）寻求那些与较大并积极交易的美国房地产投资信托相对应的投资收益。

2）**道琼斯美国房地产指数**（IYR）在支付费用之前，寻求那些一般与道琼斯美国房地产指数基金的价格和收益表现相对应的投资收益。这主要包括以下分部门的企业：房地产控股和发展以及房地产投资信托基金（REITs）部门。

3）**纳斯达克生物技术指数基金**（IGN）跟踪那些主要从事生物医学研究的企业基金的表现，以开发新的治愈人类疾病的疗法，由纳斯达克生物技术指标所示。

4）**高盛网络指数基金**（IGN）寻求那些与美国交易的由高盛网络指数基金所表示的多媒体网络股票表现相对应的投资收益。这个指数包括那些生产电信设备、数据网络和无线设备的企业。

5）**高盛半导体指数**（IGW）寻求那些与美国交易的半导体股票表现相对应的投资收益，由高盛半导体指数所表示。该指数包括那些资本设备生产商或者晶片和芯片制造商等企业。

6）**高盛软件指数基金**（IGV）追踪美国的相关交易软件股票的表现，由高盛软件指数基金所表示。该指数包括那些客户 / 服务器生产商、企业软件、网络软件、个人计算机和娱乐性软件等企业。

7）**高盛技术指数基金**（IGM）复制美国的技术公司的表现，由高盛技术指数基金所表示。该指数包括这些类别的企业：精密计算机相关设备；电子网络和网络服务、计算机和网络软件生产商；信息技术顾问和计算机服务提供商。

8）**KLD 社会责任指数基金**（KLD）在支付费用之前，寻求那些一般与 KLD 社会责任指数基金的价格和收益表现相对应的投资收益。该基金的投资目标也许可以未经股东批准而变化。

9）**安硕道琼斯红利指数基金**（DVY）这类独特的基金试图复制由道琼斯工业平均指数中的高收益股票所构建的指数。因此它对保守投资者寻求一个相对较高的收益率和某些增长来说是一种非常有用的工具。

（5）安硕互联网基金。

这一大类包括一系列主要基于特定国家和地区的摩根士丹利资本国际指数（MSIC）的 ETF 基金，主要如下。

1）**全球和区域。**

摩根士丹利资本国际欧澳远东指数基金（MSIC EAFE Index Fund，简称 EFA）。

摩根士丹利资本国际欧洲货币联盟指数基金（MSIC EAFE Index Fund，简称 EMU）。

标普全球 100 指数基金（S&P Global 100 Index Fund，简称 IOO）。

标普拉丁美洲 40 指数基金（S&P Latin America 40 Index Fund，简称 ILF）。

2）**欧洲。**

标普欧洲 350 指数基金（S&P Europe 350 Index Fund，简称 IEV）。

摩根士丹利资本国际奥地利指数基金（MSIC Austria Index Fund，简称 EWO）。

摩根士丹利资本国际比利时指数基金（MSIC Belgium Index Fund，简称 EWK）。

摩根士丹利资本国际法国指数基金（MSIC France Index Fund，简称 EWQ）。

摩根士丹利资本国际德国指数基金（MSCI Germany Index Fund，简称 EWG）。

摩根士丹利资本国际意大利指数基金（MSIC Italy Index Fund，简称 EWI）。

摩根士丹利资本国际荷兰指数基金（MSIC Netherlands Index Fund，简称 EWN）。

摩根士丹利资本国际西班牙指数基金（MSIC Spain Index Fund，简称 EWP）。

摩根士丹利资本国际瑞典指数基金（MSIC Sweden Index Fund，简称 EWD）。

摩根士丹利资本国际瑞士指数基金（MSIC Switzerland Index Fund，简称 EWL）。

摩根士丹利资本国际英国指数基金（MSIC United Kingdom Index Fund，简称 EWU）。

3）**亚洲、澳大利亚和非洲。**

摩根士丹利资本国际澳大利亚指数基金（MSIC Australia Index Fund，简称 EWA）。

富时 / 新华中国 25 指数基金 (FTSE/Xinhua China 25 Index Fund，简称 FXI)。

摩根士丹利资本国际香港指数基金（MSIC Hong Kong Index Fund，简称 EWH）。

摩根士丹利资本国际日本指数基金（MSIC Japan Index Fund，简称 EWJ）。

摩根士丹利资本国际马来西亚指数基金（MSIC Malaysia Index Fund，简称 EWM）。

摩根士丹利资本国际太平洋（不含日本）指数基金（MSIC Pacific ex-Japan Index Fund，简称 EPP）。

摩根士丹利资本国际新加坡指数基金（MSIC Singapore Index Fund，简称 EWS）。

摩根士丹利资本国际南非指数基金（MSIC South Africa Index Fund，简称 EZA）。

摩根士丹利资本国际韩国指数基金（MSIC South Korea Index Fund，简称 EWY）。

摩根士丹利资本国际台湾指数基金（MSIC Taiwan Index Fund，简称 EWT）。

标普 / 东证 150 指数基金（S&P/TOPIX 150 Index Fund，简称 ETF）。

4）美洲。

摩根士丹利资本国际巴西指数基金（MSIC Brazil Index Fund，简称 EWZ）。

摩根士丹利资本国际加拿大指数基金（MSIC Canada Index Fund，简称 EWC）。

摩根士丹利资本国际墨西哥指数基金（MSIC Mexico Index Fund，简称 EWW）。

2. 固定收益

最后一组安硕基金关注美国的固定收益市场。

（1）雷曼综合债券指数（AGG）。

寻求那些一般与全部美国投资级债券市场的价格和收益表现相对应的投资收益，由雷曼综合债券指数所定义。

（2）雷曼 InvesTop™ 公司债券基金（LQD）。

寻求那些与雷曼 InvesTop™ 公司债券基金所定义的公司债券市场的表现相对应的投资收益。

（3）雷曼 1～3 年短期国债基金（ISY）。

寻求美国国债市场短期部门的近似总收益率，由雷曼 1～3 年短期国债基金指数所定义。

（4）雷曼 7～10 年中期国债基金（IEF）。

寻求美国国债市场短期部门的近似总收益率，由雷曼 7～10 年中期国债基金指数所定义。

（5）雷曼超过 20 年长期国债基金（TLT）。

寻求美国国债市场长期部门的近似总收益率，由雷曼超过 20 年长期国债基金指数所定义。

（6）雷曼通货膨胀保值债券基金（TIP）。

在支付费用之前，寻求那些一般与美国通货膨胀保值部门的价格和收益表现相对应的收益，由雷曼兄弟美国国债通货膨胀保值债券指数所定义。

通货膨胀保值债券（treasury inflation-protected securities，简称 TIPS）是由美国财政部发行的债券，是为了对冲通货膨胀的影响，而通货膨胀是固定收益投资者常见的问题。当投资者持有通货膨胀保值债券时，本金金额就会定期调整以应对通货膨胀，由消费者物价指数（CPI）量度。因此通货膨胀保值债券为投资者提供了一些通胀保护以及在整个投资期间抗通胀的"实际收益率"。举个例子，如果消费者物价指数上涨了 1.0%，那么通货膨胀保值债券的价值也会上涨 1.0%。如果消费者物价指数将要下降，那么通货膨胀保值债券的价值不会下降太多，因为政府会保证它以票面价值支付。确实，在通货紧缩环境下，人们一般会预期收益下跌，并因而进一步降低通货膨胀保值债券的价值。然而，因为定期债券没有对冲通货膨胀，所以预期它们在通货紧缩环境下会比通货膨胀保值债券表现得要好。

到期时，通货膨胀保值债券会以它根据通胀调整后的本金金额或者它的原始票面价值赎回，无论哪一个都有更大的价值。通货膨胀保值债券的利率应用于经通胀调整后的本金，而不是票面价值。此外，因为通货膨胀保值债券主要由美国财政部发行，它们的偿还是由美国联邦政府保证的，不会有信贷和违约风险。

3. 商品和黄金

一直都有新的基金在发行，其中一个最新的基金是安硕黄金基金。基于白银价格的交易所交易基金在 2005 年年底挂牌上市。

（1）纽约商品交易所黄金信托（LAU）。

试图抓住金条价格的每日运行趋势。信托的目的是为了在任何给定时间里，反映那时由信托投资的黄金价格，信托的费用和债务更少。

道富环球投资管理公司

（ssga.com）

在美国，道富环球投资管理公司（State Street Advisors）发行了 streetTRACKS® 基金。这种基金代表了 5 种主要的指数基准提供者：标准普尔指数、道琼斯指数、Fortune 指数、摩根士丹利指数和威尔希尔指数（Wilshire）。这些基金中最有名的是那些包括在 SPDR 家族中的基金。

1. 标准普尔指数（http://www.spdrindex.com/aboutspdrs/）

SPDRs，即标准普尔指数存托凭证（Standard & Poor's Depositary Receipts），

是一组主要追踪各种标准普尔部门指数的 ETF 基金。SPDR 信托第 1 期（SPY），通常被人们形象地称为"蜘蛛"，而且如前所述，它跟踪标准普尔 500 指数所表示的市场。行业 SPDRs 追踪各种行业指数，这些指数把标准普尔 500 指数划分为不同的行业组织。SPDR 信托第 1 期是一种单位投资信托（unit investing trust），但是行业 SPDRs 属于开放式基金。单位投资信托形式与开放式基金的一个重要区别是，开放式基金的种类允许 ETF 基金进行红利再投资，不像投资信托形式，它不可以。这可能会产生利用单位投资信托形式的 ETF 基金，这种形式可能会对它们的表现有一个轻微的现金拖累。

SPDRs 是由道富环球投资管理公司发行的，它的网站是 spdrindex.com。以下是九大行业基金和它们的符号。

SPDR 可选择消费品指数基金（Consumer Discretionary Select Sector SPDR Fund，XLY）

SPDR 消费必需品指数基金（Consumer Staples Select Sector SPDR Fund，XLP）

SPDR 能源指数基金（The Energy Select Sector SPDR Fund，XLE）

SPDR 金融指数基金（The Financial Select Sector SPDR Fund，XLF）

SPDR 健康护理指数基金（The Health Care Select Sector SPDR Fund，XLV）

SPDR 工业指数基金（The Industrial Select Sector SPDR Fund，XLI）

SPDR 原材料指数基金（The Materials Select Sector SPDR Fund，XLB）

SPDR 高科技指数基金（The Technology Select Sector SPDR Fund，XLK）

SPDR 公用事业指数基金（The Utilities Select Sector SPDR Fund，XLU）

实际上这些行业基金与安硕行业基金在内容上很相似，只是前者是以标准普尔指数为基础，后者以道琼斯行业指数为基础。

2. 道琼斯指数

（1）钻石基金（DLA）。

这是另一个比较著名的基金，它试图复制道琼斯工业平均指数的表现。

（2）欧洲斯托克 50 指数基金（FEZ）。

追踪道琼斯欧洲斯托克 50 指数。

（3）全球顶尖指数基金（DGT）。

追踪道琼斯全球顶尖指数。

（4）斯托克 50 指数基金（FEU）。

追踪道琼斯斯托克 50 指数。

（5）美国大盘增长指数基金 (ELG)。

追踪道琼斯美国大盘股增长指数。

（6）美国大盘价值指数基金 (ELV)。

追踪道琼斯美国大盘价值指数。

（7）美国小盘增长指数基金 (DSG)。

追踪道琼斯美国小盘股增长指数。

（8）美国小盘价值指数基金 (DSV)。

追踪道琼斯美国小盘价值指数。

3. Fortune

500 指数基金（FFF）。

试图复制 FORTUNE 500 指数。

4. 摩根士丹利

（1）科技指数基金（MTK）。

试图复制摩根士丹利科技指数。

（2）SPDR O-Strip 指数（OOO）。

追踪标准普尔 500 O-Strip 指数，O-Strip 指数是首先在纳斯达克上市的标准普尔 500 指数。

5. 威尔希尔

（1）房地产投资信托基金（RWR)。

追踪威尔希尔房地产投资信托指数。

正如大家所看到的那样，除了 SPDR 行业基金，大多数这些基金有很多种类。小盘和大盘价值基金和增长基金在广泛的股票分类方面比较专业化，但它们并没有真正地适合我们的经济周期循环，除了需要一种防御姿态时，价值股比增长股更合适。

（2）道富财富黄金指数基金（GLDD）。

最后，在 2005 年这一发起人发行了一种黄金 ETF 基金，试图复制当前黄金的现货价格。

先锋集团

（http://flagship5.vanguard.com/VGApp/hnw/FundsVIPER?gh_sec=n）

先锋共同基金集团发行了一类 ETF 基金家族，叫作 VIPERs(Vanguard Index

Participation Equity Receipts），即先锋指数股票基金参与凭证，VIPERs 在兵工厂是一种非常有用的税收管理工具：现金可以流入和流出传统的基金份额。这笔收益可以使管理者以现行价格购买股票。当为了赎回而必须出售证券时，有可能会首先出售高成本的股票以变现税收损失。这些税收损失可以用来抵消未来数年的资本收益。实物赎回不像现金赎回，它不会引发资本收益或亏损。

这些基金采用一种"被动式管理"——或者编制指数投资方法来追踪以基金名字命名的摩根士丹利资本国际美国投资市场的表现。因此，先锋能源行业基金（VIPER Energy Fund，简称 VDE）试图反映 MSCI 能源指数这个能源行业中的大－中－小型美国企业的股票指数，根据全球行业分类标准（Global Industry Classification Standard，简称 GICS）进行分类。这个 GICS 行业是由那些被以下任意一种活动所支配的企业所组成，包括：石油钻井平台的建设或供应、钻井设备及其他能源相关服务及设备（比如地震数据采集）；或者致力于石油和天然气产业的勘探、生产、营销、炼制和／或运输的企业。

其他行业和它们的符号如下。

1. 金融

（VFH）银行、抵押融资、消费融资、专业化融资、银行投资和破产、资产管理和托管、企业贷款、保险、金融投资和房地产（包括房地产投资信托公司）。

2. 可选消费品（VCR）

它的制造部分包括以下行业：汽车行业、家庭耐用品、纺织品和皮革，还有休闲设备。服务部门包括酒店、饭店和其他休闲设施、媒体生产和服务、零售消费品。

3. 消费必需品（VDC）

包括食物、饮料和烟草类的制造商和分销商，以及非耐用家庭用品和个人用品的生产商。它还包括食物和零售药物企业以及大型超市和消费者购物中心。

4. 医疗保健（VHT）

这一部门包括两类主要的行业组织，第一类包括生产医疗保健设备和用品或者提供医疗保健相关服务（比如医疗保健产品的分销商、基本医疗保健的供应商和医疗保健设施及组织的所有者和经营者）的企业。第二类包括研究、开发、生产和营销药物及生物技术产品的企业。

5. 工业（VIS）

全球行业分类标准中的行业是由以下活动中的一种支配其业务的企业所组成，这些活动主要有：资本货物（包括航空与国防、建筑、工程和建筑产品、电子设备和工业机械）的制造和分销；商业服务与用品（包括印刷、就业、环境和办公服务）的供应；或者运输服务（包括航空、快递、海运、公路和铁路、运输基础设施）。

6. 科技（VGT）

软件和服务的组成包括这些主要开发各种领域（比如因特网、应用程序、系统、数据库、管理和 / 或家庭娱乐）的软件的企业，还包括提供各种信息技术咨询服务、数据处理和外购服务的企业；技术硬件设备，包括通信设备、计算机和外围设备、电子设备和相关基础设施的制造商和分销商、半导体和半导体设备制造商。

7. 原物料（VAW）

包括制造化学产品、建筑材料、玻璃、纸和林业产品以及相关包装产品，还有金属、矿产和采矿企业，包括钢铁生产商。

8. 房地产投资信托（VNF）

包括由房地产投资信托公司（一般称为 REITs）发行的股票。

9. 电信服务（VOX）

在电信服务行业的美国企业根据全球行业分类标准（GICS）分类。这类 GICS 行业是由这些企业组成，它们主要通过固网、移动电话、无线、高带宽和 / 或光纤电缆网络来提供通信服务。

10. 公用事业

包括（VPU）电力、天然气或者用水设施，或者作为独立的生产商和 / 或有权力的经销商的那些企业。该行业还包括核设施和非核设施。

先锋集团还发行了一小部分基础广泛的 ETF 基金，如下所示。

1. 先锋增长指数基金（VUG）

该基金追踪 MSCI® 美国主要市场增长指数（MSCI US Prime Market Growth Index），该指数是美国主要的大型公司的增长股的一种广泛的多元化指数。

2. 大盘指数基金（VV）

它试图复制 MSCI® 美国主要市场 750 指数，该指数是美国主要的大型公司股票的一种广泛的多元化指数。

3. 整体股票市场指数基金（VTI）

该基金追踪 MSCI® 美国市场综合指数，该指数包括几乎所有的定期交易的美国普通股。

4. 价值指数基金（VTV）

它是一种试图复制 MSCI® 美国主要市场价值指数的 ETF 基金，该指数是美国主要的大型公司价值股的一种广泛的多元化指数。

其他的 ETF 基金包括如下。

（1）扩展市场指数基金（VXF）。

追踪威尔希尔 4500 股票指数。

（2）中盘价值指数基金 (VO)。

追踪 MSCI® 美国中盘 450 指数。

（3）小盘增长指数基金 (VBK)。

追踪 MSCI® 美国小盘增长指数。

（4）小盘价值指数基金 (VBR)。

追踪 MSCI® 美国小盘价值指数。

（5）小盘指数基金 (VB)。

追踪 MSCI® 美国小盘股 1750 指数。

最后，先锋集团发行了一些国际 ETF 基金，如下所示。

（1）新兴市场指数基金（VWO）。

复制 MSCI 新兴市场指数。

（2）欧洲股市指数基金（VGK）。

复制 MSCI 欧洲指数。

（3）太平洋股市指数基金（VPL）。

复制 MSCI 太平洋指数（在日本和澳大利亚有较大的权重）。

纽约银行

（http:/bldrsfunds.com）

BLDRS

BLDRS（Basket of Listed Depository Receipts），即一揽子存托凭证，它是基于纽约银行美国存托凭证指数（Bank of New York ADR Index）的一系列 ETF 基金。BLDRS 基金家族包括两种市场指数基金和两种区域指数基金，具体如下。

（1）新兴市场 50 美国存托凭证指数型基金（ADRE）。

它以纽约银行新兴市场 50 美国存托凭证指数为基础。

（2）发达市场 100 美国存托凭证指数型基金（ADRD）。

它以纽约银行发达市场 100 美国存托凭证指数为基础。

（3）欧洲 100 美国存托凭证指数型基金（ADRU）。

它以纽约银行欧洲 100 存托凭证指数为基础。

（4）亚洲 50 美国存托凭证指数基金（ADRA）。

它以纽约银行亚洲 50 存托凭证指数为基础。

美林证券控股公司存托凭证

这类基金简称 HOLDRs，由美林证券公司管理，在创造它的时期，每种控股公司存托凭证投资在特定行业范围内的公司股票上。控股公司存托凭证与几乎任何其他类型的共同基金或 ETF 基金的一个最大的区别就是这些投资组合从不改变。举例来说，只要英特尔（INTC）仍然是一个上市公司，100 股半导体控股公司存托凭证（SMH）就总会对英特尔公司的股票持有兴趣。

虽然美林证券公司从未改变基金的成分构成，但它们将来完全有可能发生改变。短时间内，基金的成分股票绝对不会改变，但是，破产、兼并和收购就可能会巨大地改变任意个别基金的成分构成。举例来说，互联网基金最初持有美国在线（AOL）的股票，所以当该公司与美国时代华纳合并时，该基金通过在时代华纳的美国在线服务公司的支持而出现在媒体行业中，而不是纯粹的直接网上支付。这就意味着，在购买控股公司存托凭证之前，你应该密切关注它和它可能反映的部门或行业组织。

这种结构的一个优点是，它几乎不需要积极管理。因此，费用，这个唯一的征税项目，是每年每股 0.08 美元。该费用可以抵消来自于控股公司存托凭证所持有的股票的分派和红利。然而，如果投资组合产生的收益少于 0.08 美元，那么该费用就会被免除。

大家可以在 holdrs.com 网站上获取一系列每一控股公司存托凭证的成分构成。

控股公司存托凭证指数基金的实际投资组合如下所示：

B2B 互联网控股公司存托凭证（B2B Internet HOLDR ）　　　　　　BHH

生物技术控股公司存托凭证（Biotech HOLDR ）　　　　　　　　　BBH

宽带业务控股公司存托凭证（Broadband HOLDR ）　　　　　　　BDH

欧洲 2001 控股公司存托凭证（Europe 2001 HOLDR）　　　　　　EKH

互联网架构控股公司存托凭证（Internet Architecture HOLDR）　　IAH

互联网控股公司存托凭证（Internet HOLDR）　　　　　　　　　　HHH

互联网基础设施控股公司存托凭证（Internet Infrastructure HOLDR）IIH

市场 2000+ 控股公司存托凭证（Market 2000+ HOLDR）　　　　　MKH

石油服务控股公司存托凭证（Oil Service HOLDR）	OIH
制药控股公司存托凭证（Pharmaceutical HOLDR）	PPH
区域银行控股公司存托凭证（Regional Bank HOLDR）	RKH
零售控股公司存托凭证（Retail HOLDR）	RTH
半导体控股公司存托凭证（Semiconductor HOLDR）	SMH
软件控股公司存托凭证（Software HOLDR）	SWH
电信控股公司存托凭证（Telecom HOLDR）	TTH
公用事业控股公司存托凭证（Utilities HOLDR）	UTH
无线控股公司存托凭证（Telecom HOLDR）	WMH

B2B 控股公司存托凭证代表互联网上企业对企业之间的一种存托凭证，欧洲 2000 作为一种美国存托凭证（ADRs），在 2001 年的美国上市，是最大的欧洲企业的一种投资组合。市场 2000 包括世界上 50 家最大的资本化企业，这些企业在美国交易所挂牌上市定期债券或者美国存托凭证。

其他各种基金家族

1. 富达纳斯达克综合指数基金 (Fidelity ONEQ)

这是由富达管理研究公司管理的一种交易所交易基金，在纳斯达克股票市场上市。它试图保证与纳斯达克综合指数的价格和收益表现密切相关的投资收益。

2. 瑞德克斯

瑞德克斯投资公司（Rydex）提供了两种交易所交易基金（ETFs）以补充分散投资组合——瑞德克斯标准普尔平均加权指数基金和罗素首 50 指数基金。

（1）瑞德克斯标准普尔平均加权指数基金（RSP）。

该基金试图跟踪全部企业的标准普尔 500 指数，在某种意义上它就像一个更广泛的标准普尔指数，不像标准普尔腾落指数（Advance Decline line）。这是因为该基金有一个与构成标准普尔 500 指数的所有 500 家企业基金同等的权重。这是通过与标准普尔 500 指数季度份额调整的表现相一致的自动季度再平衡实现的。图 13-1 显示了这类基金紧密追踪了纳斯达克腾落指数很长一段时间。正如我们从图中标记的分叉的箭头那样，它并不是完全精确的匹配。然而，我们发现，它是复制广泛市场表现的最紧密的 ETF 基金。

（2）瑞德克斯罗素首 50ETF 基金（XLG）。

它是一种试图追踪美国 50 家最大的公司的市值加权的 ETF 基金，由罗素首

50 指数所反映。用这种方法，它反映了美国 50 家最大的公司的市值加权，由罗素 3000 指数超过总市值的 40% 所表示。

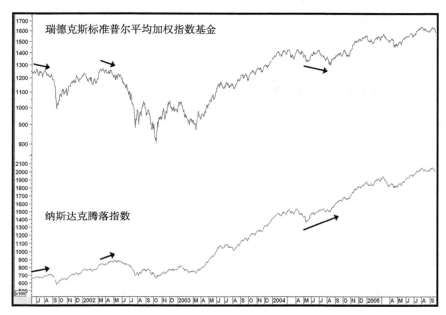

图 13-1　瑞德克斯标准普尔平均加权指数基金与纳斯达克腾落指数

资料来源：pring.com。

（3）货币基金。

2005 年 12 月，瑞德克斯还发行了瑞德克斯货币股欧元信托基金（Rydex Euro Currency Trust，简称 FXE）。购买者可以看到他们的资产与欧元兑美元的表现相对应而涨涨跌跌。

第 14 章
Chapter 14

怎样在投资转移的过程中使用 ETF 基金

华章经典·金融投资
HUA ZHANG CLASSIC
Finance&Investing

我们已经讨论过很多经济周期、投资转移和 ETF 基金，但是还没有在实际中把它们放在一起，使经济周期的阶段与交易所可用的交易基金相匹配。本章节将弥补对于股票的这一疏忽，并且在第 15 章我们也将弥补对于商品和固定收益的疏忽。因为有些资产类别在 ETF 基金中是不能使用的，所以我们就来介绍一些免佣共同基金（no-load mutual fund）来弥补这一疏忽。

📈 通货膨胀与通货紧缩

在第 12 章，在一些标普工业类别产生的 2 个指标的帮助下，我们检验了对于通货膨胀和通货紧缩较为敏感的股票之间的联系。不幸的是，这 2 个指标是很难复制的，除非你有高级的盘后制图软件，例如 MetaStock™。但是，这个想法在最近的这几年已经可以实现了，方法就是通过使用 ETF 基金来购买在通货膨胀和通货紧缩这两个极端转换之前有很长一段时间的国外的股票。令人难过的是，这些并不是精确的复制。但是，图 14-1 和图 14-2 所显示的通货紧缩组的指标与标准普尔非耐用消费品，还有使用安硕高盛自然资源投资公司的交易基金的通货膨胀组指标的比较就是一个很好的例子。尤其这两个通货膨胀的数列是非常正确的。遗憾的是，没有对通货紧缩敏感的国外 ETF 基金可以足够接近地复制通货紧缩组指标。然而，消费者非耐用消费品（日常用品）却成为比公用事业或金融 ETF 基金更紧密的代理。

图 14-3 比较了通货膨胀 / 通货紧缩比例与这两个 ETF 基金的比例。只是依据这两个序列的价格波动率的话会有很多不足之处。然而，转折点可以说更为重要，这个排列非常好。图 14-4 再次展示了 ETF 基金的比例，但是这次猛烈的振荡指标代表的是通货膨胀 / 通货紧缩比例和 IGE/XLP 的实线。在大多数情况下，短期和中期的确然指标（KST）节奏互动得非常好。

对于这些本质的一个准确可信的比较，需要回顾过去几十年的历史数据来看一看在通货膨胀和通货紧缩长期趋势期间的一系列行为是怎样发生的。不幸的是，这些 ETF 基金的历史数据只能回顾到几年前，甚至不能跟长期的 KST 相比较。然而，这些简短的记录很确信地告诉我们，如果认真使用这些记录，这些 ETF 比例会提供通货膨胀 / 通货紧缩比例的相当好的替代品，还有从周期中分离出通货膨胀与通货紧缩的能力。

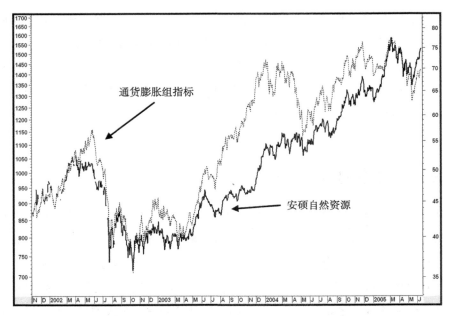

图 14-1 安硕自然资源与通货膨胀组指标比较

资料来源：pring.com。

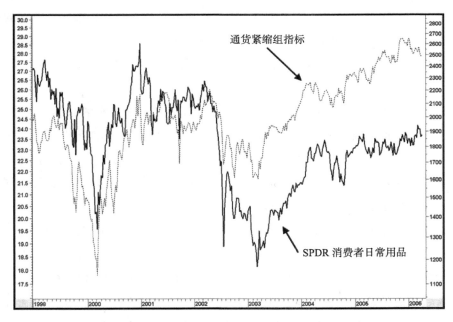

图 14-2 SPDR 消费者日常用品与通货紧缩组指标比较

资料来源：pring.com。

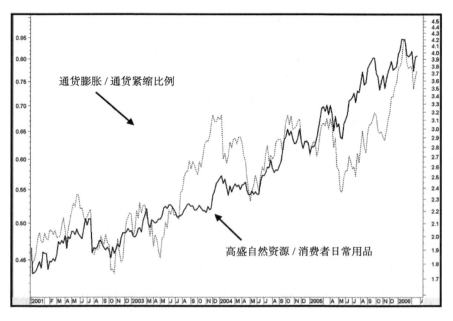

图 14-3　通货膨胀 / 通货紧缩与安硕自然资源 / 消费者日常用品比例相比较
资料来源：pring.com。

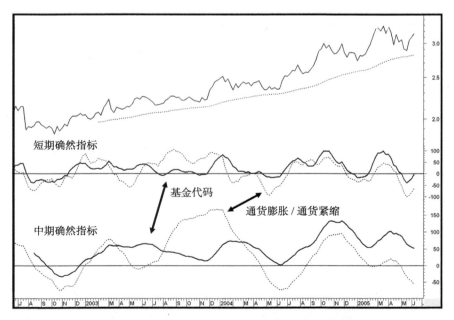

图 14-4　安硕自然资源 /SPDR 消费者日常用品比例与通货膨胀 / 通货紧缩组动能比较
资料来源：pring.com。

📈 把 ETF 基金用作替代品

本章的剩余部分尝试把周期中某个特定阶段最合适的交易型开放式指数基金（Exchange Traded Funds）分离出来。我们将从这个周期早期流动性驱动股票开始，并且逐渐设法克服困难。当然，这里的基金适合 11 个行业中的任何一个。然而，这里也有相当多的基金适用于特定行业中的某些特定工厂，所以它们也将被覆盖。

公用事业

公用事业代表的是几个 ETF 基金行业。前两个是安硕道琼斯美国公用事业（iShare Dow Jones US Utilities，简写 IDU）和 SPDR 公用事业（SPDR Utilities，简写 XLU），前者追寻的是道琼斯美国公用事业指数，后者寻找的是替代标普公用事业指数。这里也有先锋公用事业指数基金（Vanguard VIPER Utility，简写 VPU），可以替代摩根士丹利资本国际公司公用事业指数（MSCI Utility Index）和美林证券公司 HOLDR 公用事业（Merrill Lynch HOLDR Utility，简写 UTH）。图 14-5 比较了这 4 个数列的表现。因为它们在本质上反映了同一组股票的较小变动，这些股票之间的小变动是很难被挑选出来的。这个选择可以归结为流动性，而且在这里 SPDR 公用事业和 HOLDR 公用事业占有优势。表 14-1 比较了工业 ETF 基金的每一部分的规模，所以你可以看到它们大致的流动性。

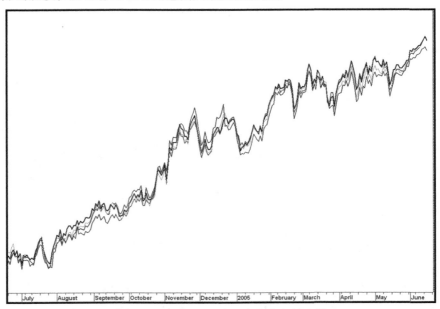

图 14-5　4 个 ETF 公用事业基金的比较

资料来源：pring.com。

表 14-1　根据交易量排名的交易所交易基金（3 天的移动平均值）

基金名称	基金代码	类别	基金家族	交易量（3 天的移动平均值）
纳斯达克 100 信托指股	QQQQ	大盘成长型	纳斯达克 100 信托股指 1	79 685 500
SPDRs	SPY	大盘平衡型	SPDR 信托股指 1	58 560 600
安硕罗素 2000 指数	IWM	小盘平衡型	安硕信托	22 828 800
SPDR 能源指数基金	XLE	能源行业	SPDR 信托行业	13 964 000
摩根士丹利资本国际日本指数基金	EWJ	日本股票	安硕股份有限公司	13 524 800
钻石信托第 1 期	DIA	大盘价值型	钻石信托第 1 期	7 103 810
SPDR 金融指数基金	XLF	金融行业	SPDR 信托行业	6 441 380
SPDR 原材料指数基金	XLB	大盘价值型	SPDR 信托行业	2 427 330
摩根士丹利资本国际欧澳远东指数基金	EFA	国外大盘平衡型	安硕信托	2 347 370
道琼斯美国房地产指数基金	IYR	房地产行业	安硕信托	2 064 770
SPDR 中盘股指数基金	MDY	中盘平衡型	SPDR 中盘股指数信托基金第 1 期	1 979 430
SPDR 公用事业指数基金	XLU	公用事业行业	SPDR 信托行业	1 933 650
摩根士丹利资本国际新兴市场指数型基金	EEM	多样化的新兴市场	安硕信托	1 665 090
道富财富黄金指数基金	GLD	贵金属行业	道富黄金信托	1 633 800
标准普尔小盘股指数基金	IJR	小盘平衡型	安硕信托	1 316 210
雷曼兄弟长期政府债券基金	TLT	长期国债	安硕信托	1 118 430
SPDR 消费者必需品指数基金	XLP	大盘平衡型	SPDR 信托行业	1 087 120
摩根士丹利资本国际巴西指数型基金	EWZ	拉丁美洲股票	安硕股份有限公司	1 049 300
SPDR 高科技指数基金	XLK	科技行业	SPDR 信托行业	1 030 500
纳斯达克生物技术基金	IBB	医疗健康行业	安硕信托	953 965
SPDR 可选择消费品指数基金	XLY	大盘平衡型	SPDR 信托行业	937 926
罗素 2000 成长股指数基金	IWO	小盘成长型	安硕信托	910 326
安硕罗素 2000 价值指数基金	IWN	小盘价值型	安硕信托	909 175
SPDR 工业指数基金	XLI	大盘平衡型	SPDR 信托行业	872 325
SPDR 医疗健康指数基金	XLV	医疗健康行业	SPDR 信托行业	820 171

（续）

基金名称	基金代码	类别	基金家族	交易量（3 天的移动平均值）
标准普尔 500 指数基金	IVV	大盘平衡型	安硕信托	755 286
摩根士丹利资本国际台湾指数基金	EWT	不含日本的太平洋 / 亚洲股票	安硕股份有限公司	752 994
罗素 1000 增长指数基金	IWF	大盘成长型	安硕信托	743 091
罗素 1000 价值指数基金	IWD	大盘价值型	安硕信托	628 811
摩根士丹利资本国际马来西亚指数基金	EWM	不含日本的太平洋 / 亚洲股票	安硕股份有限公司	585 563
道琼斯红利指数基金	DVY	中盘价值型	安硕信托	501 712
安硕罗素 1000 指数	IWB	大盘平衡型	安硕信托	492 023
摩根士丹利资本国际香港指数基金	EWH	不含日本的太平洋 / 亚洲股票	安硕股份有限公司	472 583
摩根士丹利资本国际德国指数基金	EWG	欧洲股票	安硕股份有限公司	458 905
摩根士丹利资本国际新加坡指数基金	EWS	不含日本的太平洋 / 亚洲股票	安硕股份有限公司	400 071
摩根士丹利资本国际墨西哥指数基金	EWW	拉丁美洲股票	安硕股份有限公司	399 983
摩根士丹利资本国际韩国指数基金	EWY	不含日本的太平洋 / 亚洲股票	安硕股份有限公司	395 606
雷曼兄弟短期政府债券指数型基金	SHY	短期国债	安硕信托	319 289
科恩 & 斯蒂尔斯地产指数基金	ICF	房地产行业	安硕信托	305 380
摩根士丹利资本国际加拿大指数基金	EWC	国外大盘价值型	安硕股份有限公司	279 172
高盛半导体指数	IGW	科技行业	安硕信托	255 097
安硕标准普尔 100 指数	OEF	大盘平衡型	安硕信托	254 048
追踪道琼斯斯托克 50 指数基金	FEZ	欧洲股票	street TRACKS Series Trust	247 586
标准普尔 500 成长指数基金 /BARRA 成长指数	IVW	大盘成长型	安硕信托	242 455
安硕标准普尔 500 指数基金 /BARRA 价值指数	IVE	大盘价值型	安硕信托	238 266
道琼斯电信行业指数基金	IYZ	通信行业	安硕信托	221 297
富时 / 新华中国 25 指数基金	FXI	不含日本的太平洋 / 亚洲股票	安硕信托	215 531
摩根士丹利资本国际澳大利亚指数基金	EWA	不含日本的太平洋 / 亚洲股票	安硕股份有限公司	209 546
雷曼兄弟中期政府债券	IEF	中期政府债券	安硕信托	206 975

基金	代码	类型	信托	金额
标准普尔中盘股 400 指数基金 /BARRA 价值指数	IJJ	中盘价值型	安硕信托	197 395
高盛软件指数基金	IGV	科技行业	安硕信托	186 305
标准普尔小盘股 600 指数基金 /BARRA 价值指数	IJS	小盘价值型	安硕信托	182 865
清洁能源基金	PBW	能源行业	PowerShares 交易所交易基金信托	182 163
标准普尔中盘股 400 指数基金	IJH	中盘平衡型	安硕信托	177 271
PowerShares 高红利胜利	PEY	中盘价值型	PowerShares 交易所交易基金信托	166 969
PowerShares Zacks Micro Cap Portfolio	PZI	小盘平衡型	PowerShares 交易所交易基金信托	166 965
PowerShares Dynamic Biotech&Genome	PBE	医疗健康行业	PowerShares 交易所交易基金信托	157 592
企业债券基金	LQD	长期国债	安硕信托	155 874
道琼斯运输业平均指数基金	IYT	中盘平衡型	安硕信托	155 848
道琼斯美国医疗保健指数基金	IYH	医疗健康行业	安硕信托	154 329
雷曼兄弟公司债券基金	TIP	长期国债	安硕信托	151 318
雷曼兄弟债券基金	AGG	中期债券	安硕信托	146 003
摩根土丹利资本国际英国指数基金	EWU	欧洲股票	安硕股份有限公司	143 331
罗素中盘股增长指数基金	IWP	中盘成长型	安硕信托	130 758
罗素 3000 指数基金	IWV	大盘平衡型	安硕信托	126 420
罗素中盘股价值指数基金	IWS	中盘价值型	安硕信托	126 092
先锋整体市场指数基金	VTI	大盘平衡型	先锋指数基金	126 062
道琼斯美国能源行业基金	IYE	能源行业	安硕信托	119 622
罗素中盘股指数基金	IWR	中盘平衡型	安硕信托	114 908
street TRACKS 威尔希尔美国房地产投资信托基金	RWR	房地产行业	streetTracks Series Trust	111 705
标准普尔中盘股 400 指数基金 /BARRA 成长指数	IJK	中盘成长型	安硕信托	103 512
高盛网络基金	IGN	科技行业	安硕信托	102 545
PowerShares Dynamic Semiconductors	PSI	科技行业	PowerShares 交易所交易基金信托	96 795.40

（续）

基金名称	基金代码	类别	基金家族	交易量（3天的移动平均值）
摩根士丹利资本国际太平洋（不含日本）指数基金	EPP	除日本外的太平洋/亚洲股票	安硕股份有限公司	96 246.20
标准普尔小盘股600指数基金/BARRA成长指数	IJT	小盘成长型	安硕信托	91 070.80
标准普尔拉丁美洲40指数基金	ILF	拉丁美洲股票	安硕信托	88 500
标准普尔全球能源行业基金	IXC	能源行业	安硕信托	86 443.10
摩根士丹利资本国际澳大利亚指数基金	EWO	欧洲股票	安硕股份有限公司	84 730.80
瑞德克斯平均加权指数基金	RSP	大盘平衡型	瑞德克斯ETF信托	79 776.90
高盛自然资源基金	IGE	能源行业	安硕信托	77 535.40
道琼斯美国原材料指数基金	IYM	大盘价值型	安硕信托	77 446.20
PowerShares动态市场	PWC	大盘平衡型	PowerShares交易所交易基金信托	76 123.10
标准普尔欧洲350指数基金	IEV	欧洲股票	安硕信托	72 736.90
纽约商品交易所黄金信托基金	IAU	贵金属行业	安硕信托	69 661.50
道琼斯美国公用事业指数基金	IDU	公用事业	安硕信托	65 475.40
先锋新兴市场股票指数基金	VWO	多元化新兴市场	先锋指数基金	62 356.90
道琼斯美国科技行业指数基金	IYW	科技行业	安硕信托	60 849.20
高盛技术指数基金	IGM	科技行业	安硕信托	51 647.70
先锋美国房地产投资信托基金	VNQ	房地产行业	先锋集团	45 629.20
道琼斯美国消费者服务行业基金	IYC	大盘平衡型	安硕信托	42 821.50
标准普尔全球100指数基金	IOO	全球股市	安硕信托	42 561.50
SPDR O-Strip	OOO	大盘平衡型	streetTracks Series Trust	42 093.80
摩根士丹利资本国际法国指数基金	EWQ	欧洲股票	安硕股份有限公司	41 836.90
先锋大盘指数基金	VV	大盘平衡型	先锋指数基金	40 935.40
道琼斯美国生活消费品基金	IYK	大盘平衡型	安硕信托	40 629.20
先锋能源指数基金	VDE	能源行业	先锋全球基金	39 115.40

基金名称	代码	类型	发行机构	数值
摩根士丹利资本国际瑞士指数基金	EWL	欧洲股票	安硕股份有限公司	38 929.20
罗素微盘股指数基金	IWC	小盘平衡型	安硕信托	38 682.80
PowerShares 的 USX 中国指数基金	PGJ	除日本外的太平洋 / 亚洲股票	PowerShares 交易所交易基金信托	36 529.20
摩根士丹利资本国际欧洲联盟指数基金	EZU	欧洲股票	安硕信托	35 966.20
罗素 3000 价值指数基金	IWW	大盘价值型	安硕信托	34 813.80
标准普尔全球医疗保健行业指数基金	IXJ	医疗健康行业	安硕信托	34 600
PowerShares Dynamic OTC	PWO	中盘成长型	PowerShares 交易所交易基金信托	33 966.20
先锋中盘股指数基金	VO	中盘平衡型	先锋指数基金	33 424.60
罗素 3000 成长指数基金	IWZ	大盘成长型	安硕信托	31 783.10
先锋成长指数基金	VUG	大盘成长型	先锋指数基金	31 126.20
富达纳斯达克指数型基金	ONEQ	大盘成长型	富达联合信托	29 627.70
道琼斯美国金融服务指数	IYG	金融行业	安硕信托	28 596.90
道琼斯美国总体市场指数基金	IYY	大盘平衡型	安硕信托	28 307.70
道琼斯美国工业指数基金	IYJ	大盘平衡型	安硕信托	28 196.90
摩根士丹利资本国际比利时指数基金	EWK	欧洲股票	安硕股份有限公司	27 643.10
先锋欧洲股票基金	VGK	欧洲股票	先锋指数基金	27 261.50
新兴市场 50 美国存托凭证指数型基金	ADRE	多样化新兴市场	信托存款凭证指数基金	26 812.30
摩根士丹利资本国际荷兰指数基金	EWN	欧洲股票	安硕股份有限公司	25 776.90
先锋价值指数基金	VTV	大盘价值型	先锋指数基金	25 690.80
摩根士丹利资本国际典指数基金	EWD	欧洲股票	安硕股份有限公司	24 672.30
PowerShares 大型成长股	PWB	大盘成长型	PowerShares 交易所交易基金信托	24 558.50
先锋医疗保健基金	VHT	医疗健康行业	先锋全球基金	23 573.80
道琼斯美国金融行业基金	IYE	金融行业	安硕信托	22 909.20
streetTRACKS 道琼斯美国大盘成长指数基金	ELG	大盘成长型	streetTracks 系列信托基金	21 806.20
瑞德克斯罗素首 50 指数基金	XLG	大盘平衡型	瑞德克斯 ETF 信托	20 423.10
摩根士丹利资本国际西班牙指数基金	EWP	欧洲股票	安硕股份有限公司	19 983.10
摩根士丹利资本国际南非指数基金	EZA	多样化新兴市场	安硕股份有限公司	19 810.80
先锋小盘指数基金	VB	小盘平衡型	先锋指数基金	19 481.50

（续）

基金名称	基金代码	类别	基金家族	交易量 （3 天的移动平均值）
PowerShares 动态小盘股组合基金	PWY	小盘价值型	PowerShares 交易所交易基金信托	19 298.50
先锋小盘价值指数基金	VBR	小盘价值型	先锋指数基金	18 127.70
PowerShares 动态小盘股成长型组合基金	PWT	小盘成长型	PowerShares 交易所交易基金信托	17 863.10
PowerShares 动态制药指数基金	PJP	医疗健康行业	PowerShares 交易所交易基金信托	17 452.30
先锋太平洋股票基金	VPL	日本股票	先锋指数基金	17 447.70
先锋扩展市场指数基金	VXF	中盘平衡型	先锋指数基金	17 241.50
先锋公用事业指数基金	VPU	公用事业	先锋全球基金	17 070.80
晨星大型成长指数基金	JKE	大盘成长型	安硕信托	16 833.80
PowerShares 动态中盘股成长型组合基金	PWJ	中盘成长型	PowerShares 交易所交易基金信托	16 636.90
先锋小盘股成长指数基金	VBK	小盘成长型	先锋指数基金	14 580
streetTRACKS 道琼斯美国大盘股价值指数基金	ELV	大盘价值型	streetTracks 系列信托基金	13 826.20
标准普尔 1500 指数基金	ISI	大盘平衡型	安硕信托	13 707.70
摩根士丹利资本国际意大利指数基金	EWI	欧洲股票	安硕股份有限公司	13 467.70
标准普尔全球通信指数基金	IXP	通信行业	安硕信托	12 758.50
先锋资讯科技指数基金	VGT	科技行业	先锋全球基金	12 526.20
streetTRACKS 道琼斯全球大型指数型基金	DGT	大盘平衡型	streetTracks 系列信托基金	12 469.20
先锋原材料指数基金	VAW	大盘价值型	先锋全球基金	11 696.90
PowerShares 动态大盘股价值型组合基金	PWV	大盘价值型	PowerShares 交易所交易基金信托	11 207.70
PowerShares 动态中盘股价值型组合基金	PWP	中盘价值型	PowerShares 交易所交易基金信托	10 950.80
PowerShares 动态网络指数基金	PXQ	科技行业	PowerShares 交易所交易基金信托	10 513.80
晨星中型成长指数基金	JKH	中盘成长型	安硕信托	10 360
StreetTRACKS MS Technology	MTK	科技行业	streetTracks 系列信托基金	9 964.62
PowerShares 休闲娱乐指数基金	PEJ	大盘平衡型	PowerShares 交易所交易基金信托	9 935.38
KLD 社会责任指数基金	KLD	大盘平衡型	安硕信托	9 793.85
StreetTRACKS 道琼斯小盘价值指数基金	DSV	小盘价值型	streetTracks 系列信托基金	9 560

基金名称	代码	类型	信托/提供方	金额
晨星大型价值股指数基金	JKF	大盘价值型	安硕信托	8 869.23
标准普尔全球科技行业基金	IXN	科技行业	安硕信托	8 721.54
先锋消费者日常用品指数基金	VDC	大盘平衡型	先锋全球基金	8 538.46
晨星小型核心股指数基金	JKJ	小盘平衡型	安硕信托	7 940
先锋消费者可选消费品指数基金	VCR	大盘平衡型	先锋全球基金	7 601.54
先锋金融指数基金	VFH	金融行业	先锋全球基金	7 341.54
晨星小型价值股指数基金	JKL	小盘价值型	安硕信托	7 090.77
晨星大型核心股指数基金	JKD	大盘平衡型	安硕信托	6 881.54
标准普尔全球金融行业基金	IXG	金融行业	安硕信托	6 223.08
晨星中型价值指数基金	JKI	中盘价值型	安硕信托	5 740
晨星中型核心股指数基金	JKG	中盘平衡型	安硕信托	5 692.31
PowerShares 动态软件基金	PSJ	科技行业	PowerShares 交易所交易基金信托	5 487.69
标准普尔日经指数型基金	ITF	日本股票	安硕信托	5 109.23
PowerShares 动态媒体基金	PBS	通信行业	PowerShares 交易所交易基金信托	4 929.23
StreetTRACKS 道琼斯斯托克 50 指数基金	FEU	欧洲股票	streetTracks 系列信托基金	4 887.69
PowerShares 动态饮料指数	PBJ	大盘平衡型	PowerShares 交易所交易基金信托	4 386.15
晨星	JKK	小盘成长型	安硕信托	4 303.08
先锋工业指数基金	VIS	大盘平衡型	先锋全球基金	4 170.77
亚洲 50 美国存托凭证指数基金 BLDRS	ADRA	多样化的太平洋 / 亚洲股票	信托存款凭证指数基金	3 553.85
发达市场 100 美国存托凭证指数型基金	ADRD	国外大盘平衡型	信托存款凭证指数基金	3 400
欧洲 100 美国存托凭证指数型基金	ADRU	欧洲股票	BLDRS 信托存款凭证指数基金	2 946.15
StreetTRACKS 总体市场 ETF 基金	TMW	大盘平衡型	streetTracks 系列信托基金	2 916.92
纽约证券交易所 100 指数基金	NY	大盘价值型	巴莱全球投资者基金	2 430.77
StreetTRACKS 道琼斯美国小盘成长型指数基金	DSG	小盘成长型	streetTracks 系列信托基金	2 026.15
NYSE 综合指数基金	NYC	大盘平衡型	巴莱全球投资者基金	2 023.08
先锋电信服务基金	VOX	通信行业	先锋全球基金	1 421.54
摩根士丹利资本国际欧澳远东价值指数基金	EFV	国外大盘价值型	安硕信托	0
摩根士丹利资本国际欧澳远东成长指数基金	EFG	N/A	安硕信托	0

金融

金融行业也使用标准普尔追踪指数（Spiders，道富 SPDR 金融指数基金 XLF）、安硕基金（IYE）还有先锋基金（VFH）。HOLDRS（美林证券控股公司存托凭证）赞助了金融行业中组成 HOLDRS 区域性银行（RKH）ETF 的部分。图 14-6 比较了这些指数与标准普尔银行指数的表现。除了一些微小的差异，这两类指数差不多是完全相同的。当你相信金融会发展良好，而且银行也将表现突出的时候，HOLDR 区域性银行基金就会成为你的一个选择。金融行业中包含的另一个产业就是金融服务产业。它由安硕道琼斯美国金融服务交易所交易基金表示，追踪的是道琼斯指数。这包括房地产和整体金融。

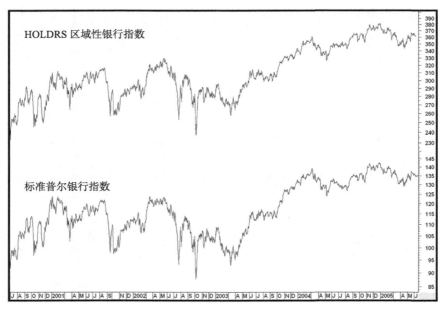

图 14-6　HOLDRS 区域性银行指数与标准普尔银行指数相比较

资料来源：pring.com。

还有一个全球金融行业指数基金（IXG），这是一个安硕基金。如果你喜欢金融并且想进入与美元或美国市场有所不同的市场，那么这个相对较小的基金对你来说就是一个理想的选择。

最后，金融行业中的大部分资产都被用来组成房地产投资信托基金。事实上，最大的金融交易所交易基金是安硕 Cohen and Steers Major 基金（ICF）。其他房地产信托 ETF 有安硕道琼斯房地产指数基金（IYR）和 street TRACKS 威尔希尔房地产信托（RWR）。遗憾的是，道琼斯房地产指数的历史相对较短，因此当市场表现良好时，并不能使我们以历史的观点来确定处在经济周期的哪一点。因为房地产与利息息息相关，我们希望这个产业可以表现得更有条理（比如，更像是金融行业中的一个部分）。2000 ～ 2005 年的初步证据显示这是阶段 I 的底部。很明显，这与金融组的表现是不一致的，很不幸，由于极其强劲的房地产市场，这个阶段也经历了一段长时期的增长，使得产业组指数与整体市场相背离。

通信

通信行业有三大通信基金：安硕道琼斯通信行业指数基金（IYZ），HOLDRS 通信基金（TTH），还有先锋通信服务基金（VOX）。三个基金都相当接近，所以这个决定归根结底就是要以最大化的投资来增加流动性，这就是安硕道琼斯通信行业指数基金（IYZ）。还有美元多元化投资的安硕全球通信行业基金（IXP）。

最后，HOLDRS 无线电基金（WMH）要求投资者瞄准快速增长的无线电通信产业。道琼斯和标准普尔无线电指数紧紧跟随着对方，但是这一篮子股票并没有紧密跟随这两个基金中的任何一个。这一点我们可以从图 14-7 中看出来，这张图是与标准普尔无线电指数的比较。它表明了在使用 HOLDRS 时需要多加小心，因为正如第 13 章提到的这些基金，从来没有改变过它们的构成，这就意味着，由于兼并和收购等原因，它们会改变原始的目标。在这个例子中，这是一件幸事，因为HOLDRS 胜过标准普尔，但并不总是如此。

消费者日用消费（耐用品或非周期性产品）

这个行业包含了食品制造、烟草、饮料、个人产品超市、药房等。有时候被称为**非周期性消费**。这些防卫性股票的收入相对来说是很容易预测的，只有 3 个基金代表这些股票。它们是 SPDR 消费者日用品指数基金（XLP）、道琼斯消费行业指数基金（IYK），还有先锋消费者日用消费品指数基金（VDC）。在两个较大的基金之间存在一点细微差异，因为安硕非必需消费品基金（IYK）包括食物和零售药品，然而这些工业却包含在 SPDR 日用消费品指数基金（XLP）中。同样地，2005 年 3 月，根据纽文网站（etf-connect.com），先锋日用消费品指数基金（VDC）包含了一个 25% 的非必需消费品。因此，**SPDR 日用消费品指数基金（KLP）就是最纯粹的日用消费品基金**。也许这就是为什么 XLP 是这个种类中最大的基金。

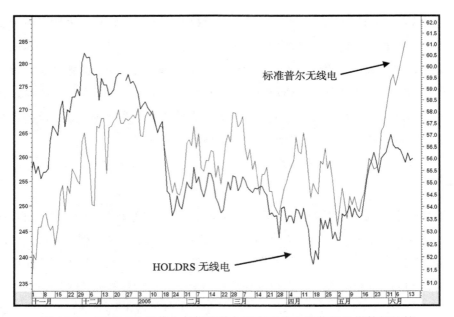

图 14-7　HOLDRS 无线电与标准普尔银行无线电通信服务指数相比较

资料来源：pring.com。

运输

这里只有一个纯粹的运输 ETF，就是安硕道琼斯运输指数基金（IYT）。我在前面提过，标准普尔包含工业运输，并且出现在 SPDR 系列基金里。先锋工业 ETF 也包括运输。

非必需消费品（耐用品）

这个行业也被称为循环型消费品。它由 4 个 ETF 代表。这个行业本身包含以下 3 个基金：SPDR 非必需消费品指数基金（XLF），安硕道琼斯美国消费服务行业指数基金（IYC），还有先锋非必需消费品指数型基金（VCR）。

第 4 个基金是关于零售股票交易的，这就是 HOLDRS 零售基金（RTH）。除了它的狭义表述之外，这个基金还是 2005 年年初的非必需消费品基金中市值最大的基金。

健康医疗

健康医疗有 7 个不同的基金代表，其中有 4 个是行业扩展基金，而另外 3 个是专用基金。这 3 个美国健康医疗行业基金就是 SPDR 健康医疗指数基金（XLV）、安硕道琼斯美国健康医疗行业基金（IYH）和先锋健康医疗行业基金（VHT）。还有一个全球健康医疗基金（安硕标准普尔全球健康医疗行业指数基金），它的代码是 IXJ。这个基金提供了一些美元多样化，但是在 2005 年年初，它对美国有接近 70% 的曝光。

生物技术方面有两个专门的基金，而且，这两个基金的资本总额都超过 10 亿美元。它们是 HOLDRS 生物技术基金（BBH）和安硕生物指数基金（IBB）。最后，还有些对于药品特别感兴趣的基金，HOLDRS 药物基金（PPH）就是专业的药物基金。

图 14-8 比较了这两个生物制药 ETF 的表现。随着时间的推移，静态的 HOLDRS 组合的表现超过动态的安硕索引组合。下面的比例展现了 HOLDR 持续的优秀表现。你可以很明确地领会为什么以一个技术观点来检查这些 HOLDR 基金表现会这么有帮助，因为它们不需要继续复制刚开始模仿的行业或指数。

图 14-8　HOLDRS 生物制药基金与安硕生物制药基金相比较

资料来源：pring.com。

科技

科技是所有行业中拥有部门最广泛的行业，它总共有 12 个基金。最大的最广义的科技基金是 SPDR 高科技指数基金（XLK）。安硕基金（IYW）、道琼斯和高盛（IGM）高科技基金的表现都非常相似。当一个基金覆盖另一个基金时，很难将这二者区别开来。先锋也有一个像 streetTRACKS 的信息科技基金（VGT），即摩根士丹利科技基金（MTK）。这 5 个基金的表现确实极其接近。

目前为止，最大的基本科技 ETF 就是半导体工厂，就是 HOLDRS 半导体基金（SMH）。安硕的一个新会员——高盛半导体指数基金（IGW）也是可用的。除了它们的规模，这两个基金很难被区别开来。HOLDRS 半导体基金大体上有 24 亿美元的规模，远远高于高盛半导体指数基金的 2.64 亿美元。

互联网行业的 5 个基金来自美林证券公司 HOLDRS：因特网（HHH）、宽带（BDH）、网间体系结构（IAH）、因特网基础设施（IIH），还有商家之间的电子商务（BBH）。同样可用的还有安硕高盛网络指数基金（IGN）。

工业

工业中有 3 个专业基金。按照规模大小的顺序，它们是 SPDR 工业指数基金（XLI）、安硕道琼斯美国工业指数基金（IYJ），还有先锋工业指数基金（VAW）。这三个基金中都包含一个小比重的运输股票，我们认为作为一个主导产业，这样的表现特征是更合适的。

原材料

原材料有 4 个基金。按照规模大小的顺序，它们依次是 SPDR 原材料指数基金（XLB），安硕道琼斯基础原材料行业基金（IGE），还有先锋原材料指数基金（VAW）。第 4 个基金，安硕高盛自然资源指数基金，是纯粹在交易原材料类的相关股票。这不仅仅是能源基金，因为在 2005 年年初，这个组合中 80% 以上都集中于石油和天然气公司。它会保留原来的方式直到高盛公司从本质上改变它的自然资源指数基金的结构。

能源

有 3 个基金可以代表美国能源行业。它们是 SPDR 能源指数基金（XLE）、安硕道琼斯能源行业基金（IYE），还有先锋能源指数基金（VDE）。还有一个安硕标准普尔全球能源行业指数基金，这个基金中有一半以上的资产是在美国以外的国家筹集的。

最后一个能源基金的参与者就是 HOLDES 石油服务信托基金（OIH）。这个 ETF 是专门从事石油服务的，因此，对于石油钻井公司来说基金是一场好游戏。

📈 富达基金家族

本章的目的在于为不同部门和工业组的产业寻找合适的交易工具。首先，这涉及交易所交易基金，因为它们在定期的共同基金方面有很多优势。但是，开放基金提供的一些工业组基金并不能用 ETF 来代表。本着填补一些重要的缺口的目的，在这部分我会概述这些内容。我们在前面曾经提到过，传统的开放式基金的短处是，一天之中只在交易结束的时候报一次价。关于这个规则，富达精选基金家族是个例外，因为它们的价格是定好的，因此更适合按小时来计算交易。

但是，仍然有一些缺点存在。第一，管理费用较高，大致在每年 0.9% 到 1.25%，根据基金不同，费用也会有所不同。第二，购买一笔基金的时候有 7.5 美元的交易费用。在赎回的时候不会产生费用，除非持有基金的时间不到 30 天，如果是这种情况的话，会有一个 0.75% 的费用。这些费用会随着时间经常改变，所以最好在购买任何基金之前都先检查一遍最新的信息。不过好消息是这个费用会根据其他机构和低成本 ETF 之间的竞争改变，并且几年来一直在持续下降。

如表 14-2 所示，这个基金家族在 2005 年组成了这些基金。

表 14-2　富达精选行业基金

基金名称	基金号码	代码
精选无线电类基金投资组合	963	FWRLX
精选公用事业类成长型基金投资组合	65	FSUTX
精选运输类基金投资组合	512	FSRFX
精选通信类基金投资组合	96	FSTCX
精选科技类基金投资组合	64	FSPTX
精选软件 / 计算机服务类基金投资组合	28	FSCSX
精选零售基金投资组合	46	FSRPX
精选药物类基金投资组合	580	FPHAX
精选纸与林木产品类基金投资组合	506	FSPFX
精选网络和基础设施类基金投资组合	912	FNINX
精选自然资源类基金投资组合	514	FNARX
精选天然气类基金投资组合	513	FSNGX
精选多媒体类基金投资组合	503	FBMPX
精选医疗设备 / 系统类基金投资组合	354	FSMEX
精选药物传递类基金投资组合	505	FSHCX
精选休闲类基金投资组合	62	FDLSX
精选保险类基金投资组合	45	FSPCX
精选工业材料类基金投资组合	509	FSDPX
精选工业设备类基金投资组合	510	FSCGX
精选国内金融类基金投资组合	98	FSVLX
精选健康医疗类基金投资组合	63	FSPHX
精选黄金类基金投资组合	41	FSAGX
精选食物和农业类基金投资组合	9	FDFAX
精选金融服务类基金投资组合	66	FIDSX
精选环境类基金投资组合	516	FSLEX

（续）

基金名称	基金号码	代码
精选能源服务类基金投资组合	43	FSESX
精选能源类基金投资组合	60	FSENX
精选电力类基金投资组合	8	FSELX
精选新兴通信类基金投资组合	518	FSDCX
精选防御和航天类基金投资组合	67	FSDAX
精选周期性行业类基金投资组合	515	FCYIX
精选消费品工业类基金投资组合	517	FSCPX
精选建筑和房屋类基金投资组合	511	FSHOX
精选计算机类基金投资组合	7	FDCPX
精选化学类基金投资组合	69	FSCHX
精选商业服务/外包类基金投资组合	353	FBSOX
精选经纪/发明类基金投资组合	68	FSLBX
精选生物技术类基金投资组合	42	FBIOX
精选银行类基金投资组合	507	FSRBX
精选汽车类基金投资组合	502	FSAVX
精选航空运输类基金投资组合	34	FSAIX
富达公用事业类基金	311	FIUIX

用黑体表示的这些基金不能被 ETF 表示。这些基金可以直接通过富达经纪业务或与富达有协议的第三方平台买入。这包括所有相当不错的行业。

如果持有基金时期远远超过 90 天，且没有 ETF 可用的时候，这些基金就可以取代 ETF 基金了。另一方面，根据现行的标准，0.75% 的费用是极其不合理的，且肯定也会应用到短期交易者的账户中去。以长远的角度来看，这都不算是一个真正的问题，尤其是考虑到富达拥有这样一个有深度的工业组和产业，事实上，比在 ETF 家族里可用的行业基金更大。

这些基金本身似乎就是追踪它们的标准普尔相对物，尽管这不是原来宣称的目标。事实上，上述表格中的很多基金的表现都已经超过了这个特定的工业组的平均值。图 14-9 和图 14-10 阐述了关于经纪商的富达精选基金，美国证券交易所经纪商（Amex Brokers）的纸与林木产品类基金，标准普尔的纸与林木产品指数基金这三者之间的紧密关系。图 14-11 和图 14-12 形象地展示了富达新参与者们实际的突出表现，因此证明了这个较高的管理费用是合理的。

瑞德克斯

共同基金中的瑞德克斯家族也拥有很多行业的基金，并且可以在不收取佣金的基础上购买。但和富达不同的是，这些基金不是按小时交易的，只有在一天的交易

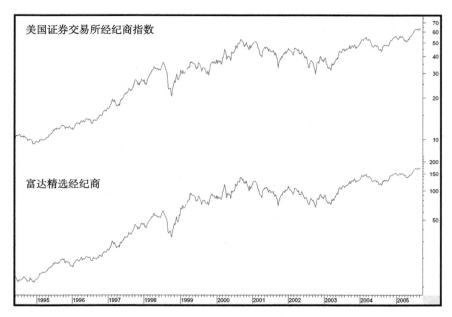

图 14-9　美国证券交易所经纪商与富达精选经纪商相比较

资料来源：pring.com。

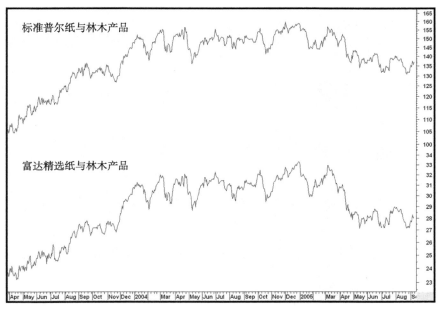

图 14-10　标准普尔纸与林木产品指数与富达精选林木产品相比较

资料来源：pring.com。

图 14-11 标准普尔媒体指数与富达精选多媒体指数相比较

资料来源：pring.com。

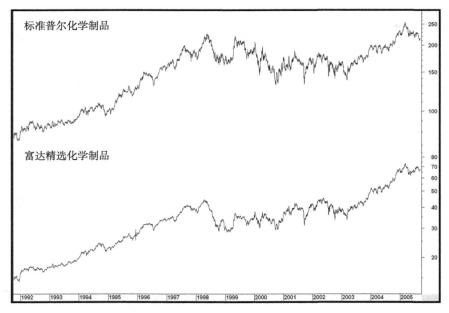

图 14-12 标准普尔化学制品指数与富达精选化学制品指数相比较

资料来源：pring.com。

结束的时候标价。当它们合法且完美地表现时，这些不同的行业，带着对黄金股票的期待，已经准备完全覆盖这个 ETF 基金家族了。结果是，这个 ETF 基金是排头兵。

另一方面，瑞德克斯提供了一些复制短期头寸的特殊基金。对于一些免税账户，比如 IRA（无法通过其他方式自己建立头寸）来说尤其有用。瑞德克斯相反基金和它们的杠杆比例见表 14-3。

表 14-3　瑞德克斯相反基金

基金名称	基准平均数	杠杆比例	基金代码
Artkos	纳斯达克 100 指数	1	RYALX
反向动态基金	道琼斯 30 指数	1	RYCWX
反向中盘股基金	标准普尔中盘股	1	RYMHX
反向小盘股基金	罗素 2000 指数	1	RYSHX
Juno Lehman	长期国债	1	RYJUX
Tempest 500	标准普尔 500 指数	2	RYTPX
Ursa	标准普尔 500 指数	1	RYURX
Venture 100	纳斯达克 100 指数	2	RYVNX

除此之外，瑞德克斯还拥有追踪主要平均数的基金，它们的不同杠杆比例如表 14-4 所示。

表 14-4　瑞德克斯杠杆基金

基金名称	追踪指数	杠杆比例	基金代码
欧洲大盘股基金	道琼斯斯托克 50 指数	1.25	RYEUX
日本大盘股基金	东证股价指数 100	1.25	RYJPX
道琼斯长期动态基金	道琼斯工业指数	2	RYCVX
中指指数基金	标准普尔小盘股 400 指数	1.50	RYMDX
Mekros	罗素 2000 指数	1.50	RYMKX
Nova	标准普尔 500 指数	1.50	RYNVX
Titan	标准普尔 500 指数	2	RYTNX
Velocity 100	纳斯达克 100 指数	2	RYVYX

✓ Pro Funds

Pro Funds 也拥有一大批无佣金共同基金，包括逆市场基金、一个完整的供应部门，还有基于主要平均数的杠杆和非杠杆类市场基金。但是，这两个最不寻常的供应是基金道琼斯石油和天然气指数（SNPIX），还有道琼斯房地产指数（STROIX）和道琼斯贵金属指数（SPPIX）。

第 15 章
Chapter 15

ETF 基金和其他作为对冲
通货膨胀和通货紧缩的投资工具

市场上有大量的 ETF 基金工具可以用于获得信贷市场的头寸，但是一般没有投资于商品的 ETF 基金。如果我们想投资于商品，那么就需要去购买免佣金、封闭式的共同基金。当然，你也总是可以通过买进国库券或者公司债券，来直接获得信贷市场的头寸，但是购买 ETF 基金可以让我们实现更多多样化的投资。让我们以介绍一些固定收益 ETF 基金来开始吧！

📈 固定收益 ETF 基金

固定收益 ETF 基金是由债券组成的投资组合，同其他 ETF 基金一样，它也能像股票一样进行买卖。它们同样也是一种跟踪于一定范围债券指数的低费用、节税的投资方式。与债券本身不一样的是，固定收益 ETF 基金没有到期日。相反地，基金管理者会维持一个投资组合，该证券投资组合像债券共同基金一样反映了所跟踪的债券指数的目标到期日。这些固定收益基金能够卖空，进行保证金交易，并且还可以应用期权来对冲，因为它们像股票 ETF 基金一样在交易所交易。与免佣金的债券共同基金不同的是，共同基金在买卖时不涉及任何交易费用，这类固定收益基金买卖需要通过经纪人进行，因而会产生交易费用。因为现在网上交易费用非常低（每笔交易通常低于 10 美元），这对于大多数投资者来说都不是个问题，特别是那些准备长期持有的投资者。

巴克莱银行在 2002 年 7 月发行了第 1 只债券 ETF 基金，在 2005 年，它仍然是这类产品的美国唯一提供商，这类产品包括 6 种基金。其中 3 个跟踪雷曼兄弟公司的各种到期日债券指数，1 个跟随雷曼的公司 de 债券指数，另一个跟随由雷曼美国综合指数表示的广泛美国投资级债券市场。也有 iShares ETF 基金来跟踪通货膨胀保值债券基金，或者 TIPS——适应于通货膨胀时期的固定收益工具。

除了使用便利和节约成本，债券 ETF 基金也是分散风险的一种投资工具。对于高质量的国债，风险不是问题。然而，持有跟踪于包含 100 只债券的公司债券指数的 ETF 基金，肯定比只投资于 1 只或 2 只公司债券的风险更小。最近出现的丑闻已经证实了，即使是投资级的债券也有可能出现问题。此外，固定收益债券 ETF 基金还有一定程度的专业管理，以监测特定债券的信用质量评级，并维持债券投资组合的一定期限。债券 ETF 基金不是通过信用风险，而是通过期限结构，确实提供了某种多元化投资。

该类基金会按月以股息的形式支付利息，但资本增值收益是以年度股息的形式支付的。出于税收的考虑，这些股息被当作收入或者资本增值收益（然而，对于债券 ETF 基金来说，节税不是个大问题，因为债券收益中的资本增值部分不像股票收益中的资本增值部分所占的比重那么大）。

最后，在世界范围内都有债券 ETF 基金了。例如，巴克莱全球投资公司（Barclay Global Investor）已经在美国、欧洲和加拿大发行了债券 ETF 基金。2005年首只亚洲债券 ETF 基金也在中国香港交易所挂牌上市了。

债券 ETF 基金 vs. 债券梯

债券梯是一种投资方法，该方法力图最小化与固定收益证券相关的风险。这个名称是给予拥有不同期限债券的投资组合的。假定你投资 10 万美元去购买债券。债券梯投资方法将会要求你购买 10 只不同的 1 万美元面值的债券，或者甚至 20 只不同的 5000 美元面值的债券。每只债券都会有不同的期限，一只债券的期限也许是 1 年，另一只债券期限是 2 年，剩下的债券在 5 年以上的时间里到期。因此，每只债券都代表了梯上的一级。

债券梯法有两个优点。第一，债券到期日交错意味着，在延伸期限内你将不会局限于一个特定的债券。例如，如果你长期都只锁定一只债券，你将不能保护自己免受债券市场牛市和熊市的影响。让我们假定，全部 10 万美元都投资于一只年利率为 5%，期限 5 年的债券。如果你决定持有到期，那么你将不能在利率趋势上涨或下降时再进行投资。例如，如果在购买债券 5 年后利率达到低点，这就意味着该债券到期时，如果你想要进行到期转期收益的话，你的 10 万美元只能以低利率水平进行再投资。通过应用债券梯的投资方法，市场波动将会被平滑，因为债券梯确保债券定期地到期。债券梯方法的第二个优点就是，它能使投资者具有根据自身财务状况调整现金流量。例如，如果初始的 10 万美元经过精心地选择不同到期日的债券，将能够使你每月获得基于债息支付的定期收入。这个优点对于退休的投资者来说很重要，因为他们主要依靠投资的现金流动来获得收入。

债券 ETF 基金提供了即时的多元化投资，并且只需要购买一只 ETF 基金就能获得一个债券投资组合。任何必要的调整以维持目标水平的期限都由债券 ETF 基金管理者来完成。一些债券 ETF 基金还提供了债券梯投资方法的优点，并且不需要购买多只不同的债券。例如，iShare 雷曼 1 ～ 3 年国债基金（ISY）套利期限是 1 ～ 3 年，正如 iShare 雷曼 7 ～ 10 年国债基金（IEF）套利期限是 7 ～ 10 年。购买这两种的结合也是可能的，这将期限延长至 1 ～ 10 年。

债券 ETF 基金的一个缺点是，它们收取持续的管理费用。与单个债券相比，债券 ETF 基金较低的进入成本部分地冲销了这些费用，在实行"买入并持有"策略的情况下，长期内债券 ETF 基金还是占有优势的。还要记住的是，每年由不同期限债券组成紧密设计的债券梯组合也会涉及交易费用，更不必说单个投资者进行必要研究所花费的时间和精力了。也要记住，对雷曼 20 年以上国债基金每年收取 0.15% 的管理费用也不是特别艰巨。

债券 ETF 基金 vs. 指数债券基金

债券 ETF 基金和指数债券基金跟踪类似的指数，并且拥有类似的表现。对于这些寻找更富有弹性的交易和更高透明度的交易者来说，债券 ETF 基金是较好的选择。每天都可以从网络上获得一只债券 ETF 基金的标的债券投资组合的构成情况，但每半年才能获得一次一只指数债券基金的这些信息。对于债券 ETF 基金，你能够确切地知道你到底赚了或者赔了多少；而对于指数债券基金，你每年只有两次获得这类信息的机会。固定收益的 EFT 基金是整个交易日都在交易的产品，因此积极的交易者可以运用保证金、卖空以及期权交易等交易策略。

下面是巴克莱银行在 2005 年发行的可利用固定收益债券 ETF 基金：

雷曼 1～3 年短期国债基金（ISY）

雷曼 7～10 年中期国债基金（IEF）

雷曼超过 20 年长期国债基金（TLT）

雷曼通货膨胀保值债券基金（TIP）

雷曼综合指数债券基金（AGG）

高盛 InvesTop TM 公司债券基金（LQD）

除了这些，还有 3 个国际 ETF 基金：

加拿大 5 年政府债券基金（TSX（多伦多证券交易所）上的 XGV）

加拿大证券广泛市场指数基金（Canadian Bond Broad Market Index Fund）（TSX 上的 XBB）。跟踪丰业资本环球债券指数（Scotia Capital Universe Bond Index），包括联邦基金指数、州级债券指数和公司债券指数

iBoxx C 流通公司（iBoxx C Liquid Corporates，IBCX）一篮子的 40 种多元化的投资级债券。它的总开支比率（Total Expense Ratio，TER）是 0.20%，在阿姆斯特丹的泛欧证券交易所（Euronext）上市交易

根据经济周期来应用固定收益 ETF 基金和其他投资工具

因为在经济周期中不同的时点，债券价格有着完全不同的表现，所以随着状态

改进和恶化来增加和降低债券的风险是有意义的。改变债券风险通常意味着改变投资组合中配置于债券的百分比。然而，在任何给定利率变动的情况下，短期债券价格并没有长期债券价格波动那么大。这意味着通过提高债券投资组合的平均期限，就可以增加债券的风险。例如，投资于雷曼 1～3 年国债基金（IEF）的 25 000 美元就没有投资于雷曼超 20 年国债基金（TLT）的同样数额那么大的波动性。如果你认为我们处在阶段 I，并相信利率将下降，最合适的做法就是更多地投资于 20 年国债基金而不是 1～3 年的国债基金，尽管目前的收益率可能会少一些。

甚至可以将这个例子延伸到极端的情况，就是在投资组合中增加零息债券。不幸的是，市场上没有零息债券 ETF 基金，但是美国世纪投资公司（American Century）有一个免佣金的零息债券家族——目标到期日基金（Target Maturity Funds）。这些基金的链接在本书包含的光盘内。在 2005 年，可利用的期限区间从 2010 年延伸到 2025 年。能够承担风险的应该是占优势的经济周期环境和个人投资要求的函数。例如，在经济周期阶段 II，一个年轻的专业人士就比一个退休人士更适合购买零息债券，因为退休人士的投资要求是收入和资本的安全性。一般来说，在债券的牛市阶段，也就是从阶段 I 直到阶段 III 的末期，任何个体投资者所能承受的风险应该是最大的。

美国世纪投资公司发行的基金以及它们的符号如下：

2010 年目标到期日基金（BTTNX）
2015 年目标到期日基金（BTFTX）
2025 年目标到期日基金（BTTRX）

高收益债券基金

市场上没有 ETF 高收益债券基金，但是有几个免佣金的高收益债券共同基金。这些投资工具的优点在于，它们的收益率高于 AAA 级的公司债券，但缺点是它们自身具有更大的风险，因此更容易违约。以共同基金的形式持有这些固定收益债券构成的多元化投资组合将大大降低信用风险，但不能消除信用风险。

一般来说，当信心和经济状况良好时，投资于这些高风险的基金是较好的。例如，阶段 I、阶段 II 的早期和阶段 VI，这些阶段是经济疲软的时候，也是最容易发生违约的时期。这意味着在大多数的这些阶段内，这类投资工具的收益率将接近其周期性的高点。如果没有违约风险，那就是购买单个高收益债券的最佳时机，但是高收益通常伴随着高风险。我们的目标是充分利用高收益，但是只能在违约的可能性大大降低的时候。风险溢价可以通过穆迪 Baa 级债券收益率和 AA 级债券收益率之间比率变化趋势的方向来度量，这如图 15-1 和图 15-2 所示。该比率典型地会在阶段 II 的中后期到达顶峰（也即有利于高收益的债券），然后持续下降到阶段 V 的某个时点。图 15-1 的阴影部分代表了由晴雨表确定的阶段 II。图 15-3 中，阴影部分代表阶段 V 和阶段 VI。在一些情况下，高收益债券以及它们各自的共同基金，在经济周期中将会在高质量债券之后走出顶部，这只是因为在这样的时期投资者都是追逐收益率的。走强的经济给予它们克服任何可能违约恐惧的信心。图 15-3 显示了显著的滞后出现在 1963 年和 1976 年。在大多数其他情况下，两个指标几乎在同样的时间出现底部。AAA 级债券的底部由向下的箭头表示。你可以看见，在每个 AAA 级债券的底部之后这两个指标之间的比率通常是逐步减小的。因为两个指标通常是一前一后地出现反弹，减少的比率意味着，低质量债券收益率的反弹幅度较小。图 15-2 显示的是阶段 V 开始的时候，这通常是比率开始反转向上的时候，因此这揭示着对于违约的担心正在增加。市场上有很多这样的基金，下面列出了其中的 5 个和它们的符号：

骏利高收益基金（Janus High Yield）（JAHYX）

托马斯·罗·普莱斯联合公司高收益基金（T.Rowe Price High Yield）（PRHYX）

太平洋投资管理公司高收益基金（PIMCO High Yield）（PHIYX）

所罗门兄弟公司高收益基金（Salomon Bros High Yield）（SAHYX）

富达资本公司高收益基金（Fidelity Capital and Inc）（FAGIX）

反向债券基金

如果不提到反向债券基金，那么我们对于可获得的债券投资工具的描述就是不完整的。这类投资工具是免佣金的共同基金，该基金与债券价格反向变动。实际上，购买一只反向基金就是看空债券市场。这对于个人退休账户（IRA）和其他一些受到严格限制不准看空债券市场的账户是特别有用的。因此，在阶段 IV，如果投资者相信利率将会上升，那么他就会购买这样的一只基金。这些基金也可以用作目前债券头寸的对冲工具。

目前有两个基金家族瑞德克斯和 Pro Funds 提供这样的投资工具。瑞德克斯 Juno Fund（RYJUX）跟踪雷曼债券指数反向变动。Pro Funds 有一个反向基金依据 10 年提高利率债券（Rising Rates 10）（RTPIX），还有一个依据于 30 年债券的反向价格表现（US Government Plus GVPIX）。这两个基金都与现金投资 125% 的杠杆投资相协调。

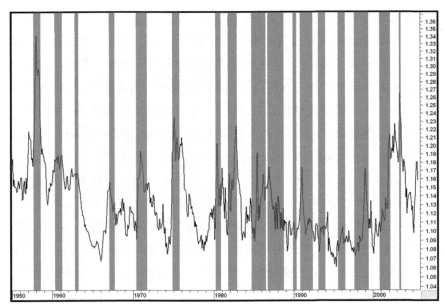

图 15-1　穆迪 Baa 级公司债券价差 /AAA 级公司债券价差比率的表现

注：阴影部分代表阶段Ⅱ。

资料来源：pring.com。

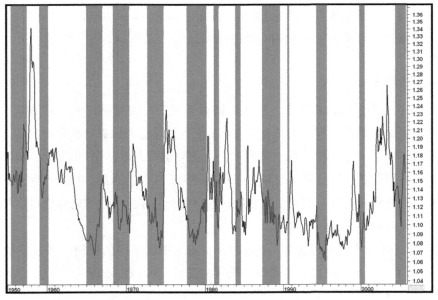

图 15-2　穆迪 Baa 级公司债券价差 /AAA 级公司债券价差比率的表现

注：阴影部分代表阶段Ⅴ和阶段Ⅵ。

资料来源：pring.com。

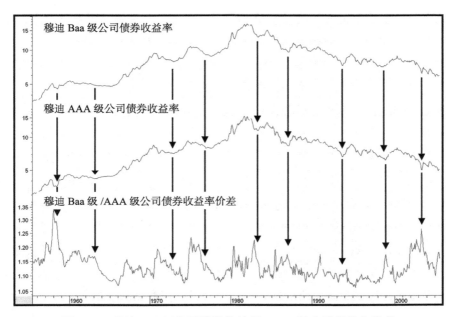

图 15-3   穆迪 Baa 级公司债券收益率 /AAA 级公司债券收益率

资料来源：pring.com。

Pro Funds 也依据美元指数提供了一个牛市和熊市的美元基金。它们的符号分别是 RDPIX 和 FDPIX。

📈 商品

不幸的是，市场上只有非常少的直接投资于商品的基金，尽管这样的基金看上去正在增加。在本书付梓的时候，还没有投资于商品的 ETF 基金能够进行交易。下面是发行说明书上呈现的一些要点。首先，这个基金可以利用它的跟踪指数，也就是德意志银行流通商品指数（Deutsche Bank Liquid Commodity Index ™）。不幸的是，在本书发表的时候没有介绍这个指数的大量历史资料，尽管路透社和彭博每 15 秒钟都要提供最新信息。美国证券交易所的符号是 DBC。

跟踪指数是一种依据规则的指数，建立在 6 种流通的期货合约上，它们是轻质原油期货（Light Sweet Crude Oil）、取暖油期货（Heating Oil）、黄金期货（Gold）、铝期货（Alumium）、玉米期货（Corn）和小麦期货（Wheat）。持有现金和短期固定收益的证券也将产生利息收益。选择这 6 种商品，是因为它们为投资者提供一个广泛系统目的的流通性，在世界范围内的商品期货表现中都可以进行投资。

对于这 6 类商品的每一类的衡量都是预先决定的，每年都要重新设定，如下：轻质原油期货占 35%，取暖油期货占 20%，铝期货占 12.5%，玉米期货占 11.25%，小麦期货占 11.25%，黄金期货占 10%。DBC 的轻质原油和取暖油期货合约每月滚动一次，而黄金、铝、玉米和小麦期货合约每年滚动一次。合约"滚动"，是通过终止将要到期的合约，和在将来的 1 个月或 1 年后到期时进入新的合约，这根据具体情况而定。

获得广泛的商品基金的另一种方法来自最近发行的 4 种开放式共同基金。它们是太平洋投资管理公司商品实际收益基金（PIMCO Real Commodity Return Fund，PCRIX）、瑞德克斯商品基金（Rydex Commodity Fund，RYMBX）、奥本海默实物资产基金（Oppenheimer Real Asset Fund，GRAAX）和美林实际投资基金（Merrill Lynch Real Investment Fund，MDCDX）。奥本海默实物资产基金和美林实际投资基金的投资策略是积极地管理商品投资组合，尽可能获得最大的收益。因为它们没有时间非常长的跟踪记录，所以要评估它们对于任何商品基准指数的表现是不可能的。的确，人们不知道这些基金会超过还是低于指数的表现，因为它们的目的是打破而不是反映这些指数。在我们的方法中，我们更偏向于购买模仿这个部门或资产类别的工具，这样，我们关于经济周期方法的指示在一个有利的环境中。这些基金不能保证这些情况。

那么我们来看一下太平洋投资管理公司商品实际收益基金和瑞德克斯商品基金，这两个都是无佣金的开放式基金。太平洋投资管理公司的基金跟踪道琼斯 AIG 商品指数（Dow Jones AIG Index），瑞德克斯基金复制高盛商品指数。图 15-4 比较了太平洋投资管理公司基金对它的跟踪指数的价格运动。自 2004 年中期开始，管理者已经清楚地了解了自己的目标，因此基金可以用作指数的一个合适替代物。要记住，这个图并不包括回报的定期支付。运用这个指数作为基准，令人快乐的一件事是它有长期的价格历史。它也为再平衡价格比率基准提供了增值收益。这意味着当特定商品的价格上升时，"卖出"是有效的，能够把商品的风险带回目标价格比率水平。这种调整一年一次。这很重要，因为商品价格往往回复到均衡水平，上涨或下跌去满足需要的变化，然后到了反转时期，这时供给对价格变化做出反应，正如它最后的表现。在 2004 年开始建立的指数如表 15-1 所示。

太平洋投资管理公司通过结合商品联系的衍生工具头寸来实行自己的商品实际收益策略，而这些工具主要是受通货膨胀指数证券（TIPS）投资组合的支持。这些衍生物是一些工具，为投资组合提供杠杆去反映商品指数。以这样的方式，通货膨胀被反映两次。首先是通过商品衍生物，其次是通过通货膨胀指数固定收益。简而言之，这种策略和带有额外实际收益潜力的商品市场收益结合在一起。此外，这些收益和相对表现结合在一起时，波动性要低一些，而和常见的充分积极商品管理结合在一起时，它们的波动性要高一些。

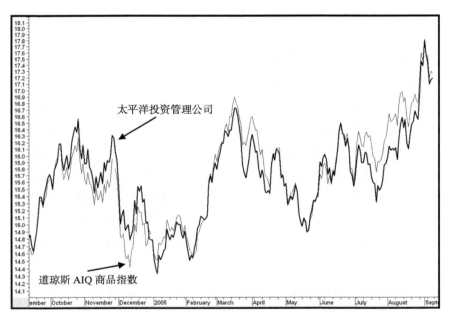

图 15-4 道琼斯 AIG 商品指数 vs. 太平洋投资管理公司商品实际收益基金

资料来源：pring.com。

表 15-1 道琼斯 AIG 商品指数比率

商品	比率（%）	商品	比率（%）
石油	21	工业金属	18
天然气	9	贵金属	8
谷物	20	食品类（可可、咖啡和糖等）	11
家畜	10	总共	100
植物油	3		

注：截至 2004 年 2 月 25 日。

资料来源：AIG。

  购买这种基金为商品市场提供了一种直接债券，而这不能通过购买商品生产商的股票获得，例如菲尔普斯·道奇公司（Phelps Dodge）、美国铝业公司等，甚至是安硕自然资源债券 ETF 基金。这是因为受商品驱动的债券持有权让这些持有者暴露在这些公司的金融结构之下，其中还包括他们的管理能力或缺少管理能力。这样的公司通常会在其他领域进行多样化经营，因此它们不是单纯的商品交易。最后，股票持有者从来不知道他们是否在对冲自己的头寸。如果公司要对冲自己的商品产品，那么股票持有者将不会获得上升的商品价格的全部盈利。这个很好的例子来自标准普尔能源行业指数（S&P Energy Sector Index）。这个系列和原油的价格变化呈正相关关系，但这个关系大概只有 0.45。这并不是说商品股票或者 ETF 基金将会运作得差于或优于商品指数，仅仅是如果得到类似于商品的表现，那么你要购买商品或者一种基金，像太平洋投资管理公司的实际商品基金就行。

最后一点是，研究显示商品指数历史上与股票有着负向的相关。与债券也是负相关。但是与通货膨胀和通货膨胀率的变化是正相关关系。这样的关系正好证实了，商品应该被看作一个单独的资产类别，因此也是广义资产配置过程的一部分。

瑞德克斯商品基金力图"衡量生产"，以至于和世界范围的主要商品的实际供求紧紧地联系在一起。根据瑞德克斯的相关资料，预期基金的投资风险在以下物品中所占的权重很大：石油和其他与能源相关的商品，与商品相联系的衍生工具（包括互换协议、商品期权、期货、期货期权以及与商品相联系的债券），它复制高盛商品指数。这个指数接近你可能看到的纯能源指数。2005 年 9 月给出的对于能源和相关产品的比重大概是 70%。和道琼斯 AIG 指数相比，这大概是 35%。对高盛指数的衡量是在表 15-2 中。如果投资者希望在能源方面的投资上有较大的敞口，那么这个基金就是很好的选择。然而，如果渴望更加平衡的商品方法，那么一句太平洋投资管理公司基金的道琼斯 AIG 指数是更优的选择。图 15-5 显示了这两个指数。不幸的是，瑞德克斯基金只是在 2005 年 5 月发行的，因此没有足够的数据可以用于制作一个有价值的对比图表。

表 15-2　GSCI 商品指数成分和所占比重（2005 年 9 月）

成分	比重（%）
能源	**78.93**
原油	28.86
布伦特原油	14.23
无铅汽油	8.92
取暖油	8.91
汽油	4.98
天然气	13.03
工业金属	**5.72**
铝	2.29
铜	2.12

（续）

成分	比重（%）
铅	0.22
镍	0.62
锌	0.47
贵金属	**1.65**
黄金	1.48
白银	0.16
农业种类	**9.19**
小麦	2.1
红小麦	0.81
玉米	2.05
大豆	1.39
棉花	0.87
糖	1.21
咖啡	0.57
可可	0.19
家畜	**4.51**
活牛	2.39
饲牛	0.65
瘦肉猪	1.47

图 15-5　道琼斯 AIG 指数 vs. 高盛商品指数

资料来源：pring.com。

黄金和白银 ETF 基金

有两种 ETF 基金为黄金市场提供债券。它们是 StreetTRACK Gold（GLD）和 iShares Comex TRUST（IAU）。两者都在尽量与金条价格的日常走势相一致。StreetTRACK 基金是根据世界黄金协会（World Gold Council）的单位来发行的。它使投资者能够参与金条市场，每一份额代表 1 盎司黄金的 1/10。每一份额的价格也是 1 盎司金条价格的 1/10。金条价格上涨是很重要的，否则的话该基金的价值将会降低，因为它们还要花费管理费用。这估计占两种 ETF 基金的 0.4%。

白银 ETF 基金也是在 2006 年年初，以符号"SLV"注册。如果批准的话，每一份额将相当于 10 盎司的白银。这个基金是信托基金机构，并不是在 1940 年美国《投资公司法案》(Investment Company Act) 注册下的投资公司。

要注意的是，由 ETF 基金支持的白银将依据当天宣布的伦敦定盘（London Fix）来衡量价值，每一盎司的价格是由中午的伦敦金银市场协会（London Bullion Market Association）3 个交易成员根据伦敦时间设定的。

保荐人的费用是基金调整后净资产的 0.5%。信托基金机构也许会出售白银去支付费用，这意味着每一份额白银的数量也许会随着时间改变。

第 16 章
Chapter 16

综述：经济周期中每个阶段的建议投资组合

　　本章将要概括很多我们已经讨论过的内容，但是当我们讨论在经济周期中的各种转折点上所建议的资产配置时，会以一种更为实用的方式进行。早期概括的资产配置原则将会适用于所有类型的投资者。然而，因为每个人都有其独特的投资目标，在经济周期的每个阶段对于特定资产的关注将会是不同的。本章概括了广义投资者的这些目标的本质，并且讨论了他们如何进行操作。这种描述本质上是概括性的，因为这不可能涵盖所有的情况。因此，本章的讨论应该被当作一个粗略的指南或者当作你自身投资状况的起点。记住，你所处的位置是与众不同的，比如个人气质、人生所处的阶段、财务资源、财务要求等的每个因素都会对你决定如何平衡自己的投资目标产生影响。同样地，每个经济周期的特点也是不同的，这意味着一个经济周期中的资产配置从来不会与另一个经济周期中的资产配置完全相同。当不同的经济周期被划分成上升的债券收益率的长期趋势和下降的债券收益率的长期趋势这样的两个部分时，情况更是如此。举例来说，当利率长期趋势下降时，阶段VI相对较短，并且对金融市场价格所产生的危害没有在利率长期趋势上升时所产生的危害那么大。我们发现阶段V也出现了同样的情况。这明显有个广泛意义上的暗示，那就是在一个长期通货膨胀的情况下，资产配置应该更为保守。

　　几乎每个投资者都认可的投资目标有3个，那就是流动性、收益和成长。术语**流动性**是指，投资组合中的一定比例应该能够方便地转换为现金以满足没有预料到的需求。实际上，我们总是能出售股票或者债券并在很短的时间内将其转化为现金，因此一定意义上说这类资产也具有流动性。这与通过房地产或者出售一个小企业以转换为现金是大不相同的，因为通常需要几个月或者更长的时间才能将其售出。即便如此，股票和长期信用工具的价格也会出现波动，你的个人状况可能会迫使你在它们的价格临时下跌这个不太合适的时候出售它们。这些资产也是流动的，但是出现紧急需要时，不能实现一个特定的价格。因此，审慎的投资者需要平衡他的投资，以使投资组合中总有足够的流动资金以应付突发事件，而不必对整个投资组合产生损害。

📈 投资目标

流动性

　　对于所有投资者来说，将他们的投资组合的一部分配置为流动性资产的形式是有意义的，如货币市场基金或者银行大额存款单都属于流动性资产。当然，投资组合中精确的流动性资产所占的比例将取决于个人财务整体状况和经济周期所处的特定阶段。流动性并不一定意味着资产必须在几个月内到期，因为还存在计划流动性这样的事情。你可能暂时不需要现金，但是几年后会需要。一种可能性就是将这些资金投资于期限为 5 年的货币市场基金。通过这种方法，可以确定当你需要这笔钱时就能得到它；但是假设货币市场基金的收益率只有 2%，而 5 年的定期存款单的收益率是 4%。因为你 5 年内又不需要这笔钱，那么可以通过投资于高收益率的定期存款单获得更多的财富。流动性也不会遭受损失，而且投资的收益率也相对较高。并不是所有的投资组合都应该以这样的目标定位的方式进行管理，但是在有些情况下这样做确实能获得很多好处。如果所考虑的时间期限更长，比如 20 年的退休金计划，如果你仍然希望从投资组合中获得投资增长，计划流动性就没有意义。投资于 20 年期债券，你将会失去股票市场更大的长期增长的潜在机会。在经济周期中的通货膨胀阶段，避免投资于债券的机会也失去了。如果长期趋势是通货紧缩，购买债券的时机将不会有太大的意义，因为债券价格的长期牛市中能使你脱离困境。任何情况下 20 年的投资期限都是个值得商榷的期限，因为 20 年债券不管怎么说都会以面值支付本金。在 20 年之后，很多长期趋势都已经走过了它们的历程，因此在一个合理的利率水平上进行再投资是个问题。一些历史上最好的股市牛市都出现在收益率长期下跌的背景下。这包括 20 世纪 20 年代、80 年代和 90 年代。一个计划流动性的策略将会失去这样显著的股市牛市机会。最后，如果考虑的阶段是一个通货膨胀时期，债券在到期日的购买价值在 20 年的期限内将会遭受非常大的损失。你可能会在到期日收到 100 美元的全部面值，但是关键问题是，这 100 美元还能够购买些什么东西？

为预料不到或者预料到的需求提供流动性准备是一件好事，但是如果预备了过多的流动性，这将会对整个投资组合的长期表现产生负面影响。

收入

收入是第 2 个投资目标。单个投资组合所产生的收入数量主要取决于所考虑的个人投资者的财务状况和所处的人生阶段。举例来说，如果你处在职业的最初阶段，有足够的收入去满足日常的开支，那么你就不需要任何投资收入，因此就能关注投资的增长性。另一方面，如果你因为刚进行一个新的业务投资而入不敷出，收入和本金的安全性就应被当作更重要的投资目标。明显地，对于退休人群来说，投资组合所能产生的收入是第一位的。在他们这种情况下，应首先确定自己的收入要求，然后在此基础上再回头做决策。

增长

增长是第 3 个也是最后一个投资目标。一般来说，在增长和风险之间存在直接的关系，尽管这里所描述的技术有助于风险管理。换句话说，我们需要寻找那些投资机会，也就是由于颇具吸引力的估值、有利的经济周期阶段等造成的潜在收益高但风险较低的投资机会。然而一般来说，比起靠投资产生目前收入的老年人，有较少财务债务的年轻人在对于投资的成长性要求上处于更为有利的位置。年轻人同样也比那些处于人生后期的老年人更容易从财务灾难中恢复过来。即使是对老年人来说，增长也不能被完全忽略，因为所有的投资者都需要保持他们资本的购买力价值；否则，他们的生活水平将会受到威胁。对于处在人生后期的人类来说，产生增长的目的已经从财富**创造**转向了财富**保值**。换句话来说，如果 100 美元只能购买它过去所购买商品的一半的话，那么保持这 100 美元价值不变是不够的。从这方面来说，即使是风险规避性最强的投资者也会牺牲一部分当前收入以获得一定程度的增长。这不是投资者无法负担的。事实上，在绝大多数投资情况下，通常都可能通过购买公用事业类公司股票以获得稍低于高质量长期债券收益率的当前收益率。另外，债券的利息支付总是固定的，而经过精心挑选的公用事业类或其他高收益类股票所支付的股息会随着时间推移而增长。在某些时点上，这也会积极地反映在股票自身的价格上。

因此，可能通过两种方法获利：一个是更高的、通货膨胀保值的收入；另一个是对更高收益率做出反应的股票价格增长带来的资本增值收益。我们还必须将其他因素考虑在内，因为这样的完美结果并不总是能实现。举例来说，如果通货膨胀率高，收益率一般会上涨，但是市价盈利倍数，也就是互惠盈利率，将会下降。因此，这极有可能导致收益的上升被市价盈利倍数的一般向下反转的修正所抵消。然而一般来说，即使在这样不利的环境下，一个投资者也会通过持有高收益率的股票获得较好的收益，因为该股票的股息通常会增长，而长期债券的债息是固定不变的。

📈 为你构建正确的投资组合

只有唯一的一个经济周期里，所有资产的价格都是下降的，这个阶段就是阶段Ⅵ。除了这个阶段，市场上总是存在一些投资的机会。因此，最基本的投资决策通常来自在股票和债券之间取得一个平衡。在通货膨胀阶段内，也应该考虑通货膨胀对冲资产。任何人的最优资产平衡都可以归结为 3 个因素，即个人气质、财务状况和所处的人生阶段。当资金还没有投入市场时，有可能，或者应该说，更容易客观地分析这些指标并得到一个相对公正的观点。我说**相对**是因为我们每个人都有自己的偏见。不幸的是，一旦资金投入市场，投资过程就变成了恐惧和欲望之间无休止的战争。当事情向好的方面发展时，我们希望获得更多的收益。除非我们特别小心，否则我们很快会发现自己处在容易导致自满的心理状态中，而这种状态极易导致更为粗心的投资决策。更高的价格会使人们更乐观，因为人的本性就是期待最近的历史重演。不幸的是，这将使他们在市场已经经历良性的上涨之后去冒更多的风险，而此时正是不该冒更多风险的时候。另一方面，大多数人在他们投资组合的价值已经连续几个月下降之后会放弃认输，并卖出清算他们正在增值的证券。这种反应同样得不到预期的效果，因为这也是其他人正在做的事情。从众心理就是这样，但是这样的下跌却提供了极好的买进机会。**解决方案就是建立一个投资计划并坚持实行**。如果我们在阶段Ⅰ将 75% 的资产投资于债券，在阶段Ⅱ将 85% 的资产投资于股票等，这将是不错的选择。不幸的是，这并不像我们说的那样容易，因为每个人都有其独特的财务状况、气质和所处人生阶段等。同样地，每个经济周期的特点也是不同的，而新的经济周期直到其出现时才能被识别出来。如果价格也出现相应波动，那么市场就会过于延伸，并不太可能获得预期的正常收益。因为心理因素在投资过程中起着相当重要的作用，我们需要稍微停顿以对行为因素进行更多的讨论。

"战胜"自己比"战胜"市场更为困难

如果你自认为已经对我们这里所描述的资产配置过程有了很好的了解，并有信心能辨别不同的经济周期阶段，那么你努力获得成功的可能性将会很大。到目前为止是这样，但不幸的是，一旦你放下书本，打电话给一个经纪人或者共同基金公司，或者是在网上实践你的交易策略时就会出现一些重要的情况。一个新的因素——情绪，就进入了我们的讨论范围。只要你还是从理论的角度看待资产配置过程，就有可能保持一个客观的态度，但是一旦真正进行了投资，情绪也会参与进来，因此客观就变成了主观。事实上，战胜市场并不是那么难，但是正如本节的标题意义，战胜自己才是困难所在。克服个人偏见，敢于承认自己可能并经常犯错误，在投资过程中与正确分析一样重要。许多小投资者获得了成功因为他们坚持己见，不追随机会主义或者传统的投资观点。如果这是通过第六感产生的结果，那可能是好的，但是如果骄傲和自满占据了主导地位，没有迅速纠正的话就会导致投资灾难。

我在本书前面章节就提到，在投资过程的前期确定自己能够承受风险的程度是重要的。假设一下所有的事情都处在正常的情况下，我们发现我们无法抑制想要将投资头寸扩张至高于资产配置计划所要求的水平之上的冲动。对于这种行为，我们通常是以"只此一次"的心理来安慰自己。市场通常暂时会按预期的方向波动，但是不可避免地将会导致投资的失败。事实是如果我们承受风险的程度过分增加的话，那么就会被这种没有预期到的转变所吓坏。随着账面价值损失的增加，怀疑和内心冲突也会随之增加，我们会问自己诸如下面的问题："哦，假设我犯了错误，我能承受更多的损失吗？指标暗示着更高的价格，但是市场没有按常规发展。也许这一次情况不同了？我相信我的分析是正确的，而且价格将会上涨，但是为什么不现在卖出，然后再以更低的价格买进呢？这样做是否要比一直坚持这个错误决策好得多呢？"一旦账面损失已经让我们的心理失去平衡，那么自然的趋势就是弥补、清空所有的投资头寸。几周之后，我们会发现自己最初的分析是完全正确的，但是到那个时候，我们也会发现自己仍然处在不平衡的心理状态，那就是不愿意再在这个市场上配置任何资产。上面所说的两阶段操作过程——**设立计划并坚持实行**，已被完全忽视了。我们已经建立了计划，但是并没有坚持实行。这两个因素缺一不可。本例中所描述的此类问题和自我怀疑在某些时候会在所有投资者的心中弥漫。对于那些承担了其所能够承受的更大风险的任何投资者来说，将会更容易受到这些心理陷阱和错觉的影响，因此更容易犯错误。总是可以确定的一件事情就是，市场可以探明和检测出每个弱点。解决方法就是在投资开始时确定你对风险的承受能力。处在这样的风险评价下的投资头寸将会大大降低受心理因素影响从而在错误的时间中"清理"这些头寸的可能性。

如前面所说的那样，还有来自自负的另一个潜在问题，即它通常会阻碍人们做出正确的决策。投资者基于对市场状况合理且合乎逻辑的分析做出了投资决策，然后发现市场状况已经发生了改变，这是很常见的事情。通常，投资者在投资头寸受到损失时才会意识到这一点，并且不愿意清算资产。没有清算行为的理由通常是**寄希望于**"价格会上升，我将会盈亏平衡"。希望从来不应被当作投资决策的基础，除非你想从事为其他市场参与者提供补助的慈善事业。自负来源于投资者不愿承认事情已经发生了改变，实际上，自负已经阻碍了投资者做出合乎逻辑的投资决策。在投资活动中，谦虚是个可贵的品质，但是只有经过几次严重的财务损失后，投资者才能认识到这一点。

当状况改变时，你不得不改变投资的一个有用方法就是，在购买该资产**之前**罗列出可能会影响你所进行的投资的可持续性的事件。提前做出清算资产的决策意味着两件事情：第一，你已经正式意识到，事情可能并且会出现问题；第二，你已经有了应付这个不利事件的计划，并且在不利事件发生时心理不大可能会失衡。

有时候，你可能会根据指标的运行趋势而做出改变资产配置的决策。如果该指标非常平稳，几乎不会给出错误的反转信号，那么这可能是个不错的决策，特别是当其他几个指标也都支持这一决策，即它们的运行趋势都一致时。例如，一个运行平稳的重要经济指标可能会接近于零线水平。这种类型的指标极少会改变方向直到它们接近一个超买或者超卖的极端。因此我们可以合理地预测，当一个指标快速接近零线时，将会很快地穿过零线。这是判断市场将会发生改变的一种明智的方式，因为经济发展很缓慢时将不大可能出现一个不断反复的信号。

然而，如果基于纯粹的投机心理去期待市场发生转变，那么这样的行为将会导致错误的资产配置，也将导致重大的投资损失。一个常见的例子是，在没有指标支撑的货币政策的潜在变化之上进行投机行为。当投资决策是基于这类希望和流言时，这样的投资决策极少是正确的。在一些情况下，从一个特定指标的变化来判断反转信号是有效的。

单个经济周期阶段的建议资产配置

为每个特定的个体投资者都提供特定的资产配置建议是不大可能的。因此本章剩下的部分将会考察几个适用于大部分投资者的资产配置情况。当然，这些投资指南都是一般性的，也就是说，你必须根据你个人的财务状况和特质制定出适合你自己的投资指南。因而这里所提供的观点应该被当作进行资产配置的起点。

同样重要并值得牢记在心的是，每个经济周期中的每个阶段都将会以一种与众不同的方式显示出来，并且出现的概率也不同。如果你确定一个特定的阶段已经开始了，但是与此同时，市场已经运行了一段时间，那么一个较小的资产配置将会更合适，这是相比较一个新的趋势的转折点处出现非常确定的信号来说的。

战略资产配置 vs. 战术资产配置

资产配置实际上可以分为两种：战略资产配置和战术资产配置。**战略**资产配置涉及个人投资者所处的环境。它们取决于个人财务状况、要求以及所处的人生阶段。实际上，战略资产配置决定了投资组合的整体状况。战略资产配置决策为经济周期中的每个阶段的特定资产都提供了指南或者限制。战术资产配置是那些涉及经济周期中特定阶段应该关注什么类别资产的问题。举例来说，阶段 II 对于股票来说是最大的牛市阶段，因此这时候应该将大部分资产配置于股票。而相对来说，阶段 VI 是熊市阶段，应配置极少量的股票资产，甚至根本不持有股票才是最合适的投资策略。战略资产配置策略将会为这些战术资产配置设定指南或者限制。举例来说，一对退休的夫妇将会比刚结婚的年轻夫妇更优先考虑投资计划所带来的资本保值和目前产生的收入。在经济周期的所有阶段，他们的资产配置决策将不太会关注投资所能产生的目前较高收入的增长性。退休的夫妇随着经济周期的演进也会做出战术资产配置，但是他们进行投资决策所遵循的指导原则会更为保守。在阶段 I，他们会增加股票头寸，但是即使在最合适股票投资的情况下，他们的最大股票头寸也会远远低于年轻人家庭所持有的股票头寸。

本章其余的部分将会解释**战术性**资产配置，并且将其应用于 3 个不同类别的投资者。这 3 类投资者分别是中性组的投资者；积极组的投资者，更关注投资的增长性而不是目前收入；最后是更为保守的投资者，关注于财富保值和目前收入。我们将会为每种类型的投资者概括出完整的六阶段投资方法。本章中的阶段是根据**环境**来划分的，而不是根据市场行为来划分的，这两者的表现稍有不同。

中性组

这个例子纯粹是个战术资产配置，并不考虑任何战略资产配置的因素。像这里所讨论的 3 种方法一样，假设这组投资者具有中性的风险规避水平。投资者如果感觉自己高于或者低于平均的风险规避水平，就会据此做出调整。饼状图所示的资产配置给人的印象是，该资产配置过程是静止不变的，并会一直持续下去，直到下一个阶段出现。真实情况**并非**如此，因为投资指南只是一个大致的目标。例如，投资组合在进入阶段 VI 时，债券的资产配置比例是 20%，但是随着更多的证据暗示阶段 I 就要到来，债券所占的比重就会逐步增加。同样的策略也适用于经济周期走出阶段 III 时，即债券牛市的最后阶段。而这一次，资产配置过程将会反转，因为预期长期固定收益证券市场将会出现熊市，债券的资产配置比例将会逐步减少。这里需要再次强调的是，资产配置的改变最好逐步进行，不要试图一次调整到位。

阶段 I

　　阶段 I 不仅是债券牛市开始的阶段，而且也是历史上最有利可图的阶段。这意味着长期固定收益工具（债券）应该成为投资组合的主体。基本的建议就是债券占 50% 的资产配置份额（见图 16-1）。这种水平的配置应该具有许多不同的含义，取决于债券的平均期限，还有投资组合中持有债券的质量。在阶段 I，应该避免持有较低质量的债券，即评级低于 A 的债券。由于其毋庸置疑的质量和流动性，联邦政府债券是最好的投资债券。如果你认为利率将会出现显著下降，同等重要的是要确定你所持有的债券不附有发

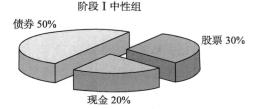

图 16-1　中性组投资者在阶段 I 的资产配置
　　　　资料来源：pring.com。

行者可以在利率急剧下降时提前回购的条款。因为阶段 I 是债券牛市阶段的开始，债券组合的平均期限应该扩展到最大的程度，这是与你的投资目标和风险规避程度相一致的。在我们的例子中，假设债券平均期限是 25 年。

　　该组合中股票也占了一定的比例，因为股票市场还是熊市，但像公用事业和金融等领先经济部门的公司股票可能正在走出低谷。例如，1974 年 10 月市场低谷之前公用事业类股票处于底部，1982 年 8 月的低谷也是如此。1982 年这一次的领先时间更长一些，并有相当数量的股票都在标准普尔指数之前筑底。起初走出最后的熊市低谷可能是个变化不定的事情。因此维持较小份额的股票配置意味着投资组合将参与这个资产类别，尽管指标已经延迟显示了出现阶段 II 的信号。这个头寸以及与之相关的经历增强了进行更大比率股票配置的信心。这是个重要的因素，因为这个阶段的新闻背景通常是不利于股票的，大多数投资者最不愿意做的事情就是增加股票的头寸。

　　阶段 I 所建议的 30% 的股票头寸应该主要局限于那些牛市初期的领先行业，如利率敏感型的经济部门，原因有两个。第一，这些股票通常在整体市场之前开始它们的熊市，因此在牛市开始时将会处于一个有利的位置。第二，这类防御型股票通常能比普通股票获得更多收益。因此，如果股票熊市确实要继续下去的话，那么这些股票可能比普通股票遭受更小的损失。不管怎么说，它们相对高的股息将会为可见的资本损失提供一些补偿。统计数据显示，晴雨表模型暗示，自 20 世纪 50 年

代以来股票在阶段Ⅰ的平均年度月均下降1%。总体来说，在总计的29个阶段Ⅰ中，股票下降的阶段Ⅰ有13个。总体收益率出现下降的原因在于，这个阶段通常伴随着股价的急剧下跌，例如2000年7～12月股票价格下降了10%。在9个经济周期中有5个经济周期，股票实际出现了上涨。因为阶段Ⅰ通常是非常短的，所以增加股票头寸是有意义的，以使在阶段Ⅱ增加持有的股票头寸不是一个迅速的调整。

阶段Ⅰ的股票配置将会更大程度上取决于领先部门的技术表现。如果多数指标都经历了一个长期低于零的确然指标，并且从绝对意义上说都处于上升状态的话，这将比多数指标仍然处在下降状态更意味着应该增加股票的头寸。图16-2显示了早期领先的标准普尔日常消费品指数及其绝对的长期确然指标和标准普尔综合指数。就在日常消费品指数将要开始反弹的时候，注意部门指数如何向上穿过了其40周移动平均线。这是早期领先部门的股票如何在阶段Ⅰ打破股票市场整体熊市的经典例子。请不要认为这个部门每次都会出现这种情况，因为这不是事实。关键是这些股票的头寸处于支持价格绝对反弹和相对反弹的位置。因此，如果经济周期到达阶段Ⅰ，且没有经济部门股票显示出走强的信号，那么股票配置比例就应远远低于饼状图所显示的比例。

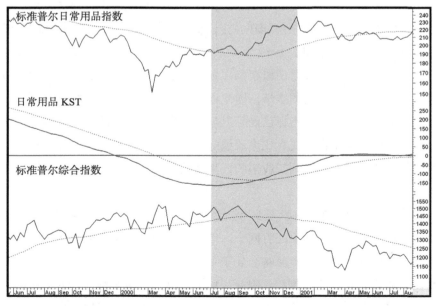

图 16-2　阶段Ⅰ，标准普尔日常用品指数 vs. 标准普尔综合指数

资料来源：pring.com。

　　现金在投资组合中所占的比例是 20%。考虑到该阶段可以在债券市场上获得更高的收益，这看起来有些过于谨慎了。然而，维持流动性平衡以保持某种程度的多元化投资，是个不错的想法。另外，阶段 I 通常很短暂，随着阶段 II 出现的信号，最后配置于债券的头寸可能很快就转化为股票。这个快速的资产转化过程也会导致心理失衡，而这种心理因素对成功的投资过程是很重要的。最后，在这个经济周期阶段中有些经济部门会对下降趋势做出过度反应，从而提供了极好的买入机会。如果投资组合中只有很少或者没有现金形式存在的流动性资产的话，那么将盈利的债券头寸转化为已经遭受很大程度下跌的股票时，就会产生一个心理障碍。

阶段 II

　　阶段 II 可能提供了在股票市场快速广泛性盈利的最好机会。在很多情况下，市场底部是 V 字形，或者价格形成了双底形态。在这两种形态下，阶段 II 通常是出现在股票市场走出其熊市底部的时候。在这个阶段，债券价格会上升，平均的年度月均价格收益大约为 8%，但是与股票相比它们的收益就会逊色不少，股票除去股息后的平均年度月均收益率为 18%。这时，资产组合中股票的配置比例就从 30%增加至 65%，而债券比率从 50% 下降至 30%（见图 16-3）。这可能是个很大的资产转换，但是记住下面这两件事是很重要的。第一，这是股票最大的牛市阶段。第二，这个转换通常也是逐渐完成的。这个过程从阶段 I 的中后期就该开始了，并随着股票市场底部的形成逐渐增加股票头寸。另外，一些经济周期中早期的领先行业将会失去相对强的领先地位，因为新的经济部门占据了领先地位。这

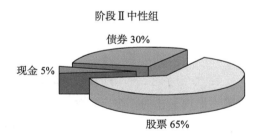

图 16-3　中性组投资者在阶段 II 的资产配置
资料来源：pring.com。

将会涉及资产组合的额外的转换。不管从股票市场的整体平均水平来说，还是从股票市场的幅度来说，阶段 II 都是经济周期中最大的股票牛市阶段，所以这个阶段是经济周期中扩大投资组合的波动性的最佳时机，因为贝塔系数较高的股票会提供丰厚的收益回报，而且风险相对较低。

　　投资组合中现金头寸的比例现在降至 5%，这个比例是经济周期所有阶段中现金比例最低的。持有一些现金储备以备那些潜在好股票的购买机会的出现是个不错的主意，但是因为这个阶段通常是经济周期中最为活跃的时期，所以现金应该被维

持在一个相当低的比例。在这个阶段，将一些现金投资工具的期限延长 1 ～ 2 年也是个不错的主意，因为这样可以锁定更高的收益率。

阶段 Ⅲ

阶段 Ⅲ 是经济周期中流动性流向这 3 个市场的阶段，因为从多头的角度来看，在这个阶段很难遭受到损失。当该阶段结束时，债券的牛市阶段也将结束。在熊市开始之前，债券通常会经历一个盘整阶段（交易区间），这意味着在阶段 Ⅲ 的某些时点，债券价格将失去继续上升的动力。因此，债券的运行趋势，尽管总体上仍然是正向的，会在这个阶段出现显著的下降。它们平均的年度月均收益率已经降至稍低于 7% 的水平，这比阶段 Ⅱ 债券的收益率低不了多少，但是商品价格现在已经开始上涨，因此配置一些通货膨胀对冲资产是很合适的。投资组合中债券的配置比例现在从 30% 降至 20%（见图 16-4）。

将投资组合中债券的平均期限降低至 7 ～ 10 年或者更短也是很合适的。鉴于此，iShare 雷曼 7 ～ 10 年国债基金是一个很好的可替代基金。对于那些特别保守的投资者来说，iShare 雷曼 1 ～ 3 年国债基金也可以考虑，因为这个阶段已经成熟。

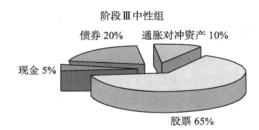

图 16-4　中性组投资者在阶段 Ⅲ 的资产配置
资料来源：pring.com。

在这个时期，经济仍然是非常健康的，因此违约风险通常不是一个威胁。即使确实出现了违约，多元化的基金配置相比单个债券更安全。通常情况下，应该担心违约风险的阶段是阶段 Ⅵ、阶段 Ⅰ 及阶段 Ⅱ 的开始时期，因此这些时期经济最疲软，公司破产的可能性最大。因此，可以通过购买高收益免佣债券基金来增加目前收入，例如骏利高收益基金（JAHYX）、普信高息债券基金（PRHYX）或者是 PIMCO 高收益债券基金。这个阶段是经济周期中违约风险降低高质量公司债券和低质量公司债券之间的价差的时期，因此你不仅能获得较高的当前收益率，而且还能获得更好的价格。

投资组合中股票所占的比例保持在 65%，但是股票组合逐渐发生了改变，即向原材料和能源这样的经济周期后期领先部门的交易所交易基金的转变。减少的 10% 的债券比例可以转向免佣金的商品基金，例如 PIMCO 实质回报基金和瑞德克斯商品基金。当然也可以转向其他的商品基金，但是在 2006 年年初这些是唯一可利用的基金，因为这些基金有追踪商品指数的历史记录。另一种可能选择就是以交易所交易基金的形式配置于黄金或白银。投资于单个金属而不是一个指数的问题在于，指数反映了商品价格的宽泛范围，更有可能对经济周期阶段做出反应，因而单个商品容易受到特定事件的影响，不一定与商品价格的普遍上涨相关。另外，黄金看起来似乎也不是很适合这个经济周期阶段，因此除了其技术表现外，没有任何明显的迹象显示出哪种资产配置决策是合理的。如果投资者对于投资商品基金不放心的话，那他应该将其 10% 的债券份额配置于通货膨胀敏感型的股票。在阶段 Ⅲ，股票平均的年度月均收益率是 12%，而商品的平均年度月均收益率则稍微低于 9%。同样值得说明的是，这个小小的差异应该证明配置更高的商品比例是合理的。然而重要的是应该记住，部分股票资产配置投向通货膨胀对冲部门的股票，因此通货膨胀对冲资产所占的比例要比单独从商品配置来看的通货膨胀对冲资产比例要大。因此，我们在阶段 Ⅲ 的投资组合构成是：债券 20%，股票 65%，商品基金 10%，现金 5%。

阶段 Ⅳ

阶段 Ⅳ 的出现意味着债券现在处于熊市。因此从整体规模和平均期限两方面来看，债券头寸都应该削减。因为市场不总是对环境做出反应，所以当债券交易所基金或者是你所投资的基金的价格低于其 12 个月移动平均线时，在修正过程中更为积极是个不错的主意。这虽不能确保债券的价格会下降，但是其价格下跌的概率会大大增加，特别是主导的商业周期正处在一个长期的通货膨胀趋势时。任何高收益率的债券基金都应该这样处理，尽管更有可能在高质量债券穿过其移动平均线之后将这类基金卖出。这是因为 BAA 级公司债券价格偶尔会在 AAA 级公司债券之后出现下跌，投资者都在搜寻这些高收益率的公司债券。在阶段 Ⅳ 的大多数情况下，高质量公司债券和低质量公司债券之间的收益率差异仍然向着有利于低质量公司债券的方向发展，这意味着低质量公司债券的表现会更好。卖出债券所获得的资金应该被配置为股票，股票在投资组合中的比例现在应该是 70%，而债券应该降至 10%，现金应该为 10%（见图 16-5）。乍一看，将股票头寸增加至最大化似乎是不合适的，因为股票市场

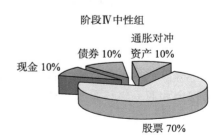

图 16-5　中性组在阶段 Ⅳ 的资产配置

资料来源：pring.com。

只有最后几个月的牛市了，但是仍然有 3 个因素应该考虑在内。第一，市场上没有合适的可替代选择，因为债券正处在熊市，货币市场工具的收益率仍然相当低。如果 1 ～ 3 年的货币工具的收益率明显高于货币市场，那么将一些资产配置于这个资产类别是有意义的，这意味着配置于股票的比例将低于 70%。第二，市场平均指数通常会在经济和金融指标显示出阶段 V 后出现它们真正的高点。1977 年中期来自债券晴雨表的卖出信号就是这样一个很好的例子。股票市场最后的波峰在近 3 年之后，也就是 1980 年 2 月才出现。第三，来自通货膨胀对冲经济部门的投资机会通常仍然是相当大的，并且在一些经济周期中，其所具有的保护资产免受非比寻常的通货膨胀损害的能力将能够最好地保持投资组合的购买力。事实上，如果判定主导的长期趋势是个确定的通货膨胀阶段的话，就应该将债券转换为商品共同基金而不是股票，也就是说各自的资产配置比例应该分别是 65% 和 20%。这将主要取决于你对商品驱动型股票相对于其商品指数的所处技术部位的判断。商品指数的趋势质量和该趋势是否会延长也要考虑。记住，在信号不明确或者很平稳的时候，你的投资组合也应该如此。

另一个值得考虑的问题是，很多像公用事业和金融部门这样的早期股票市场领先部门通常会在阶段 IV 到达顶峰，不管是从绝对还是相对角度来说都是如此。这意味着股票投资组合也应该根据这些部门的特征进行相应的调整。这里我们需要小心，因为已经知道这些部门中的一些部门在经济周期中的这个阶段有很好的表现。可能会出现一些例外，但是一般来说股票市场总是存在更多的盈利机会。在阶段 IV 股票市场的平均收益率仍然稍微低于 13%，而长期债券的平均收益率仍低于 1%。这就更证明了应该把债券的平均期限降至短期。

由于商品的平均年度月均收益率接近 9%，将至少 10% 的资产组合配置于商品是有意义的。对于那些注重收入的投资者来说，支付股息的通货膨胀敏感型股票而不是商品应该是他们的选择。

阶段 V

随着阶段 V 的接近，将资产从股票向现金和商品转移是很重要的，因为阶段 V 提供了经济周期各个阶段中最好的商品收益率——14%（见图 16-6）。到此时，货币市场工具的收益率已经开始上

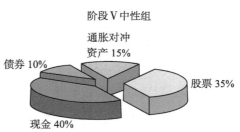

图 16-6　中性组投资者在阶段 V 的资产配置
资料来源：pring.com。

升，许多像公用事业这类的防御型股票已经和其他类的股票一样，进入了熊市阶段。在一些经济周期中，标准普尔综合指数可能会继续增长直到新的高点，但是在其他的经济周期中，标准普尔综合指数只是将其维持在盘整形状较低的部分，而这种盘整的情况在靠近阶段Ⅳ中期时就开始了。在经济周期的这个部分，市场正在经历某种程度的内战。早期的领先行业试图将平均指数向下拉，但是基础行业和通货膨胀部门仍然处于牛市并试图将平均指数推升。市场是否会创新高取决于防御型部门的疲软程度能否被滞后部门的强势所抵消。自从 20 世纪 90 年代以来，这通常取决于技术部门的运气，即使在 2005 年该部门在标准普尔综合指数中所占的权重只稍稍低于 20%。原材料部门和能源部门加起来的权重也只有 13%。换句话说，如果技术部门没有在经济周期后期出现反弹，那么标准普尔综合指数就很可能表现欠佳。

从股票投资的观点来看，需要记住 3 件重要的事情。第一，整体的投资环境是充满风险的。第二，平均指数的额外收益是非常少见的，因此挑选优质股就变得更加困难。而在阶段Ⅲ和阶段Ⅳ，几乎所有部门的股票都表现得较好。第三，股票头寸应该关注通常会从经济周期末期的经济压力中获益的行业，比如采矿业、能源业等。

股票在阶段 V 的平均收益率只是稍稍低于 2% 的水平并且约一半的时间都在上升。当债券收益率的长期趋势处在下降时，股票市场将会出现牛市。在这个阶段，股票配置为 30% ~ 40% 看起来是合适的。随着进入阶段 V，股票的配置将从 70% 的比重开始下降。削减股票的决策很大程度上将取决于单个经济部门或者整体股票市场的运行趋势。当单个部门的股票或者是部门 ETF 基金向下穿过其 12 个月移动平均线时，技术指标也呈现出负向的运行趋势，因此应该考虑卖出。当标准普尔指数本身出现负向的交叉时，这就是个更广泛的清算信号。债券的真实配置比例保持不变，但是因为信用违约的风险现在开始增加，并且通过不同质量的债券之间价差的扩大表现出来，因此将低质量的公司债券换成高质量的政府债券或者 AAA 级的公司债券很有意义。在这个阶段，债券投资组合的平均期限也应该被调整为 5 ~ 7 年。

阶段 V 提供了非常少的投资机会，但是却有很多的风险，因此投资组合中的现金比例上升至 40%，商品比例上升至 15%，这是因为它们在阶段 V 的运行趋势良好。另一个有利于流动性资产的因素是，它们的收益率现在已经上升至一个比较好的水平。

阶段Ⅵ

在阶段Ⅵ，现金仍然占有最大比例，但是随着商品价格已经到达顶峰这一事实变得更加明显，债券市场熊市的结束已经指日可待了（见图16-7）。因此，配置于债券市场的头寸应该增加，而商品则应该完全从投资组合中清除。不仅会出现筑底情况，而且购买债券还可以获得足够的目前收入来弥补市场价值的短暂损失。我们的晴雨表模型竭力维持这一个小的收益率，所以只能根据这些理

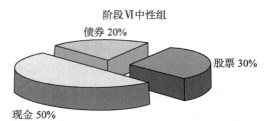

图16-7　中性组投资者在阶段Ⅵ的资产配置
资料来源：pring.com。

由来增加债券的比例。增加债券头寸的另一种方式就是维持现有的比例但同时迅速地将其平均期限从5年延伸至25年甚至30年。然而，只能在有证据表明经济出现疲软、商品熊市开始出现时才能采取这样的行动。

导致债券配置的比例高于目标水平的因素是，对通货紧缩长期趋势的方向和成熟程度以及债券价格是否已成功地向上穿过了其12个月移动平均线的判断。移动平均线之上的反弹是非常重要的，因为它确实显示了债券已经对改进的经济状况做出了反应。在这种情况下，"改进的"经济状况意味着一个趋于疲软的经济。

在这个经济周期阶段里，所建议的资产配置为：债券20%，股票30%，现金50%。一个非常高的现金储备是合适的，不仅取决于其他的市场通常会在阶段Ⅵ出现急剧下降，而且取决于此时货币市场工具的收益率是经济周期中最高的时候。股票头寸应该局限于那些已经显示出较好技术表现的领先部门。

📈 非同寻常的状况要求更为灵活的资产配置

上面所建议的资产配置只是应用于那些不同经济阶段的信号既不是及时的也不是不及时的经济环境中的，并不能在极端的经济状况下运用，比如一个非常强烈的通货膨胀环境或者通货紧缩环境。实际上，常识告诉我们，真实的资产配置范围是大不相同的，取决于信号的质量和及时程度。例如，阶段Ⅰ债券的配置比例在40%～70%是合适的。在意识到一个新的债券市场牛市已经开始之前，债券市场已经从其底部开始了很大程度的反弹的情况下，最低的40%的比例可能作为一个投资策略。另一方面，一个新出现的阶段有时候会非常明显。在这种情况下，立

刻做出超过平均水平的资产配置是精明的行为。举例来说，如果债券已经明显地筑底，股票的收益率现在超过 5%，市场出现了超卖的创纪录的交易量，并且向上穿过了其 12 个月移动平均线，同时上升的范围还处在其熊市月度低点的 5% 之内，接着我们就会发现几个非常有利的基本面和技术信号。如果贴现率低于其 12 个月移动平均线，这意味着货币经济政策也是有利的。这么多指标将会提供一个超过平均水平的信号，这个信号就是股票刚刚开始一个牛市阶段，这就证明大大超过平均水平的股票配置比率是合理的。

　　不幸的是，极少的筑顶和筑底是那么明显，但是当它们出现并且能被辨别出来时，它们就明显地暗示着经济状况的改变。然而，绝大多数情况下，资产配置转换的信号将会以更为缓慢和谨慎的方式呈现出来。因此，一个牛市或者熊市的改变通常是在较长的时间内逐渐形成的。这就是为什么我们应该实行逐渐增加的、灰色渐进的投资方式，而不是迅速的、黑白转换的投资方式。历史告诉我们，在一系列利率下调之后的第 3 次贴现率上调对股票来说是个危险的信号。不幸的是，利率上调和市场波峰之间的时间差距是不定的，短的如 1956 年 7 月高点后的 1 个月和 1.8%；长的如 1989 年 12 月高点后的 10 个月和 19%。我们非常确信的是，第三次贴现率上调是一个即将到来的筑顶信号，相当于山上的雪线。这两者都告诫我们，已经到达了顶峰前的最后阶段。但是这并不能告诉我们，这个阶段将会持续多久。从市场的角度来说，逐渐地削减股票头寸是最明智的行为。贴现率的上调并不是将所有的股票都卖出的信号。这更多是个参考基准，告诉我们风险在增加，应该降低股票的配置。

保守型（收入关注型）投资者的建议资产配置

　　对于保守的投资者来说，资产转换的原则同我们前面部分所说的原则没有什么不同。但是仍然存在差别，因为我们假设投资者的目标更关注于获得良好的收入并保持购买力。因此，风险被控制在绝对最小化程度，投资增长变成了次要考虑的问题，但仍可以作为跟踪通货膨胀趋势的方法。这种类型的投资者包括那些退休者，他们已经到达了几乎完全依赖投资产生的收入来维持生活的阶段，并且通常不愿让他们的资金承担较大的风险。并不是所有退休投资者都这样，并且这一类别投资者也并不一定局限于这些老年投资者。

　　例如，一个退休经理可能通过精明地投资股票期权而积累了大量的投资组合，现在他将其转换为一个更为多元化的投资组合。因为这个人还能继续从其公司获得大笔的退休金，因此，他对于从投资组合所获得的收入的依赖程度将没有那些用投资收入作为社会保险福利补充的人那么大。

另一个极端的情况是，一个退休经理的遗孀可能会发现，其丈夫先前的退休金因其已死亡而被大幅度地削减，所以她现在对于投资收入的依赖更强了。

一个不再具有劳动能力并同时获得一大笔伤残赔偿的年轻人，实际上与一个刚刚退休的老年人拥有相同的投资目标。他们不仅不能承担很大的风险，而且都对当前收入有一定的要求。

阶段 I

债券继续占据了投资组合中相当大的比例，但是应该持有具有较小风险的债券。一个新的类别——中期债券已被囊括进来（见图 16-8）。中期债券通常指期限为 5 年或者更短时间的债券。它们应该在保守者的投资组合中占据重要部分，因为它们的价格将从阶段 I 利率的下跌中获利。同时，如果利率上升，债券价格下跌的风险较小。它们的主要优势是能让投资者在这

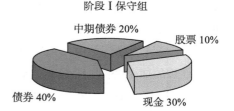

阶段 I 保守组

中期债券 20%　　　股票 10%

债券 40%　　　现金 30%

图 16-8　保守投资者在阶段 I 的资产配置
资料来源：pring.com。

个阶段 I 中获得占主导地位的高收益率，同时承担较小的风险。如果时机正确，这些债券在还可以接下来的经济周期中的类似时点转换成为高收益率的中期债券。这是因为大多数经济周期的持续期都没有超过 5 年。

与图 16-1 相比可以看出的一个重要改变是，股票在资产配置中的比例已经从 30% 降至 10%。

阶段 II

同样明显的是，阶段 II（见图 16-9）的股票配置还不到中性投资者在阶段 II 的股票配置比例的一半（见图 16-3）。这些股票组合在构成上也是不同的。实际上，它们应该由高质量的股票构成，因为保守投资者的投资组合应该局限于那些评级为 A 或者更高等级的股票。正如第 1 章所讨论的那样，像标准普尔这样的评级机构会给那些持续保持良好交易记录，并且资产负债表和损益表成功通过不同财务测试的公司更高的质量评级。因此，这些公司的股票价格也比市场上其余公司的股票

具有更小的波动性，通常也具有更强的流通性。保守投资者的股票比例会包含大量
的近似债券的股票，例如电力公用事
业公司的证券。这些证券价格的波动
类似于债券市场，但是能够获得一些
较小的利润增长的潜在机会和所支付
股息的增加，这些都将为固定收益证
券购买力的下降提供很好的对冲和保
护。高质量收益率的房地产投资信托
基金也是可以考虑的。有用的股票交

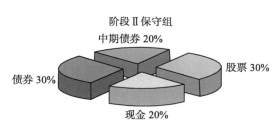

图 16-9   保守投资者在阶段 II 的资产配置

资料来源：pring.com。

易所交易基金可以是 iShare 道琼斯精选股息指数基金（iShare Dow Select Dividend
Index Fund，简称 DVY），这个基金是复制道琼斯精选股息指数基金得来的。

可转换的优先股和可转换的债券既提供了当前收入，同时也提供了资本增值的
可能性。对于保守型的投资者来说，它们是理想的投资工具。尽管可转换优质股与
普通股票相比，提供了更高程度的保护性，但仍然重要的是要确定所投资的公司财
务状况良好。通常情况下，若与其他公司相比，一个证券能提供较高的收益率，那
么其中肯定有原因。

高的诱人的收益率通常是可以得到的，因为市场考虑到了违约的可能性。有疑
惑时，我们建议保守型投资者投资那些收益率低但是安全的投资工具。同时记住，
还可以购买那些专注投资于可转换债券或者可转换优先股的免佣金共同基金。可转
换其实就是能够转换为预先确定数量的股票的债券。它们支付利息或者股息，但是
它们的收益率比不可转换的债券低，因为它们提供了通过标的股票价格的上涨盈利
的机会。可转换债券背后的理论是，股票市场上涨时，投资者能够获得大部分好
处，但是下降时波动性较小，能受到一些保护。

通过例如晨星之类的评级服务机构来核实基金的管理效率和质量是一个相对简
单的过程。购买任何一只共同基金，可以获得多元化投资的优势。可转换债券是否
被划分为资产组合中的固定收益部分（事实上它们已被归于此类），或者它们是否应
该被划分为股票（增长）部分（因为它们与之相关），确实是一个值得商榷的问题。
管理总是随着时间的推移而改变，但是一些值得推荐的基金为先锋可转换证券基金
（VCVSX）、克拉莫斯成长收益型基金（CVTRX）、戴维斯增值收益基金（RFCX）、
富达可转换证券基金（FCVSX）。这些都是 2005 年夏，晨星在它们的网站上所推荐
的基金。你可能会去核查它们更新的周期性建议。必须确认的一个重要事情就是你

考虑购买的基金中必须包含足够的可转换债券，因为很多号称"可转换"的基金通常包括股票。

阶段 III

如图 16-10 所示的资产配置不言自明。在阶段 II 中所讨论的投资安全性原则在这个阶段依然适用。

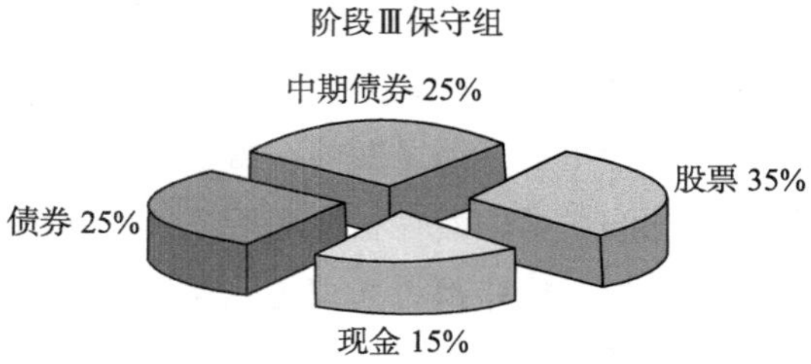

图 16-10　保守型投资者在阶段 III 的资产配置

资料来源：pring.com。

阶段 IV

商品价格在阶段 III 上涨，但是通货膨胀压力开始在阶段 IV 累积。这对于关注收入的保守型投资者来说是一个挑战，因为他们也试图维持自己投资组合的购买力。而有效的通货膨胀对冲措施通常会牺牲一些安全性和收入。一种折中的方法就是将一部分资产组合配置为通货膨胀敏感型公司的可转换债券或者可转换优先股。不幸的是，这样的投资工具很少，但是如果能够发现这样的工具通常将是非常有效的。另一个可选择的是大的石油或天然气公司的普通股。这样的股票通常提供与能源价格相关的收益和风险，然而日常的炼制和销售也会产生稳定的收益，这些收益以股息形式支付。不幸的是，没有 ETF 基金工具投资于这种双向通货膨胀 / 股息收益的基金。通货膨胀收益的基金有高盛自然资源基金（IGE），这个基金主要偏重于能源，而股息收益的基金有 iShare 道琼斯精选股息指数基金（DVY），这个基金投资于能获得较高股息收益率的道琼斯股票。也可以持有与能源相关的信托，享有税收优势同时支付股息，但是这主要取决于经营这些产品的经纪公司。

因为经济周期中的这个阶段也意味着债券价格处于熊市，应该通过降低投资组合中债券的总体规模和平均期限来降低债券风险。这个阶段同样是稍微降低投资组合中债券质量的合适时机，因为债券提供了较高的当前收益率，并且经济周期中这个阶段的违约风险较低（见图 16-11）。

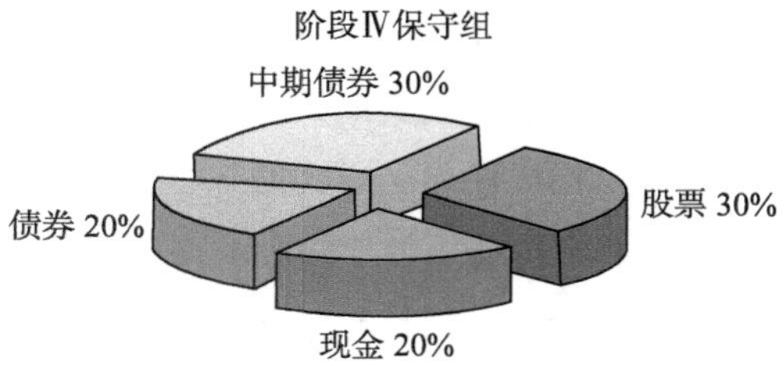

图 16-11　保守投资者在阶段 IV 的资产配置

资料来源：pring.com。

阶段 V

一般来说，阶段 V 对股票是不利的，因此该阶段股票的配置比例被降至 11%

（见图 16-12）。这是应该采取防御型行为的时期，而不幸的是，经济周期中这个阶段通常持续的时间比较长。因此这确实不是保守型投资者承担过多风险的时期。只有通货膨胀的威胁特别明显时，超过 11% 的股票配置（通货膨胀型股票）比例才是合适的。阶段 V 实际上是日用品部门能够获利的一个阶段，因此投资日用品部门的 ETF 基金也是能够获利的。由于这个经济部门在某些阶段 V 并没有获

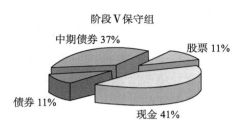

图 16-12　保守投资者在阶段 V 的资产配置
资料来源：pring.com。

利，所以你必须首先核查确定该部门的股票处于一个积极的趋势中。高收益率的医药公司的股票在多数阶段 V 中表现良好。在这种情况下，HOLDRS 制药指数基金也是合适的。安硕全球医疗保健指数基金或者是安硕道琼斯美国医疗保健指数基金也是合适的投资工具。现金的比例现在增加至 41%。偶尔地，债券在这个阶段也会出现逆于熊市的趋势，就像其在 2004 年和 2005 年大部分时间所表现出来的那样。在这种情况下，主要趋势的平均值都处在其 12 个月移动平均线之上。如果事实如此，投资组合中更大的比重应该被配置于债券，因为这里有个投资应该被清算的明显信号（即价格处于其 12 个月移动平均线之下）。此时你可以用 iShares 雷曼综合公债指数基金（AGG）作为基准。如果债券显示出不同于正常趋势的表现，并且在这个阶段出现反弹，我们会发现它们的竞争对手——股票，在经济周期的这个阶段也会比预期表现得好。配置比例为 37% 的中期债券平均期限应该为 2 ～ 3 年，这取决于在哪个期限能获得高效的收益率。例如，如果 2 年和 3 年的存款收益率相同，那么较短期限的债券就是合适的。另一方面，如果 2 年的存款期限能获得 5% 的收益率，而 3 年的存款期限能获得 6% 的收益率，那么就应该选择期限为 3 年的债券。当然，较长期限的债券将会带来一些额外的风险，但是如果收益率也相应增加的话，一旦阶段 I 来临时，这些较长期限的债券应该在更接近面值时兑现。2 年或 3 年期限的债券几乎是现金等价物，但是通常能提供更高的收益率。对于那些包含 1 年、2 年和 3 年期限的债券梯来说，iShare 雷曼 1 ～ 3 年国债基金（SHY）是个很好的选择。

阶段 VI

阶段 VI 是个不利的环境，因为此时利率上升，商品和股票价格下降。图 16-13

显示投资组合中已经完全剔除了股票，因为能够获得相当合理的历史记录的所有经济部门股票的投资表现几乎都显示为负的结果。仅有的表现积极的行业是烟草、鞋类和医药，但是它们的收益相对于其他部门所经历的巨大损失而言是非常小的，因此保守的投资者在这个阶段不应该去冒这个风险。有一个告诫，即利率长期趋势的作用。在 1955 年（我们的晴

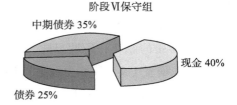

图 16-13　保守投资者在阶段Ⅵ的资产配置
资料来源：pring.com。

雨表开始的时候）和 1981 年，利率的长期趋势是上升的，阶段Ⅵ通常是个灾难。另一方面，1981 ～ 2005 年债券收益率的长期下降趋势中，阶段Ⅵ在某种程度上还是有利的。在某些情况下股票价格确实出现了反弹。我们想说的是，在通货膨胀长期趋势中的阶段Ⅵ，即使是保守的投资者，将一些资金配置于股票也是有意义。实行这个建议同时还需要满足股票和债券二者的价格都高于它们各自的 12 个月移动平均线这个条件。换句话说，这会是个**假设**的阶段Ⅵ，而不是由市场行为决定的**真实的**阶段Ⅵ。

如果收益率大幅度上涨，将中期债券的平均期限延长至 5 年甚至 7 年也是有意义的。这样做的原因主要有两点。第一，阶段Ⅵ通常较短；第二，在经济周期的这个阶段，债券收益率通常不会上升太多，甚至偶尔会下降。另外，这将主要取决于长期趋势的方向。如果长期趋势上涨，就需要更加小心，但是如果下降的话，就可以承担更高的风险。因为阶段Ⅵ一般较短，并且是债券熊市的最后阶段，通常会出现债券价格的真实低点，因此应将债券配置的比例从 10% 提升至 25%。这个债券配置比例的增加过程也是逐渐进行的，直到阶段Ⅰ的真正到来，而保守投资者在阶段Ⅰ的投资组合中债券比例被进一步提高至 40%。

这个资产配置的概括可以作为标志出主要的经济周期转折点的大致指南。因此这些建议也期望被当作资产配置的经典来引用。灵活性才是我们应该考虑的问题，因为每个经济周期都有其自身的特性，每个投资者都有其自身的心理构成、财务责任和资源。

📈 更为积极的投资者的资产配置

这个积极的投资者假设指那些通过未来几十年的工作获得收入的投资者。进一

步假设这些投资者不仅对投资增长感兴趣，还有能力去承担与执行这样的与政策相关的更大风险。一个年轻的投资者很可能反应迅速，并能对资产进行更快的转换。然而，这并不意味着投资者应该把谨慎抛之脑后，不管市场的真实状况。前面所概括的资产配置原则同样应该坚持。然而，这类投资者应该有承担更大风险的能力，这个风险应该比本章开始中性资产配置模式所描述的风险要高。在这个资产配置中，我们侧重经济周期中牛市阶段并相应地调整资产配置。

阶段 I

    阶段 I，债券在资产配置中的比例为 75%，如图 16-14 所示。因为在经济周期中的这个阶段违约风险总是很高，因此不能选择质量低的债券。债券组合的平均期限应该被延长至 25 ～ 30 年。这比中性投资组合更为激进，但这是合理的，不是因为投资者更年轻、更容易坚持到债券到期日，而是因

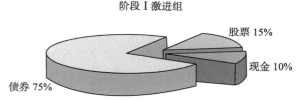

图 16-14   积极投资者在阶段 I 的资产配置
资料来源: pring.com。

为在利率下降时更长期限的债券会提供更高的潜在资本收益。如果阶段 I 的信号特别强烈且及时，配置于有更高杠杆的零息债券是合适的。可以考虑的合适工具是 BTTRX。

    股票的配置比例是 15%。这是从中性投资者 30% 的投资组合中降下来的，但是这里是假定积极投资者在阶段 II 出现时具有对资产快速转换的心理承受能力。这个股票配置水平在一些领先行业，例如金融和公用事业的股票价格高于其 12 个月移动平均线时可以也应该增加，而且股票配置也更应该侧重于金融和公用事业的股票。另一方面，随着股票价格筑底，一个更为激进的股票配置转换是合理的。股票筑底的信号包括标准普尔指数向上穿过其 12 个月移动平均线，之前可能还出现创纽约证券交易所记录的交易量。假设商业票据的收益率已经移至移动平均线之下，标准普尔的正向移动平均线交叉就是高收益 / 低风险的股票状况的信号。在阶段 I，所持有的现金储备比例较小，为 10%。

阶段 II

    在阶段 II，股票和债券两者表现都很好，但是股票通常会表现得更出色。为了

在经济周期每个阶段都充分投资于表现最好的资产，是时候在投资组合中将股票和债券的位置互换了。因此，股票的配置比例被大幅升至 75%（见图 16-15）。研究显示，几乎所有经济部门的股票都在阶段 Ⅱ上涨。而阶段 Ⅱ中表现特别好的经济部门是耐用消费品部门，这个部门也被称为周期性消费品部门。这些部门包括零售业、汽车业、休闲娱乐业等。甚至日常消费品行业也在阶段 Ⅱ表现良好。合适的工具包括零售业交易所交易基金（RTH）、安硕道琼斯美国消费品部门指数基金（IYK）、道琼斯美国景气循环指数基金（IYC）等。

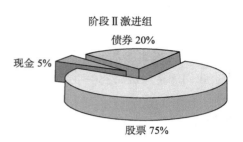

图 16-15　积极投资者在阶段 Ⅱ的资产配置
资料来源：pring.com。

像银行、经纪公司这样的金融部门也在阶段 Ⅱ表现良好。FSLBX 也可以带来很好的收益率。在经济周期的这个大牛市阶段，股票基本上不会遭受损失。剩下的投资组合被配置为债券和现金，两者的比例分别为 20% 和 5%。

阶段 Ⅲ

债券的配置比例降低了 5%（见图 16-16），减少的部分资产被转换为像太平洋资本管理公司真实收益商品基金（PCRIX）这样的商品类投资。股票继续保持着相当的配置比例，如图 16-16 所示。股票配置也改变了其配置方向，从经济周期领先行业转向了技术和经济敏感型行业，例如造纸业或钢铁，这些行业随着商品价格开始上涨，其相对强弱指标通常会得到改进。如果某些行业股票部门的相对强弱指标处在上升趋势的话，那么它们也应该被包括在投资组合的构成之中。在这个阶段技术指标将会很好地反映股票配置的变化，例如改进的相对强弱指标。这是因为各个经济部门的相对表现在经济周期之间

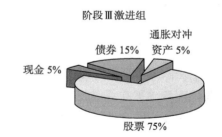

图 16-16　积极投资者在阶段 Ⅲ的资产配置
资料来源：pring.com。

会产生很大变化，因此每个决策都应该逐一分析。未来保持流动性，投资组合中现金仍维持着 5% 的比例。

阶段 Ⅳ

债券价格现在已经达到了顶峰，因此债券在投资组合中的比例已经降到了经

济周期中的最低点，那就是 0（见图 16-17）。出售债券所获得的资金现在被转换为通货膨胀对冲资产。我们的图中显示出，20% 的资产配置被配置为商品，但若将部分资产配置于商品驱动型的股票（如能源或采矿业公司），显而易见是合理的。利率敏感型股票通常也在这个时候达到顶峰，不管是从绝对意义还是相对意义上来说都是这样。因此，它们应该

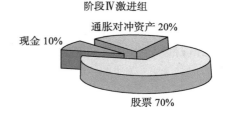

图 16-17　积极投资者在阶段 IV 的资产配置
资料来源：pring.com。

被大量地削减来补充那些经济敏感型部门的股票。技术部门通常是阶段 IV 中表现很好的行业，并且如果到目前为止还没有关注该行业的话，那么现在就应该是配置此行业股票的时候了。

阶段 V

股票市场现在正式处于熊市。尽管市场平均指数仍然会小幅上涨，但是到目前为止市场状况对绝大多数股票来说都是不利的。在债券收益率下降的长期趋势中这种状况可能会好一点，但是仍然不能被忽视。随着各种不同的经济部门的股票和 ETF 基金移向其 12 个月移动平均线之下，它们都应该被清算掉。这意味着，进入阶段 V 时的股票配置比例比阶段 V 结束时要大得多。我们的图显示股票的配置比例为 30%，但是这比整个阶段的平均水平要高，在阶段 V 开始时配置比例为 70%，结束时配置比例为 20%。这个阶段是经济周期中商品收益率最好的阶段，所以商品的配置比例增至 25%。商品配置的比例可以高达 30%，因为这通常是经济周期中商品价格偶尔会出现抛物线式上涨的阶段。然而，上涨得快下降得也快。这意味着，积极的投资者会发现，必须要非常灵活地清算他们的商品配置。避免犯错的方法就是逐渐地削减所持商品的头寸。阶段 V 的建议现金配置比例为 45%（见图 16-18）。

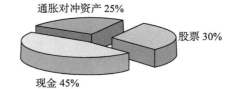

图 16-18　积极投资者在阶段 V 的资产配置
资料来源：pring.com。

阶段 VI

现在正是股票市场最猛烈的熊市，股票的配置比例被降至 15%，如图 16-19 所示。出售股票获得的资金被投资于债券为一个新的牛市做准备，因为在经济周期的

这个阶段，长期通货膨胀的上升趋势中收益率是非常高的。这个高的目前收入为任何可能的价格下跌提供了一个缓冲。在通货紧缩的状况下，长期来看收益率趋低时，高收益率不能保护你免受价格下跌时的损害，但是短期和小额债券熊市却可以。现金的比例也会被降低来帮助实行债券配置的目标。

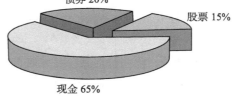

图 16-19　积极投资者在阶段Ⅵ的资产配置

资料来源：pring.com。

推荐阅读

序号	书号	书名	作者	定价
1	30250	江恩华尔街45年（珍藏版）	（美）威廉 D. 江恩	36.00
2	30248	如何从商品期货贸易中获利（珍藏版）	（美）威廉 D. 江恩	58.00
3	30247	漫步华尔街（原书第9版）（珍藏版）	（美）伯顿 G. 马尔基尔	48.00
4	30244	股市晴雨表（珍藏版）	（美）威廉·彼得·汉密尔顿	38.00
5	30251	以交易为生（珍藏版）	（美）亚历山大·埃尔德	36.00
6	30246	专业投机原理（珍藏版）	（美）维克托·斯波朗迪	68.00
7	30242	与天为敌：风险探索传奇（珍藏版）	（美）彼得 L. 伯恩斯坦	45.00
8	30243	投机与骗局（珍藏版）	（美）马丁 S. 弗里德森	36.00
9	30245	客户的游艇在哪里（珍藏版）	（美）小弗雷德·施韦德	25.00
10	30249	彼得·林奇的成功投资（珍藏版）	（美）彼得·林奇	38.00
11	30252	战胜华尔街（珍藏版）	（美）彼得·林奇	48.00
12	30604	投资新革命（珍藏版）	（美）彼得 L. 伯恩斯坦	36.00
13	30632	投资者的未来（珍藏版）	（美）杰里米 J. 西格尔	42.00
14	30633	超级金钱（珍藏版）	（美）亚当·史密斯	36.00
15	30630	华尔街50年（珍藏版）	（美）亨利·克卢斯	38.00
16	30631	短线交易秘诀（珍藏版）	（美）拉里·威廉斯	38.00
17	30629	股市心理博弈（原书第2版）（珍藏版）	（美）约翰·迈吉	58.00
18	30835	赢得输家的游戏（原书第5版）	（美）查尔斯 D. 埃利斯	36.00
19	30978	恐慌与机会	（美）史蒂芬·韦恩斯	36.00
20	30606	股市趋势技术分析（原书第9版）（珍藏版）	（美）罗伯特 D. 爱德华兹	78.00
21	31016	艾略特波浪理论：市场行为的关键（珍藏版）	（美）小罗伯特 R. 普莱切特	38.00
22	31377	解读华尔街（原书第5版）	（美）杰弗里 B. 利特尔	48.00
23	30635	蜡烛图方法：从入门到精通（珍藏版）	（美）斯蒂芬 W. 比加洛	32.00
24	29194	期权投资策略（原书第4版）	（美）劳伦斯 G. 麦克米伦	128.00
25	30628	通向财务自由之路（珍藏版）	（美）范 K. 撒普	48.00
26	32473	向最伟大的股票作手学习	（美）约翰·波伊克	36.00
27	32872	向格雷厄姆学思考，向巴菲特学投资	（美）劳伦斯 A. 坎宁安	38.00
28	33175	艾略特名著集（珍藏版）	（美）小罗伯特 R. 普莱切特	32.00
29	35212	技术分析（原书第4版）	（美）马丁 J. 普林格	65.00
30	28405	彼得·林奇教你理财	（美）彼得·林奇	36.00
31	29374	笑傲股市（原书第4版）	（美）威廉·欧奈尔	58.00
32	30024	安东尼·波顿的成功投资	（英）安东尼·波顿	28.00
33	35411	日本蜡烛图技术新解	（美）史蒂夫·尼森	38.00
34	35651	麦克米伦谈期权（珍藏版）	（美）劳伦斯 G. 麦克米伦	80.00
35	35883	股市长线法宝（原书第4版）（珍藏版）	（美）杰里米 J. 西格尔	48.00
36	37812	漫步华尔街（原书第10版）	（美）伯顿 G. 马尔基尔	56.00
37	38436	约翰·聂夫的成功投资（珍藏版）	（美）约翰·聂夫	39.00

推 荐 阅 读

序号	书号	书名	作者	定价
38	38520	经典技术分析（上册）	（美）小查尔斯 D. 柯克帕特里克	69.00
39	38519	经典技术分析（下册）	（美）小查尔斯 D. 柯克帕特里克	69.00
40	38433	在股市大崩溃前抛出的人：巴鲁克自传（珍藏版）	（美）伯纳德·巴鲁克	56.00
41	38839	投资思想史	（美）马克·鲁宾斯坦	59.00
42	41880	超级强势股：如何投资小盘价值成长股	（美）肯尼思 L. 费雪	39.00
43	39516	股市获利倍增术（珍藏版）	（美）杰森·凯利	39.00
44	40302	投资交易心理分析	（美）布雷特 N. 斯蒂恩博格	59.00
45	40430	短线交易秘诀（原书第2版）	（美）拉里·威廉斯	49.00
46	41001	有效资产管理	（美）威廉 J. 伯恩斯坦	39.00
47	38073	股票大作手利弗莫尔回忆录	（美）埃德温·勒菲弗	39.80
48	38542	股票大作手利弗莫尔谈如何操盘	（美）杰西 L. 利弗莫尔	25.00
49	41474	逆向投资策略	（美）大卫·德雷曼	59.00
50	42022	外汇交易的10堂必修课	（美）贾里德 F. 马丁内斯	39.00
51	41935	对冲基金奇才：常胜交易员的秘籍	（美）杰克·施瓦格	80.00
52	42615	股票投资的24堂必修课	（美）威廉·欧奈尔	35.00
53	42750	投资在第二个失去的十年	（美）马丁 J. 普林格	49.00
54	44059	期权入门与精通（原书第2版）	（美）爱德华·奥姆斯特德	49.00
55	43956	以交易为生II：卖出的艺术	（美）亚历山大·埃尔德	55.00
56	43501	投资心理学（原书第5版）	（美）约翰 R. 诺夫辛格	49.00
57	44062	马丁·惠特曼的价值投资方法：回归基本面	（美）马丁·惠特曼	49.00
58	44156	巴菲特的投资组合（珍藏版）	（美）罗伯特·哈格斯特朗	35.00
59	44711	黄金屋：宏观对冲基金顶尖交易者的掘金之道	（美）史蒂文·卓布尼	59.00
60	45046	蜡烛图精解（原书第3版）	（美）格里高里·莫里斯、赖安·里奇菲尔德	60.00
61	45030	投资策略实战分析	（美）詹姆斯·奥肖内西	129.00
62	44995	走进我的交易室	（美）亚历山大·埃尔德	55.00
63	46567	证券混沌操作法	（美）比尔·威廉斯、贾丝廷·格雷戈里-威廉斯	49.00
64	47508	驾驭交易（原书第2版）	（美）约翰 F. 卡特	75.00
65	47906	赢得输家的游戏	（美）查尔斯·埃利斯	45.00
66	48513	简易期权	（美）盖伊·科恩	59.00
67	48693	跨市场交易策略	（美）约翰 J. 墨菲	49.00
68	48840	股市长线法宝	（美）杰里米 J. 西格尔	59.00
69	49259	实证技术分析	（美）戴维·阿伦森	75.00
70	49716	金融怪杰：华尔街的顶级交易员	（美）杰克 D. 施瓦格	59.00
71	49893	现代证券分析	（美）马丁 J. 惠特曼、费尔南多·迪兹	80.00
72	52433	缺口技术分析：让缺口变为股票的盈利	（美）朱丽叶 R. 达尔奎斯特、小理查德 J. 鲍尔	59.00
73	52601	技术分析（原书第5版）	（美）马丁 J. 普林格	100.00
74	54332	择时与选股	（美）拉里·威廉斯	45.00
75	54670	交易择时技术分析：RSI、波浪理论、斐波纳契预测及复合指标的综合运用（原书第2版）	（美）康斯坦丝 M. 布朗	59.00
	13303	巴菲特致股东的信		